KB195440

북일외교 회고록

北朝鮮外交回顧錄 ……

야마모토 에이지 지음 ― 권병덕 옮김

북일 외교 회고록

북일 국교정상화와 북미 제네바 협약 그리고
북핵갈등의 이모저모를 외교관의 눈을 통해 알아본다.

마르코폴로

북일 국교정상화와 북미 제네바 협약
그리고 북핵갈등의 이모저모를 외교관의 눈을 통해 알아본다.

목차

| 일러두기 |

인명, 지명 등의 외래어는 국립국어원 외래어표기법을 따랐으나, 일부는 관례에 따라 그대로 두었다. 북한 인명과 지명은 북한의 표기를 따른다. 원서의 북조선, 조선반도, 일조관계 등의 용어는 한국에서 사용되는 북한, 한반도, 북일관계 등으로 바꾸었다. 다만 북한 측이 자국을 지칭할 때는 공화국, 북조선 등의 표현을 그대로 사용했다. 외교문서나 발언에서 북한이 한국어로 표기하거나 발언한 것은 가능한 한 북한의 한국어 원문을 찾아서 표기했다. 내용의 이해를 돕기 위해 역자의 주석은 각주로 표기하였으며 원문의 주석은 미주로 표기했다.

인명과 지명 등은 이해를 돕기 위해 원어 표기를 아래첨자로 병기했으며 한국과 일본과 중국에서 한자 표기가 다를 경우 해당 국가의 한자 표기를 사용하도록 했다. 본문에 등장하는 기관과 단체의 이름은 대부분 한국에서 통용되는 명칭을 쓰도록 했다.

한국어판 서문

———

이번에 『북일외교 회고록』의 한국어판을 출판하게 되어 대단히 영광이며 기쁘게 생각합니다. 한국어판을 출판하는 데 애쓰신 마르코폴로 출판사의 편집장님을 비롯한 관계자 여러분에게 깊이 감사드립니다.

저는 일본 외교관으로서 여섯 번 북한을 방문했습니다. 첫 번째는 1990년 9월, 당시 여당 자민당의 실력자였던 국회의원 가네마루 씨를 보좌하기 위한 것이었는데 일본의 외교관이나 공무원이 북한을 방문한 것은 처음 있는 일이었습니다. 2002년 9월과 2004년 5월에는 고이즈미 총리의 역사적인 북한 방문을 준비하기 위해 선발대의 책임자로서 평양을 방문했고 북한 사회에 대해서도 귀중한 경험을 쌓았습니다. 이후로는 북한 외교에 직접 관여하지 않았지만 북한 주변 상황을 계속 주시해 왔습니다. 이 책은 이러한 저의 경험과 연구를 바탕으로 장기간에 걸쳐서 일본의 대북한 외교를 재구성해 보고 나아가 북한이라는 나라에 대해서도 알아보고자 하는 시도입니다.

한편 북한의 김정은 정권은 코로나를 극복하면서 핵 미사일 개발에 매진하는 것 같습니다. 러시아와의 군사협력을 강화하는 한편, 제재로 고생이 많을 국민경제에 대해서는 자력갱생을 강조하고 있습니다. 또한 한국을 주적主敵으로 공표하면서 이젠 통일마저 포기한 모양입니다.[1] 이러한 움직임이 새로운 전개라고 할 수도 있겠지만 장기적으로 보면 일관된 추세로 볼 수도 있을 겁니다. 어찌 보면 우리 민주주의 국가들에 비해 북한과 같은 폐쇄적인 나라들의 정책이 일관된 편인 것 같습니다. 그렇기에 지금 이 시점이야말로 과거를 배우는 의미가 있다고 생각합니다. 사실 북한에 국한된 일만은 아니겠지만 지배층은 '어떻게 해야 살아남을까'를 고민하는 생존 본능이 제일 중요한 일이고 모든 정책도 그 본능에 뿌리를 두고 있다고 보여집니다.

처음 서울에서 생활을 시작했을 때가 1980년대 초반이었는데, 전 그때 어학당과 대학교에 다니며 공부를 했습니다. 그래서였는지 평양에 갔을 때 "당신은 남조선에서 말을 배웠냐?"라는 지적을 받은 적이 있었습니다. 한편으로는 당시 북한 외교관과 협상하느라 바빴는데 오랜만에 만난 한국 외교관이 섭섭하다는 듯이 "이젠 야마모토 씨가 북한 측 사람이니까"라고 말한 적도 있었

---

1 2024년 1월 10일, 북한의 <로동신문>은 김정은 조선노동당 총비서가 "대한민국 족속들은 우리의 주적"이라 발언했다고 보도했다.

습니다. 모두 1990년대 초반의 이야기입니다. 그 후 김대중 대통령이 취임하면서 햇빛정책 아래 역사적인 남북정상회담이 이루어졌고, 그 유산을 이어받은 노무현 정권 때는 남북교류가 활발해졌습니다. 바로 그런 시기에 한국에서 두 번째 근무를 시작했는데 기업인들에게서 금강산관광이나 개성공단에 관한 흥미로운 얘기를 들었던 기억이 납니다. 이제 그런 교류도 없어졌고 남과 북의 분단이 최근 들어서 더욱 심해지고 있는 것 같습니다. 다행히도 아직 한국에 친구들이 있고 북한에도 친구가 있습니다. 다들 소중한 존재입니다. 제가 좋아하는 한국 속담 중 하나가 "가는 말이 고와야 오는 말이 곱다."입니다. 남북관계와 북일 관계가 악순환을 벗어나 좋은 방향으로 가기를, 그리고 언젠가 우리 삼국이 평화적으로 공존할 수 있는 날이 오기를 바랍니다.

이 책이 북일 관계와 북한을 이해하는 데 여러분께 도움이 되길 바랍니다.

2024년 3월 야마모토 에이지(山本栄二)

일본어판 서문

고이즈미小泉 총리의 역사적 방북 이후 20년의 세월이 지났다. 북한 당국은 그전까지 일본인 납치피해자의 존재를 완강하게 부정해 왔다. 그런데 김정일이 이를 인정하고 사죄하면서 일부 피해자의 귀국이 실현되자 일본인들은 큰 충격에 빠졌다. 그 뒤 6자회담 논의 과정을 포함하여 북한과 일본의 교섭은 간헐적으로 이어지다가 2014년에는 이른바 '스톡홀름 합의'가 성립되었다. 북한 측은 납치피해자를 포함한 모든 일본인에 대한 포괄적이고 전면적인 조사를 실시하겠다고 약속했다. 그러나 아쉽게도 그 후 진전을 보지 못하고 북일 교섭은 중단된 상태다. 한편 북한을 둘러싼 정세는 크게 변화했다. 2011년 12월 김정일이 사망하고 김정은 체제가 발족했다. 북한은 2006년 핵실험을 시작으로 지금까지 여섯 번의 핵실험을 강행했다. 또한 장거리탄도미사일ICBM을 포함한 미사일 발사 실험을 거듭하며 핵·미사일 억지력 구축에 전념하고 있다.

미국은 1990년대 중반부터 국제사회의 대북정책을 주도해왔다. 하지만 클린턴 정부 시절의 '북미 제네바 합의' 체제, 부시 정부의 '6자회담'의 틀은 모두 무너졌다. 지금은 북한의 도발과 국제사회의 제재라는 악순환이 반복되고 있다. 2018년이 되자, 문재인 대통령이 세 번에 걸쳐 남북정상회담을 하고 도널드 트럼프 대통령과 김정은의 첫 북미정상회담이 실현되기도 했다. 그러나 그 뒤 관계가 극적으로 개선되지 못한 채 교착 상태가 이어졌다. 이때 북한은 경제제재·자연재해·코로나19의 삼중고에 직면했다고 알려져있다. 그렇다면 국면을 타개하기 위해 북한은 다시 일본에서 활로를 찾을 가능성이 있다. 정권이 바뀌면 정책이 크게 흔들리는 미국이나 한국에 비해, 북한은 장기 독재정권이고 기본정책이 흔들리는 일은 거의 없다. 실제로 핵무기·미사일 개발의 강한 의지는 오랫동안 일관되어 왔다. 또한 지도자 밑에서 정책·교섭을 담당하는 책임자나 협상 스타일도 오랜 시간 동안 변하지 않았다. 여기서 또 다시 그 시간들을 돌아보고 과거로부터 배워야 할 교훈을 찾는 것이 의미가 있는 작업이다.

나는 1990년 외무성 북동아시아과 수석사무관으로서 가네마루 신金丸信 방북과 그 뒤를 이은 도이·오자와 방북을 수행하는 기회를 얻어, 당시 최대 현안인 제18후지산마루[2]의 선장과 기관장

---

2 일본에서는 배의 이름에 관습적으로 마루(丸)를 붙인다. 한국의 ○○호號에 해당한다.

이 석방되어 귀국하는 성과를 이뤄냈다. 그리고 그 직후 개시된 북일국교정상화 교섭 정책에 관여하게 된다. 1993년부터 1994년의 제1차 북한 핵위기 때에는 유엔대표부 1등 서기관으로서 안전보장이사회의 현장에서 상황을 챙기고 북미 제네바합의(1994년)에 따라 발족한 한반도에너지개발기구KEDO에 관한 실무를 본성[3]에서 주도했다. 뒤이어 제1차 고이즈미 방북(2002년)과 제2차 방북(2004년)에는 각각 선발대 부본부장, 본부장으로 평양을 방문했다.

이 책은 1990년부터 십수 년에 걸쳐, 간헐적 대북 외교에 종사해 온 나 자신의 체험을 돌아보고 당시의 상황과 정책을 재구성한다. 어쩌면 이 책이 다루는 시대는 국제사회에서 일본이 북한에 대한 대응을 주도하려 했던 시대라고 할 수 있다. 자동차 운전으로 치면 일본은 운전석에 있거나 적어도 조수석에라도 있었다.

후쿠다 야스오福田康夫 전 총리가 즐겨 사용했던 말로 '온고창신'溫故創新이 있다. 대북한정책에 대해서도, 옛것을 알고 새로이 창조적이고 능동적인 정책을 더해간다면, 그 의의가 있을 것이라 생각한다. 이 책이 도움이 되길 바란다.

---

3 본성(本省)은 한국의 본청本廳에 해당하는 말로, 여기서는 도쿄 가스미가세키에 위치한 일본 외무성을 뜻한다.

1장

바람구멍을 내다

가네마루 방북을 향해 요동치는 여당과 정부부처

1990년 9월 24일 12시 59분, 가네마루 신 전 부총리와 다나베 마코토田辺誠 사회당 부위원장을 단장으로 하는 방북단 일행의 전세기가 하네다 공항을 이륙했다. 행선지는 평양으로 직항편이다. 외무성에서는 가와시마 유타카川島裕 아시아국 심의관을 시작으로 통역까지 모두 4명이 동행했다. 이들은 방북단을 보좌한다. 외무성 직원의 북한 방문은 패전 후 처음이기 때문에 저절로 어깨에 힘이 들어가 긴장할 수밖에 없었다. 10분 전만 해도 하네다 공항의 좁은 특별실이 당과 정부 요인들로 가득 차 있었다. 이른바 가네마루 방북단의 송별회였다. 다케시타 노보루竹下登 전 총리, 오자와 이치로小沢一郎 간사장, 도이 다카코土井たか子 사회당

위원장, 사카모토 미소지坂本三十次 관방장관 등 높으신 분들이 다가와 우리를 격려했다. 그런 와중에 내 비장한 마음이 내비친 것인지, 같이 마중나온 구리야마 다카카즈栗山尚一 외무사무차관이 '잘하고 와'라며 말을 건넸다. 아리마 다츠오有馬龍夫 외정심의실장과 이마이 다다시今井正 북동아시아과장도 내 어깨를 두드리며 '힘내'라고 응원했다. 그 직전까지 외무성 상사들과 있던 하네다의 건물이 작아지며 눈에 보이지 않게 되자 불안이 엄습해왔다. 그래도 자세를 고치고 마음을 다잡았다.

　여기까지 오는 동안 수많은 우여곡절이 있었다. 가네마루 부총리 이하 자민당 관계의원들과 사회당 의원과 외무성 사이에서는 냉엄한 공기가 돌고있었다. 사회당 다나베 부위원장은 국회대책위원장[4] 시절부터 친밀히 지내온 가네마루 전 부총리에게 북한 방문을 설득해 왔다. 가네마루도 꽤 오래 전부터 다짐을 하고 있었다 한다. 기회가 될 때마다 "북일의 두터운 벽을 뚫어 바람구멍風穴[5]을 내야 한다."라고 말해왔다. 또한 1989년은 당시 북일 간 최대 현안이었던 제18후지산마루[1] 베니코 이사무紅粉勇 선장의 부인이 7년이나 북한에 억류되어 있는 남편의 귀국을 바란다는 간곡한 호소를 직접 전하여 사람들의 마음을 움직였다. 이 문제는 그 뒤로도 여러 번 "북일 간 목에 박힌 가시"로 언급되었다.

　한편 냉전 붕괴에 따라 한반도를 둘러싼 국제 정세도 급격하

4　한국의 국회 원내대표에 해당한다. 사회당의 다나베 마코토는 1977년 부터 81년까지, 자민당의 가네마루신은 1978년부터 80년까지 각각 국회대책위원장을 맡았다.

5　여름철에는 땅 속의 시원한 바람이, 겨울철에는 따뜻한 바람이 불어나오는 산속의 바위 틈.

게 변화하여 북일관계 개선의 기운이 만들어지고 있었다. 무엇보다 그동안 북일관계 개선에 어떻게든 딴지를 걸었던 한국 정부가 크게 변화하기 시작했다. 1988년 7월 노태우 대통령은 이른바 <7.7 특별선언>[6]으로 "북한이 미국·일본 등 우리 우방과의 관계를 개선하는 데 협조할 용의가 있다."라고 표명했다. 일본 정부는 이 기회를 놓치지 않았다. 같은 날, 북한에 정부 간 대화를 처음으로 공식 요청한 것에 이어서 87년 11월 KAL기 87년 11월의 KAL기 폭파사건으로 시작된 대북한제재 조치를 해제하여 북일관계 개선에 적극적인 자세를 보였다. 뒤이어 89년 3월에는 다케시타 노보루竹下登 총리가 국회에서 일본의 과거 행위에 대한 깊은 반성과 유감의 뜻을 한반도의 모든 사람들에 대해 표명하는 것과 함께 북일 정부 간 대화의 조기 실현에 대한 기대를 표명했다.[8]

1990년이 되자 가네마루 방북 실현을 검토하기 위해 정부, 자민당, 사회당의 3자협의 또는 정부와 자민당의 양자협의가 자주 진행되었다. 9월이 되어 이시이 하지메石井一 자민당 외교조사회장 대리와 구보 와타루久保亘 사회당 부위원장 등 6명의 의원으로 구성된 선발 방북단이 평양에서 귀국하자, 갑자기 상황이 분주하게 돌아가기 시작했다.

---

6 1988년 7월 7일에 노태우 대통령이 발표한 <민족 자존과 통일 번영을 위한 대통령 특별선언>을 일컫는 약칭이다. 남북 간 대결외교의 종결, 민간 교류 개방 등의 내용을 담고 있다.

7 정식 명칭은 <대한항공 858편 폭파 사건>이다. 1987년 11월 29일 이라크 사담 국제공항에서 출발한 대한항공(KAL)의 보잉 707 여객기가 일본인으로 위장한 북한 특수공작원의 시한폭탄에 의해 인도양 상공에서 폭파되어 탑승자 115명 전원이 사망한 사건이다.

8 1989년 3월 30일 중의원 예산위원회에서 당시 사회당 의원 무라야마 도미이치村山富市의 질문에 답변한 것을 말하며 이른바 '신견해'라고도 불린다.

9월 9일은 토요일이었지만 다니노 사쿠타로谷野作太郞 아시아 국장과 함께 선발단의 보고를 듣기 위해 저녁 무렵 나리타로 향했다. 이미 그날 점심에 이시이 하지메石井一 의원은 베이징에서 기자회견을 열고 제18후지산마루 문제에 대해 "북한이 인도주의적 견지에서 문제를 협의하고 조기에 해결할 수 있겠다는 믿음을 얻었다. 앞으로 방북단에서 희망적 소식이 나올 것이라 확신한다."라고 말했다. 구보 와타루 의원은 "9월 24일부터 28일까지 북한 방문에 합의했다."라고 밝혔다.

가네마루 방북이 현실로 다가왔지만, 그렇게 간단하지만은 않았다. 제18후지산마루의 선장과 기관장이 석방되기 위해서는 위성통신 허가, 직항 전세기편 허가, 여권 기재 변경[2], 연락사무소 상호 설치 등의 과제에 더해, 과거 식민지배에 대한 '사죄'와 '배상'의 문제가 엮여 있었기 때문이다. 북한은 "최고위 당국자의 직접적이고 명쾌한 사죄"를 요구했다고 전해졌다. 이에 대해 총리의 친서로 사죄하면 되지 않겠느냐는 의견이 있었다. 그러나 아직까지는 정당차원의 방북이기에 불가능하다고 봤다. 결국 가이후 도시키海部俊樹 자민당 총재의 친서를 전달하는 것으로 결론이 내려졌다. 내용상으로는 1989년의 다케시타 총리의 국회 답변 등 기존 총리 발언을 답습하는 것으로 했다.

최대 문제는 '배상 문제'로 아직 국교정상화 전이라도 북한에 일부 원조는 할 수 있지 않겠냐는 것이다. 북한은 경제난 때문에 조속한 자금원조를 바랐던 것 같다. 또한 당시 북한은 일본과의 국교 정상화가 없더라도 배상금을 얼마라도 받고 싶었던 것 같다. 그래서인지 자민당과 사회당 관계의원들로부터 외무성에 대한 압력이 상당했다. 그런데 국교 정상화와 외교관계 없이 상대국에 원조하는 것은 전례가 없었다. 외교관계가 수립되어 서로 신뢰 관계가 쌓이고 그렇게 조약이 맺어져야 원조도 가능하다는 기본 방침을

谷野作太郎
다니노 사쿠타로

구리야마 차관, 다니노 아시아국장, 가와시마 심의관이 관계의원 등을 찾아다니며 설명했다.

　다니노 국장은 가네마루신 전 부총리가 즐겨 다닌 프랑스 레스토랑 클레르 드 아카사카에 몇 번이나 찾아가 자민당과의 양자 협의는 물론 사회당까지 함께하는 3자 협의에 임했다. 분위기는 상당히 심각했다고 한다. 항간에는 다니노 국장이 끝까지 원칙을 고집했기 때문에 가네마루 전 부총리가 '이 돌대가리 같으니'라며 노발대발했다는 소문도 돌았다. 그러나 본인에 따르면 가네마루에게 그런 말을 들은 적은 없었다고 한다. 돌이켜보면 당시에 "다니노 국장은 '돌대가리石頭'라도 되지만 자네는 '바위대가리岩頭'가 아닌가."라고 질책당한 적도 있고, 또 한 번은 "해무성은 되지 말라."고 들은 적도 있었다.

___

9　외무성外務省과 해무성害務省은 둘 다 가이무쇼로 발음이 같다.

뭐라 하든 우리는 오자와 간사장과 관계의원들에게 외무성 입장을 잘 이해시켰다고 생각했다.[3] 이렇게 해서 '정상화 없는 배상', '원조에 앞선 지불' 요구만은 어떻게 해서든 저지했다. 역으로 방북 준비 측에서는 선물(배상) 없는 빈손에 불안만 쥐어주고 출발시키는 것이 납득하기 어려웠다. 우리들과 관계의원들 사이에는 이렇게 팽팽한 긴장감이 감돈채 방북이 시작되었다.

미지의 평양으로

전세기는 순항하여 동해를 북상하여 오후 1시 59분, 북한 측 비행정보구역(FIR)[10]으로 진입했다. 직항편이었기에 제3국 FIR은 경유하지 않고 동해를 북상하다가 항로를 서쪽으로 틀어 북한 공역에 직접 들어가는 경로였다. 창문 아래는 구름에 가려 보이지 않았지만 구름 위로 보이는 하늘은 쾌청했다. 북한의 해안선이 화려하게 보였고, 육지는 색색으로 어우러진 논이 아름다움을 뽐냈다. 산은 낮고 평지가 많다는 느낌이다. 직항편은 오후 3시 16분, 평양 순안공항에 도착했다. 창문에서 밖을 보니 한산하여 아무것도 없다. 기체는 천천히 정지 위치로 향해 들어가 그 사이 콘크리트 활주로가 눈에 사진처럼 선명히 인화되었다. 여기저기 냉이가 콘크리트 틈을 뚫고 자라고 있었다. 멀리서 아담한 환영 인파 무리가 보였다. 100명 정도였는데 주변 풍경과 너무 어울리지 않는

---

10 flight information region. 자국 영공 보호와 함께 효율적인 항공교통 관제를 위해서 각국에 할당되는 공역.

모습이었다. 공항에는 다른 인기척도 없었다. 터미널 건물 정면에는 김일성의 초상화가 걸려있었다.

비행기 트랩에서 내리니 북한 외교부 제1국(아시아담당)의 부국장 두 명이 마중을 나왔다. 같은 외교부의 리李씨의 안내로 함께 벤츠에 탑승했다. 밖을 보니 김용순金容淳 서기라고 추측되는 키 큰 남자가 가네마루 단장과 포옹하고 차 안으로 안내했다. 두리번거리던 리씨는 1955년 출생으로 일본담당 부과장이었다. 우리 일행의 차는 모두 벤츠로 넓은 도로의 중앙선을 넘나들며 시내로 달렸다. 차창에서 보이는 족족 손을 흔드는 사람, 멀리서 보려고 하는 사람이 있다. 조직적 동원은 아닌 것 같았다. 20분 정도 걸려 시내로 진입했다. 버드나무와 강물이 아름답게 어우러진 도시였다. 길가의 식료품점, 생선 가게, 이발소, 양복점, 백화점 등이 눈에 들어왔다. 사람과 차는 거의 보이지 않았다. 곧이어 우리 차들이 북한에서 가장 격이 높다고 하는 백화원(영빈관)에 도착했다. 천정의 높이, 방의 넓이, 복도의 길이 등 웅장한 규모에 적지 않게 놀랐다. 곧바로 그중 큰 회의실에서 양측 대표가 모여 인사와 자기소개를 시작했다.

김용순 서기 밑으로는 최수길 노동당부장, 이몽호 최고인민회의 상설위 서기장, 김양건 노동당 부부장 등 소개가 이어졌다. 김양건 부부장은 나중에 이시이 하지메 의원 등의 기초위원들과 '3당 공동선언'의 문안 교섭에서 한 치 양보 없이 팽팽한 협상을 하게 되는 수완가이다. 그는 후일 김용순이 사망한 뒤 통일선전부장으로 승진하게 된다. 이때 인사말에서 김용순이 "우리 서로 손

25

을 맞잡고 좋은 결과를 내도록 노력합시다. 한 손만으로는 박수를 칠 수 없어요."라고 말한 것이 인상에 남았다. 몇 년 뒤 유엔 대표부에서 북한 대사가 "손바닥만으로는 백지장을 잡을 수 없다."라는 비슷한 취지의 발언을 한 적이 있었다. 상대방과 협력하겠다는 의도가 담긴 말 같다.

평양의 첫날 밤

밤에 열린 북한의 환영 연회는 평양냉면으로 유명한 옥류관에서 진행되었다. 나는 가와시마 심의관과 5번 테이블에 앉았다. 북한 측 동석자는 송일호 당 국제부장(이후 북일 정상화 교섭 담당대사), 같은 국제부의 김 과장, 외교부의 천룡 부부국장 등이 있었다. 모두인사에서 김용순은 일본 정부가 과거를 청산하고 관계 개선을 표명한 것을 긍정적으로 받아들이고 있다고 말했다. 그렇기에 '두 개의 조선'을 국제적으로 합법화하고 고정화하는 것은 절대 용납할 수 없다고도 했다. 이것은 은근히 소련을 비난하는 것으로 들렸다. 이에 질세라 소련은 며칠 뒤인 9월 30일에 한국과 국교를 수립하게 된다.

가네마루 단장은 준비된 인사말을 읽었다. "금세기의 한 시기, 우리나라의 행위로 귀국 여러분들에게 많은 어려운 고통과 장해를 가져다 준 것에 반성하고 사죄한다"라는 취지였다. 김용순의 첫인상은 박력이 있었고 우렁찬 목소리도 좋았다. 그 뒤 각 테이블을 돌며 한 사람, 한 사람과 인사했다. 우리 테이블에 와서도 '북일관계를 위해 노력해 주십시오.'라고 말하여 나는 한국어로 "네, 노력하겠습니다."라고 답했다. 서로의 얼굴과 눈빛은 진지했다.

테이블에는 이때다 싶어 진수성찬이 차려졌다. 메인 메뉴는 잉어회였다. 북한 측 사람들이 모두 입을 모아 "드세요, 드세요."라며 권했지만 일본 측 누구도 젓가락을 들지 않았다. 나는 이런 건 북한 사람들도 쉽게 먹을 수 없는 것이라고 생각하며, 무심하게 젓가락을 내밀면 이게 꼼지락꼼지락 살아 움직였다. 그래도 몇 점을 입에 어거지로 집어넣었다. 건배가 몇 번이나 이어지며 술이 돌자 분위기도 차츰 풀리기 시작했다. 송씨는 꽤 말도 자유롭게 하는 젊고 유연한 엘리트라는 인상을 받았다. 농담도 잘했다. 김씨는 크레믈린의 식사가 화제에 오르자 "우리들은 더 이상 크레믈린에 가지 못할지도 모릅니다."라는 농담 섞인 한숨을 쉬었다. 그러자 송씨가 크게 웃었다. 김씨 또한 "서양인은 문화, 풍습이 달라서 어렵다. 역시 동양인이 좋다."라고 했다.

그날 밤, 북한 사람들과 주고받은 말들만으로도 북한의 반소련 기조가 자리잡았음을 느낄 수 있었다. 또한 북일관계에 대해서도 이야기했다. 이쪽에서 "일본 정부가 북한에 대해 적대정책을 취한다는 것은 오해"라고 주장하자, 상대는 "적대정책을 취하는 것은 틀림없다. 하지만 이제 와 남은 것은 정부뿐이다. 자전거는 빨리 밟지 않으면 넘어진다."라고 반론했다. 정부 간 대화에도 전향적이었고 10월에도 와 달라고 했다. 이렇게 첫날 환영연은 표면적으로는 화기애애하게 진행되었다. 숙소로 돌아가는 길에 어둠이 깔린 거리를 여학생들이 대열을 지어 이동하는 것을 보자 복잡한 기분이 들었다. 리씨에 따르면 영화 감상 같은 과외활동으로 늦게 가는 것이라고 했다.

　백화원으로 돌아가자 일본 관계자들끼리 논의가 진행되었다. 가네마루 단장이 사죄, 배상, 후지산마루, 핵이라는 4개 핵심 주제로 김일성과 대화를 해보겠다고 했다. 그때 이케다 유키히코池田行彦 의원은 보좌관을 통역사로 들여보내는 게 좋겠고 그게 후일을 위한 것이라고 주장했다. 그 뒤 몇 명으로 나뉘어 논의가 계속되었다. 방북단 사무총장인 이시이 하지메로부터 김일성과 회담할 때 가와시마 심의관을 보좌진으로 동석하게 해 달라고 몇 번이나 요청했지만 받아들여지지 못했다는 설명이 있었다. 사실 김일성과 가네마루 단장의 회담에서 외무성 보좌관은 고사하고 통역을 들이는 것도 불가능했기 때문에 실제로 어떤 대화가 진행되었는지 상세한 내막은 지금도 알 수가 없다.

　배상에 대해 합의문 초안에는 국제법상 전례없는 조치인 청구권 교섭이 제시되어 있었다. 가와시마 심의관은 "솔직히 말해서 허용 범위를 넘는 지점들이 있지만, 이 라인에서 합의하는 것만으로도 무거운 일이다."라고 최대한의 조언을 했다. 정부 간 대화와 연락사무소 설치의 추진 방법에 대해서도 논의했지만, 우리들은 미국

이마이 다다시

이나 한국과의 관계도 신경써야 하기에 함부로 할 수 없다며 유보적 입장을 견지했다. 이렇게 방북단 내부에 의원 측과 외무성 보좌관 측의 견해의 차이와 긴장관계는 마지막까지 계속되었다.

　방으로 돌아와 밤 11시에 일본의 이마이 과장에게 전화로 오늘 일어난 일을 간추려 보고했다. 도청 가능성 때문에 예민하게 해석될 말들은 할 수 없었다. 이마이 과장은 의원이 준비한 문서 내용을 걱정했지만 일단 통화를 마쳤다. 이제 샤워를 하고 침대에 누웠다. 걱정이 꼬리를 물고 이어졌다. 샤워할 때도 민감한 서류가 들어 있는 가방을 이불로 말아 욕실로 가져 들어갈 정도였다. 아, 길고 긴 하루가 끝났지만 사실 이제부터 시작이다. 북한이 일본과의 관계정상화에 꽤 진심이라는 생각으로 하루를 마무리하고 눈을 감았다.

갑작스런 묘향산 방문

다음 날 9월 25일, 눈부신 햇살에 벌떡 일어났다. 정말 조용한 환경 속에서 오랜만에 느낀 숙면이었다. 가와지마 심의관의 권유로 아침식사 전 숙소 앞 연못 주위를 산책했다. 드디어 오늘부터 본격적 협의가 개시된다. 오전 10시부터 만수대의사당에서[11] 가네마루 단장, 다나베 단장, 김용순 서기의 3당 단장회의가 열렸다. 김용순은 "가장 중요한 것은 36년의 식민 지배 청산이므로 사죄와

11　북한의 국회라 할 수 있는 최고인민회의의 청사.

배상에 초점을 두어야 한다. 최고책임자의 사죄를 국회 결의의 방식으로라도 고려하길 바란다. 36년 플러스 전후 45년[12]의 배상 의무가 있다. 정상화 전에 어떠한 형태로도 성의를 보이는 것이 중요하다."라고 주장했다. 이어서, "국교정상화 이후 배상은 아무래도 시간이 걸리기에 곤란하다."고 강조했다. 이시이 의원이 국제 관례에 따라 국교 정상화 이전에 배상을 하는 것은 불가능하다고 이야기했다. 김용순은 "국제법은 나라와 나라와의 관계를 발전시키기 위해서 있는 것이므로 법률에 종속될 필요는 없다. 우선 선의를 보이는 무언가가 필요하다."라고 반론하여 이 점이 최대 걸림돌임을 분명히 밝혔다. 가네마루 단장도 이에 동감하는 발언을 이었다. 특별히 배상에 대해서는 "그렇다면 대만은 어떻게 했는가? 법률을 만들면 안 되는 것인가?"라고 반론했다고 하면서 "36년 플러스 45년으로 폐를 끼쳐 왔다. 배상은 당연하다."라고도 말했다.

　가와시마 심의관은 그 내용을 듣고 나서 "국교 정상화 없이 돈을 주는 건 안 됩니다."라며 분명하게 못을 박았다. 이 시점에서 아직 북한은 제18후지산마루의 두 사람을 석방할지 확약하지 않은 상황이었다. '배상'에 대해 만족할 만한 회답이 일본에서 나오지 않은 상황이라 후지산마루 카드는 굳이 꺼내지 않고 남겨둔 것이다.

　3당 단장회의에 참가하지 않은 단원들과 우리들은 릉라도5월

1일경기장, 인민대학습당을 시찰했다. 점심에는 인민문화궁전에서 친선모임이 열렸는데 각계 대표 약 70명이 출석했다. 그중에는 인민 여배우라 불리는 사람도 있었다. 전인철 외무차관을 소개받고 그가 임박한 북일정부 간 교섭 대표로 내정된 사람이라는 설명을 들었다. 지금 돌이켜 보면, 이 시점에서 이미 대표의 인선이 끝난 상태라는 것은 일본과 정상화 교섭을 개시하겠다는 결단이 어느 정도 전부터 되어 있었던 것 같다.

오후에도 지하철, 소년궁전을 시찰하고 매스 게임을 봤다. 특히 매스 게임은 10만명이 참가했다고 들었다. 마지막에는 '일조우호친선만세日朝友好親善万歲'라는 사람 글자가 떠올랐다. 그때였다. 저녁 즈음이었을까 북한 측 지도원이 이시이 의원에게 "원하신다면 김일성 주석과의 회담이 내일 아침 잡혀 있습니다. 도착해서는 밤 8시 45분에는 숙소를 나와 9시 열차에 타셔야 합니다."라고 전해 들었다. 이때만이 아니었다.

다음 날 가네마루 단장 한 사람만 묘향산에 남았을 때도 그랬지만, 북한 측은 중요한 일정을 마지막까지 알려주지 않았다가 바로 직전에서야 전달하여 일본 측을 혼란스럽게 했다. 그 이유에 대해서 오래 생각해 보았다. 물론 지도자의 안전을 고려한 면도 있겠지만 그보다는 주석과의 회담이라는 중요한 카드를 마지막까지 전달하지 않고 상대방을 압박한다. 그리고 갑자기 전달함으로써 상대방에게 대응을 검토할 여유를 주지 않은 채, 자신들의 페이스대로 협상을 전개하려는 의도도 있을 것이다. 출발하기 전에도 제대로 전달하지 않고서 황급히 이동시키는 것은 대표단

了# 一
이시이 하지메

과 본국을 분리시키는 효과가 있다. 가네마루 단장과 김일성이 독대 회담한다는 것은 북한 입장에서는 조언을 할 만한 수행원을 배제한다는 의도가 깔려 있다. 이렇게 생각해 보면 북한 측 전술은 충분히 게릴라적이라고 말할 수 있다.

우리들은 숙소에서 급히 저녁을 먹었다. 방으로 들어가 짐을 정리하고 출발 준비를 했다. 그리고 이마이 과장에게 전화로 사정을 보고했다. "어디로 간다는 건가!"라는 그의 말을 듣고, 나는 "모르겠습니다. 아무래도 당분간 연락할 수 없을 것 같습니다. 부디 양해 부탁드립니다."라고 답했다. 수화기를 놓자마자 현관으로 급히 달려나갔다.

8시 40분에 숙소를 출발했다. 열차는 평양역에서 조금 떨어져 있는 룡성역龍城駅에 있었다. 대기하고 있는 특별열차에 바로 올라탔다. 열차는 밤 9시가 넘어 출발했다. 어둠 속을 달려 평양에서 북북동으로 160Km 정도 떨어진 명승지, 묘향산으로 향했다.

열차 안에서도 방북단 사무국을 맡은 이시이 하지메 의원, 다케무라 마사요시武村正義 의원과 우리들 사이에서 공동성명서 초안을 둘러싸고 논의가 계속 오갔다. 의원들은 "외무성 사고방식대로는 할 수 없다. 경우에 따라서는 정상화 이전이라도 배상 제공을 할 수 있다. 이런 건 정치적 결단으로 해도 되지 않겠느냐."라고 말했던 것 같다. 이에 대해 가와시마 심의관은 긴장했다. 미일관계와 한일관계를 고려한다면, 어느 범위 내에서 가능할지 속단할 수 없었다.

우리는 "국교 정상화 전에 원조는 불가능하다. 과거사 관련 대응이라면 감안할 수 있다. 당이 정부 교섭을 기다려 보는 것도 괜찮다. 국제정세가 열쇠다."라고 주장했다. 의원들은 "이제야 한 걸음을 뗐다. 만일의 경우에는 당의 책임으로 하자."고 했지만, 우리는 "정부가 할 수 없는 것을 당이 말하는 것도 나중에는 문제가 된다. 솔직히 말해 위험하다."라고 못을 박았다. 양쪽의 근본적인 골은 쉽게 메워질 수 없었다. 그런 와중에 밤이 깊었다. 자정 전에 열차는 목적지에 도착했다. 밤 12시가 지나 묘향산 초대소에[13] 들어갔다. 자, 내일이면 드디어 김일성 주석과의 면담이다.

김일성 주석과의 만남

안개 낀 고요한 아침이었다. 나는 숙면을 했는지, 똑똑 문 두드리는 소리를 듣고서야 눈이 떠졌다. 시계를 보니 오전 7시 반이다. 밖을 바라보니 기분이 좋았다. 바위산으로 둘러싸인 별천지 느낌이었다. 조식으로 송이버섯이 듬뿍 나왔다.

통역을 부르지 못한 채 오전 9시 반경에 마중 나온 가네마루와 다나베 두 단장만이 김일성 주석과의 회담장으로 향했다. 이

---

13 1994년 김일성이 사망한 장소로도 알려져 있다.

회담이 성사될지는 마지막까지도 모를 일이었다. 한 시간 정도 기다리다 우리는 걸어서 회견장으로 향했다. 근처에 보현사라는 절이 있었는데, 스님이 있다는 것에 놀랐다. 다만 일본의 절처럼 소원을 비는 새전함賽錢箱은 없었다.

　우리는 넓고 넓은 방에 나란히 앉아 대기하고 있었다. 11시가 지나자 김일성과 두 단장이 눈 깜짝할 사이에 들어왔다. 단원 한 사람 한 사람과 악수하며 인사했다. 얼마 안 있어 내 차례가 왔다. "일본 외무성에서 온 야마모토입니다. 영광입니다."라고 한국어로 한숨에 말을 내뱉자, 한 템포 늦게 환영한다는 답이 돌아왔다. 실제로 본 김일성은 뒤통수의 혹이 대단히 컸다. 얼굴에는 검버섯이 있는데, 눈빛이 옅고 특별히 날카로워 보이지는 않았다. 뒷모습을 보자, 오른쪽에서 김용순이 손을 내밀고 악수를 기다리고 있는 모습에 조금 당황했다. 이쪽은 눈빛과 얼굴이 진지했다. 여기서 인사가 이어졌다. 김일성은 "가깝고도 먼 나라가 아닌, 가깝고도 가까운 관계가 될 것을 희망한다."라고 말했다. 가네마루 단장은 "우리 제안을 이해해 주셔서 눈물이 나올 것 같다."라며 감개무량한 모습이었다.

　그 뒤에 사진 촬영과 점심식사로 이어졌다. 식사를 내오는 것은 모두 검은 옷의 말끔한 젊은 남성들로 여성은 한 사람도 없었다. 여기서 김일성은 모든 테이블을 돌며 한 사람 한 사람과 인삼주로 건배했다. 주석은 식사가 끝난 뒤, 출구에 서서 한 사람 한 사람과 인사를 나눴다. 그가 할 수 있는 최대의 대접을 해 주었다는 것에 우리 모두는 감동 받았다. 그에 대한 평가는 별개로 하고 중국의 마오쩌둥毛澤東, 유고슬라비아의 티토Josip Tito 사후, 역사적 인물로서 당시에 살아있는 사람은 김일성과 쿠바의 피델 카스트로Fidel Castro 정도였다. 역시 박력이 있었다. 당시 76세로 가네마루 단장보다 두 살 많았다. 북한의 수령이자 영웅은 건재했다. 오전의 김일성, 가네마루, 다나베의 3자 당수회담 내용은 어땠을까? 두 단장의 단편적인 설명에 기대야 할 것 같다.

가네마루 단장이 자민당 가이후 자민당 총재의 친서를 전달하자, 북한 측 통역이 읽어내려갔다. 자신들도 배상의 문제 등을 정치 결단으로 처리할 결의를 밝혔으므로 제18후지산마루의 두 사람의 석방을 부탁했다. 그리고 "핵을 만들었다고 하는 소문이 있던데, 사실인가?"라고도 물었다. 김일성 주석은 친서 내용을 듣고 "잘 알았다. 이대로 좋다."라고 말하며 좋게 평가했다. 그리고 다음과 같이 말했다고 한다. "일본은 경제대국이지만 정치대국이기도 하다. 그것은 이제까지 걸어온 길이 바르기 때문이다. 일본은 채권국이고, 미국은 채무국이다. 이제부터는 자주적으로 걷기를 바란다. 아시아의 문제는 아시아인이 해결해야 한다.", "핵은 만들지 않고 있다. 소련이 제공한 원자력연구소를 말하는 것이라면 그건 핵개발은 아니다. 조사하려면 남측에 있는 천여 발의 핵도 조사해야 한다.", "제18후지산마루 문제에 대해서는 잘 알겠다. 법은 인간이 만드는 것이다. 협의한다면 해결 가능하다고 본다. 두 분을 만족시켜 보낼 수 있을 것으로 생각한다."

사라진 가네마루 단장

그 뒤 우리는 오후 3시 넘어 묘향산을 출발해 평양으로 돌아갔다. 김일성과의 회담도 끝났기에 긴 숨을 내쉬었다. 차창 밖을 보니, 밭에 옥수수 껍질이 쌓아 올려져 있었다. 논은 추수가 시작되는지 잠깐 보았는데도 좋아 보였다. 가난하다고는 생각되지 않았고 전답에서는 소가 사용되고 있었다. 때때로 증기기관차가 눈에 들어왔다.

열차의 흔들림이 조금씩 줄어들자, 다케무라 의원이 객차로 건너왔다. "큰일이다. 가네마루 단장이 납치되었다." 나는 너무 놀라 펄쩍 뛰며 "농담이시죠?"라고 되물었다. 갑자기 김일성이 따로 면담하고 싶다고 말했기 때문에 가네마루 단장과 그 일행 4명만이 현지에 남게 되었던 것이다. 기차에 있던 이시이 의원이 다나베 단장에게 상황을 설명하자, 사회당 측은 대단히 불쾌해했다.

어느 쪽이든 복잡한 불안감이 가시지 않았다. 무슨 일이 벌어진 건지 역사에 남기지 못하는 것은 아닐까? 북한의 일처리 방식에 화가 났다. 전날 밤 묘향산 숙소에서 본국에 전화를 할 수 없다는 것도 이해할 수 없었다. 자민당 일부 의원들도 이상함을 느끼기 시작했다. 우리 열차는 오후 5시 45분에 다시 평양 룡성역에 도착했다.

다음 날 27일 아침, 가네마루 단장으로부터 연락이 왔다. 오늘 안에 돌아갈 것이며 걱정 말라는 말이었다. 그런데 묘향산에서는 무슨 일이 있었던 것일까? 오후 4시경에 김일성이 가네마루 단장 숙소를 찾아와 통역사만 들여보낸 채로 두 사람의 대화를 했다. 다음 날 아침은 대략 두 시간 정도 대화를 하고 점심을 함께 먹었기 때문에 모두 합치면 5시간 가까이 되는 긴 회담을 했던 것이다. 가네마루 단장은 평양으로 돌아오고 나서 우리에게 다음과 같이 말했다. "심려를 끼치게 되었다. 주석이 저 한 사람만 대화하고 싶다는 이야기를 김양건 부부장을 통해 전해왔다. (방북은) 사회당이 추진한 일이기 때문에 함께하고 싶다고 했지만 꼭 가네마루 한 사람만이라고 했기에 받아들일 수밖에 없었다." 다음은 김일성 주석과 가네마루 단장이 나눈 대화의 요지다.

나의 숙소에 주석이 예방을 왔다. 그렇게 해서 세계 정세 이야기를 나누게 되었는데, 우리가 최근에 중국에 갔던 이야기를 했다. 세상이 변하고 있고 대만에서 중국으로 100만 명이 방문하는 시대가 되었다. 한 사람 정도는 대만에 은의를 느끼는 사람이 있을 수 있다. 그러나 경색된 일중관계를 무너뜨릴 수는 없었다. 그리고 이라크에 대해서도 얘기했다. 내가 "유엔결의에 협력하지 않을 이유는 없지 않겠나. 중국은 상임이사국이다. 국민이 납득한다면, 법으로 할 수 없는 것도 할 수 있지 않냐고 총리에게 이야기했다. 다만 자위대가 총을 드는 것은 있을 수 없다. 자위대가 해외에 가는 것도 있어서는 안 된다."라고 말하자 주석도 "그렇다. 진심으로 동의한다. 있어서는 안 된다."라고 말했다.

나는 그날 아침, 주석에게 전화했다. "제18후지산마루에 대하여 각하에게 부탁드릴 것이 있다."라고 말하자, 주석은 "질질 끄는 것은 싫어한다. 충분히 새겨듣겠다."라고 말하며 전화를 끊었다. 그 전날 '법률은 사람이 만드는 것이다'라는 말이 있었기에 "모두 그렇게 이해하겠다"라고 말했다. 모두 양해된다는 해석으로 "잘 알겠습니다."라는 뜻이다.

다른 대화도 여러 가지가 있었다. 내가 "신문사가 평양에 지사를 세워도 괜찮은가?"라고 묻자 상대방은 "국교가 정상화된다면, 말씀하시는 것도 가능하다 본다."라고 답했다. 핵에 대해서도 "정찰위성에서 보인다는 이야기가 있는데, 정말인가?"라고 묻자, 김일성은 "북한에 소련의 연구소가 있다. 이것을 사찰해도 좋다. 남한 측도 함께 받자. 지금 이 말만으로도 의혹에 답은 되지 않겠는가."라고 말했다.

제18후지산마루는 반드시 1개월, 20일 이내에 석방시킬 것이라고 보았다. 속으로 내가 인질이 되는 것이 아닐까 걱정했지만 그런 것은 아니었고 헬리콥터를 타니 45분만에 돌아왔다.

예상 밖의 북일 국교 정상화 교섭 제안

가네마루 단장이 묘향산에 남아있던 27일 오전, 평양에서는 두 개의 회합이 동시다발로 열렸다. 하나는 자민당과 노동당과의 양당회담, 또 하나는 외무성 직원과 실무자 협의였다. 양당회담은 자민당 측에서는 가네마루 단장을 제외한 모든 단원, 북한 측에서는 김용순 서기 등이 참석했다. 자민당의 각 의원이 사전에 할당받은 분야에 관한 입장을 이야기하면, 김용순이 답하는 형태로 회의가 진행되었다. 유엔 참가 문제, 중동 문제, 어업 문제, 무역,

청소년·스포츠 교류 등 의제에는 별다른 제한이 없었으며, 특히 일본인 배우자의 일시 귀국 문제와 핵 문제에 관한 북한 측의 답변이 흥미로웠다.

모리야마 마유미森山眞弓 의원은 "1960년 전후에 재일조선인이 조국으로 귀환할 때 함께 북한으로 건너갔던 일본인 부인들이 1,800명 정도 있는데 소식이 제대로 알려지지 않고 있어, 가족들이 걱정하고 있다. 그 부모들은 모두 고령으로 인도주의적 관점에서 조금이라도 빨리 부인들의 고향 방문을 실현시켰으면 좋겠다."라고 호소했다. 또한 일본인 가족에게 미리 받아둔 편지를 직접 전달하고 이를 꼭 본인들에게 건네줄 것을 부탁했다. 이에 대해 김용순 서기가 "북일의 창이 열려 교류가 진전된다면, 잘 해결될 것이라 본다."라고 애매한 답변을 한 것은 유감이었다. 결국 이러한 인도주의적 문제조차 교섭의 카드로 삼겠다는 의중을 읽을 수 있었다.

북한 입장에서 가장 듣고 싶지 않은 문제를 제기한 것은 노나카 히로무野中広務 의원이었다. 그는 "핵이 없다는 김일성 주석의 말은 사찰을 받아도 문제 없다는 것이다. 남한 사찰과 엮는 것은 부적절하다."고 분명하게 주장했다. 김용순은 불같이 분노해 말을

끊고 일어나며 "노나카 선생의 말을 전혀 이해할 수 없다. 당신은 더 이상 올 필요가 없다"라며 무례한 말을 내뱉었다. 이에 놀란 일본 측 일부 의원이 "노나카 선생, 이제 그만"이라며 자리를 무마했지만 노나카 의원은 "아니다. 이것은 일본에 매우 중요한 사안이라 마지막까지 말씀드리겠다."라며 당당하게 마지막까지 발언을 마쳤다.

뒤이어 "공화국도 핵확산방지조약에 가입되어 있기 때문에 하루라도 빨리 핵안전조치협정[14]을 체결해서 귀국의 입장을 입증하길 바란다. 한국과는 대화를 진행하여 신뢰 관계를 구축하는 것이 선결이다."라고 발언했다. 뒤에서 보던 나는 외람스럽게도 "이런 국사国土가 있다니!"라며 깊은 감명을 받았다.

한편 다른 곳에서는 정부 간 실무회담이 열리고 있었다. 일본 측 대표는 가와시마 아시아국 심의관, 북한 측은 천용복 제1국 부국장이었다. 여기서 놀랄 일이 일어났다. 북한이 "국교 정상화를 하자"라고 말했다는 것이다. 가와시마 심의관이 "지금까지 남북 분단 때문에 반대한다고 말해오지 않았는가?"라고 묻자, 천 부국장은 "바뀌었다. 그 이유는 경제가 크게 변해 돈이 필요해서가 아니다. 제1회 교섭은 11월 상순, 평양에서 차관이나 외무심의관급에서 했으면 한다."라고 답했다. 가와시마 심의관은 이에 대해 "도쿄에도 전하겠지만 감개가 무량하다."라고 심경을 전했다. 북한은

---

14 핵안전조치협정(Safeuards Agreement)는 핵확산금지조약(NPT)의 기본 협정으로 NPT에 가입하면 18개월 인에 이 협정을 체결하도록 의무화되어 있다. 북한은 1985년 NPT에 가입했으며, 7년이 지난 1992년 1월 IAEA와 핵안전조치협정을 체결했다.

3당 공동선언 내용으로 3당이 정부에 국교 정상화를 촉구하는 문구를 담는 것을 고려하고 있다고도 했다. 당시 우리에게는 충격이었고 역사적 뉴스였다. 가와시마 심의관은 숙소로 돌아가자마자 구리야마 차관에게 보고했고 바로 일본 정부에 즉각 전달되었다. 그때 나카야마 다로中山太郎 외무대신은 유엔총회 출장 중이었기 때문에 뉴욕에 머물고 있었다. 이마이 북동아시아 과장은 다니노 아시아 국장에게 긴급하게 연락을 취했다. 현지 시각은 오밤중이었다. "중요한 일입니다. 정상화를 하자고 말했습니다."라고 보고하자 다니노 국장도 놀라 새벽까지 기다려 나카야마 대신을 깨우고 이 뉴스를 전했다. 그러자 나카야마 대신은 한국의 최호중 외무부 장관에게도 연락을 취해 같은 뉴스를 전했다.

북한의 방침 전환은 가네마루 단장 이하 대표단에게도 전해졌다. 모두 놀라움과 흥분을 감추지 못했다. 그 배경에 대해 같은 날 오후에 열린 3당 대표회담에서 김용순의 설명이 있었다. "국교 수립으로의 방침 전환에는 두 가지 측면이 있다. 하나는 국제 정세가 급격하게 변화하고 있다는 것, 다른 하나는 일본 정부 내에 국교 정상화 이전에 배상 문제를 해결하는 것이 불가능하다는 의견이 있다는 것이다." 뭔가 크게 무너지고 있는 느낌이었다. 한반도 정세는 급속하게 변화하고 있음을 실감했다.

논쟁을 부른 3당공동선언

그날 밤은 일본 측 주최로 답례사가 진행되었다. 큰 고비는 넘겼다고 느꼈는지 서로 술기운이 돌아 일본 측도 북한 측도 많은 사람들이 그야말로 100% 성공했다는 낙관론에 취해 있었다. 서로 건배를 외치며 부둥켜 안고 잔을 비웠다. 그러나 진짜 고비는 양 단장의 기자회견 이후에 일어났다. 밤 11시부터 숙소인 백화원에서 공동선언안의 협의가 본격적으로 시작되었다. 당초 예정에는 대표단 출발 시간이 다음 날 28일 12시 30분이었기 때문에 아침까지 타결되는 것을 목표로 했다. 우리들에게 특히 중요한 것은 국교 정상화 이전 배상금의 일부 지불과 전후 45년의 배상이란 표현을 선언에서 삭제할 수 있느냐 하는 것이었다. 이 두 가지 모두 북한 측이 제시한 초안에 들어 있었다.

가와시마 심의관은 정부의 보좌관으로 바싹 달라붙어 있었지만 당료 간 협의 때는 퇴실할 수 밖에 없었다. 그렇게 협의는 평행선을 달리며 다음 날인 28일 오전까지 계속되었다. 3당 단장 회의가 열리고 그곳에서 '배상'의 일부 사전 지불은 삭제했지만 가네마루 단장의 결단으로 '전후 45년의 사죄와 배상은'이란 표현은 받아들이기로 했다. 일본으로 돌아간 뒤, 가네마루 단장은 이 배상에 대하여 '정상화가 늦어진 만큼의 이자 같은 것'이라고 설명했다. 그 밖에도 양쪽의 타협이 있었지만 핵사찰을 받아들이게 하는 것은 불가능했다. 우여곡절 끝에 3당공동선언이 서명된 것은 예정을 한참 넘긴 오후 6시가 지나서였다. 3당공동선언으로 전후 45년에 대해서도 사죄와 배상의 대상이 된 것에 대하여 일본 국내에서 비판이 일어났다.

불편한 한국

한편 한국은 가네마루 방북의 성과와 공동선언의 내용이 공표되자, 불편함을 내비치기 시작했다. 북일 국교 정상화 교섭 개시의 제안에 대하여 27일 시점에서 유종하 외무부차관이 야나기 겐이치柳健一 주한국대사를 불러 설명을 요구하고 유감을 표명했다. 3당공동선언의 내용이 공표된 뒤, 한국 정부가 문제를 삼고 설명을 요구한 부분은 '조선은 하나다'라는 표현(이 문구는 북한이 즐겨 사용하는 표현이다), 배상의 기간이 전후 45년을 포함하고 있다는 점, 가이후 총재 친서에서 '내각총리대신으로서'라는 표현 등인 것으로 전해졌다. 실제로 10월 1일 이원경 주일한국대사는 구리야마 외무대신과 회담하고 '조선은 하나다'라는 문구, 총리 자격의 사죄 표현. 전후 45년도 대상에 포함시킨 것, 이렇게 3가지를 문제 삼지 않을 수 없다며 설명을 요구했다. 그리고 이 대사는 가네마루 전 부총재가 10월 8일 방한하여 노태우 대통령에게 직접 방북 결과를 설명할 것 등도 조언했다.

가네마루 의원은 노태우 대통령과 회담하여 오해를 불러일으킨 것에 대해 한국 정부와 국민에 대하여 사과했다. 전후 45년의 배상은 정치적 표현으로 직접 배상의 의미는 아니라고 했다. 이어서 방북의 결론은 3당 간의 합의라고 말했다. 노태우 대통령은 북일 수교가 궁극적으로 <7.7 선언>에 기반해야 하며 한국이 반대하는 것은 아니지만 다음 5가지의 주문을 보냈다.

북일관계 개선에 대하여

① 한일 간 충분한 사전협의가 선행될 것

② 남북한의 대화와 교류의 진전과 연결되어야 할 것

③ 북한이 IAEA의 안전조치협정에 가입할 것

④ 경제협력은 북한의 군사력 증강으로 이어지지 않는 선에서 안전조치협정을 받아들여야 할 것과 함께 실제로는 국교 정상화 이후로 미룰 것

⑤ 북한의 개방과 개혁을 촉진하고 국제사회의 일원이 되는 것에 기여할 것.

이상 5가지에 대하여 일본 측이 유념할 것을 요청하고 가네마루 의원은 동의를 표했다. 이렇게 한국과의 관계는 한층 진정되었다.

처음에 한국 정부는 앞서 언급한 <7.7 선언>에 기반하여 사회주의 국가들과 관계개선을 추구하는 북방 외교를 추진하는 한편, '북한이 미국과 일본 등 우리나라의 우방국과 관계를 개선하는 것에 협력할 용의'를 계속 표명해 왔다. 사실 북일 국교정상화교섭에 대해서 반대는 아니지만 예상치 못한 빠른 속도에 한국도 적잖이 놀랐던 것 같다. 원래부터 한국은 일본과 북한의 관계개선에 거부감이 있었기에 받아들이기 어려웠을 것이다. 바로 그때, 남북 관계에서도 큰 변화가 있었다. 9월 초 제1회 남북고위급회담이 열리게 된 것이다. 한국은 사회주의 국가들과 연달아 국교를 수립해서 북한을 남북 직접 교섭의 장으로 끌어 들일 수 있었

다. 이런 와중에 북일이 국교 정상화를 한다니 그럴 만했다. 경계심 가득한 한국의 입장은 1991년부터 개시되었던 북일 정상화 교섭 중간중간에, 그리고 그 뒤에도 98년 김대중 대통령이 취임하기까지 때때로 일본에 전해지게 되었다.

제안의 배경에 무엇이 있는가

가네마루 방북이 실현되고 그 자리에서 북한이 북일 국교 정상화를 제안하게 된 배경에는 무엇이 있었을까. 여기서 다시 정리해보자. 한마디로 말하자면, 냉전 붕괴가 한반도에도 영향이 미치게 되었다는 것이다. 남북한의 분단과 고착화가 동서 대립의 영향인지 아니면 남북 내부의 문제였는지는 논의해 볼 여지가 있다.

1970년대부터 80년대 초반에 걸쳐 남과 북이 동서 대립을 배경으로 세계 각국과 외교관계 수립을 경합해 왔다. 일본 등 서방 측 주요국이 북한을 승인하고 중국, 소련 등 사회주의 국가들이 한국을 승인하는 이른바 '교차 승인'의 관점은 이미 70년대부터 존재했었다. 그러나 상대국의 양해까지는 얻지 못해, 동서의 나라들이 남북한과 외교관계를 수립하는 것은 그리 오래되지 않았다. 특히 북한은 '조선은 하나다'라는 구호 아래 '통일'이 국시이기에 교차 승인은 받아들일 수 없다는 입장이었다. 그러나 1980년대 후반이 되자 변화가 나타났다. 냉전 붕괴의 조짐이 보이기 시작한 것이다. 또한 여기에 발맞추듯이 한국의 경제력과 국제적 지위가 상승했다. 1988년 서울올림픽은 그 상징이었다. 앞서 말했듯이 한국은 1988년 사회주의 국가들과의 관계 개선을 골자로 하는 <7.7 선언>과 북방정책을 내세웠다. 이 새로운 정책은 국제사회와 자국의 입장 변화를 앞세운, 실로 타이밍 적절한 전략이었다.

반면 북한은 고립되어 갔다. 외교적으로 사회주의 국가들의 지원을 잃은 것만 아니라, 한국의 공세까지 더해 심리적으로도 경제적으로도 궁지에 내몰리는 상황이었다. 덧붙여 1990년 당시 북한 외교 무역의 절반 이상을 차지하고 있는 소련과의 교역은 이듬해인 91년에 약 22억 달러에서 3.6억 달러로 급감하고 이에 따라 북한의 무역총액은 90년 42억 달러에서 91년 27억 달러로 절반 가까이 줄어들게 된다.[4] 이렇게 어려운 상황에서 북한 지도층이 일본으로 눈을 돌리게 된 게 놀랄 일만은 아니다. 특히 북한에게 일본은 다음의 4가지 점에서 덤벼볼 만한 상대였다.

우선 제18후지산마루라는 카드가 북한 측에 있었다. 두 명의 선원은 사실상 인질이 되어 있기에, 가네마루 의원이나 일본 측은 진심을 다해 움직일 것이다. 다음으로 일본에는 사회당이라는 우군이 있어 여당과 북한 사이의 가교 역할을 해낼 것이다. 세 번째로 과거사 청산을 마무리짓지 않은 일본에게 대규모 자금 지원을 기대할 수 있다. 네 번째로 일본 정부도 북일관계 개선에 전향적인 시그널을 보내왔다는 점이다. 북한 측이 단숨에 일본과의 관계 개선으로 내달려간 것은 일본 정부가 국교 정상화 없이 원조 제공을 거부했기 때문인지, 또는 심상치 않은 국제적 상황 때문에 원래부터 결단했던 것인지는 확실치 않다. 어느 쪽이든 북일국교 정상화의 제안은 일본과 미국, 한국에게도 놀라운 일이었다.

평양에서 돌아온 가네마루 의원은 주변에 조금씩 다음과 같이 흘리고 있었다. "바람구멍을 열었기에 벽은 무너질 것이다."

도이·오자와 방북과 김정일의 등장

가네마루 의원 일행이 귀국한 뒤 흥분으로 가득 찼던 안팎의 열기가 식혀지던 중, 다음 방북 준비가 시작되었다. 그것은 가네마루 의원이 북한에서 김일성에게 약속했던 오자와 이치로 자민당 간사장의 북한 방문이었다. 표면적인 목적은 북한노동당 창건 45주년 기념식에 참석하는 것이었지만 내심 제18후지산마루의 베니코 이사무 선장과 구리우라 요시오 기관장이 함께 귀국할 수 있기를 기대했다. 북한은 꽤나 만만치 않게 나왔고 받을 건 받더라도 마지막 카드는 쉽게 놓지 않았다. 이러한 교섭 자세는 훗날 대미, 대일 교섭에서도 일관된 것이었다. 자민당의 실력자 오자와 간사장을 끌어낸 것만큼, 북일국교 정상화를 위해서는 아주 신중하고 조심스럽다는 인상을 받았다.

　조선노동당 창건 기념식에 초대를 받았던 도이 다카코土井たか子 사회당 위원장 일행은 오자와 간사장보다 하루 빠른, 10월 9일 일본항공 특별기로 평양에 들어갔다. 노다 다케시野田毅 의원을 선두로 하는 일부 자민당 의원과 우리 외무성 직원들도 같은 비행기편으로 먼저 도착해 있었다. 그때 외무성에서는 시부야 하루히코渋谷治彦 총괄심의관이 수행했다. 시부야는 1980년대에 북동아시아과장과 아시아국 참사관을 맡아 제18후지산마루 문제 해결

에 집중하고 가족분들과도 함께 고생했었다. 시부야의 수행은 다니노 아시아 국장의 계획이었다. 또한 두 선원의 신원을 확보하리라 예상하여 의사와 간호사도 동행했다. 1983년 이후, 억류되었던 두 사람의 건강이 우려되었기 때문이다.

도착 당일 흥미로웠던 행사가 있었는데 평양 시내 문화회관에서 열렸던 '노동당 창건 45주년 중앙 경축 보고회'였다. 앞쪽 단상에 차례로 노동당 간부와 외국에서 온 내빈객이 자리에 앉았다. 중심에는 김일성 주석, 그를 바라보고 왼쪽이 마다가스카르 대통령 디디에 라치라카Didier Ratsiraka, 오진우 인민무력부장, 그리고 리종옥 부주석이 나란히 앉았다. 김일성을 향한 오른쪽에는 중국 공산당 쑹핑宋平 정치국 상무위원과 김정일에 이어 도이 위원장의 모습이 보였다. 소련과 동구권의 내빈은 보이지 않았다. 멀리서였지만 김정일을 실제로 보는 것은 이번이 처음이었다. 아우라가 나오는 듯한 아버지 김일성 앞이라 다소 조심스러워도 보였지만 종종 뒤로 부하들을 불러 무언가 지시를 내리고 있었다. 이후 김정일과 악수를 했던 일본 참가자에게 인상을 물어 보니, 말수가 적어, 잘 모르겠다는 답이 돌아왔다.

다음 날인 10월 11일 아침, 오자와 간사장 외 자민당 대표단 일행이 평양에 도착하고 금수산의사당[15]에서 즉시 김일성 주석과 오자와 간사장의 회담이 시작되었다. 물론 두 사람의 만남은 처음이었다. 두 사람이 악수하고 인사를 나누었다. 서로 인사치례의

---

15   현재 이름은 금수산(錦繡山) 태양궁전, 이른바 주석궁.

말들이 오갔지만 약간 긴장감이 보였다. 양당 대표단이 자리에 앉자 회담이 개시되었다. 이번은 가네마루 방북의 때와는 달리 외무성 직원도 동석하고 일본 측 통역도 나왔다. 모두발언에서 김일성이 "가깝고 친근한 관계가 되어가는 것은 기쁜 일이다. 간사장이 거듭 큰 문을 열었다."라고 인사했다. 이어 간사장의 발언을 Y사무관이 통역하려 하자, 김일성은 그를 노려보며 석상의 마이크를 치면서 이걸 쓰라고 다그쳤다. Y사무관은 동요하지 않고 담담히 통역을 시작했다. 무난한 인사가 양쪽에서 오가자마자 김일성은 다음과 같이 말을 몰아쳤다. "문을 열었기 때문에 이제야 정상화의 관계에 들어서게 되었다. 3당 합의에 대해서도 걸림돌은 없다. 이제는 결단해야 한다."

오자와 간사장은 '동감이다'라고 이어가면서도, 정부 관계자로서 정상화를 위한 대화의 중요성을 지적했다. 김일성은 오자와 간사장의 평양 체류가 불과 약 24시간인 것에 대해, "짧은 방문이라 아쉽지만 꼭 한 번 더 방문해 주길 바란다. 여러분들이라면 대환영한다."라고 몇 번이나 강조했다. 회담은 오전 10시 50분부터 시작되어 25분 만에 끝마쳤다. 그리고 그 뒤에 점심 식사가 열렸다. 말은 우호적이고 부드러웠지만 분위기는 가네마루 방북 때와는 달랐다. 그 자리에 있던 누구라도 그렇게 생각했을 것이다. 가네마루 의원이 '정' 많은 타입의 사람이라면, 오자와 간사장은 '논리와 원칙'의 사람이었다. 오자와 간사장은 가네마루 방북 전부터 일관되게 북한과의 관계에 현실적이었다.

그날 밤, 우리들은 김일성 광장에서 열린 근로자를 위한 무도

회에 초대되었다. 마르크스·레닌 주의와 김일성 주석을 찬양하는 슬로건이 주변 건물에 붙어 있었다. 그리고 광장을 내려다보는 것 같은 스타디움에 내빈과 시민이 가득했고 우리도 그 자리에 앉았다. 아래쪽 광장에서는 남녀 시민이 차려입고 즐겁게 춤을 추고 있었다. 우아한 춤을 아련히 보면서도 속으로는 "이 사람들에게 자유란 있는 것일까. 정말로 즐거워서 저러는 것일까." 등의 물음들이 꼬리를 물고 이어졌다.

제18후지산마루 두 선원의 귀국

이번 방북 최대 관심사인 제18후지산마루 두 선원의 귀국 가능성은 높아보였지만 북한이 순순히 돌려 보내줄지는 알 수 없었다. 북한 측은 자민당과 사회당 대표가 '감사 편지礼状'를 손수 써주기를 요구했기 때문이다. 두 선원은 북한의 자주권을 침해하고(스파이 행위를 했다는 뜻) 복역중인데, 크나큰 은혜로 사면大恩赦하는 것은 자민당과 사회당으로부터 중요한 요청이 있었기 때문이며, 따라서 양당으로부터 감사 표명이 있어야 한다는 논리였다. 더욱 곤란한 점은 두 사람이 공화국의 자주권을 침해하지 않을 것이며 귀국 후에도 북한에 대한 비방을 하지 않겠다는 보장을 요구한 것이었다. 전자의 감사 편지는 어찌어찌한다 쳐도, 후자의 '보장'은 표현의 자유가 있는 일본에서는 약속할 수 없었다. 이 점에 대해서 오자와 간사장을 필두로 하는 자민당 대표단은 원칙을 중시한다는 강경한 입장으로 임했다. 감사 편지의 표현을 둘러싼 교섭이 실제로 노동당과 사회당과의 사이에서 진행되었지만, 자민당 일행 중에는 원칙이 지켜지지 않는다면 교섭 결렬도 필요하다는 분위기도 있었다. 이런 상황에서도 이번 자민당 대표단은 가네마루 방북단과는 꽤 대응과 태도가 다르다는 게 보인다.

교섭은 한밤을 거쳐 다음 날 아침까지 계속되었다. 간사장은 이튿날인 11일에 일본으로의 일정이 있기 때문에 어찌해서라도 예정대로 아침 9시 30분에는 평양을 출발해야 했다. 교섭은 출발 직전 아슬아슬하게 아침 7시를 넘겨 겨우 결론을 보았다. 북한 측은 '보장'이라는 표현을 바꾸어 다음과 같은 표현으로 정했다. "양당은 두 사람이 공화국의 법률을 두 번 다시 침해하지 않을 것이며 귀국 후 두 사람의 언동이 북일우호관계의 발전에 지장을 주지 않도록 모든 노력을 다할 것을 약속합니다." 이것은 양당이 끈질기게 매달려서 북한 측 양보를 끌어낸 결과였다. 그럼에도 감사 편지를 쓰는 것에 대하여 비판적인 의견도 나왔다. 말하자면, 10월 12일부 『요미우리신문』은 "석방은 기쁘지만 왜 하필 '감사'인가"라는 사설을 게재했다. 사설은 이 감사 편지를 "미묘한 문서"라고 지칭하며 "두 선원의 언동에 압력을 가하려고 하는 것은 민주주의의 근간을 흔들 수 있는 중대 문제이다."라며 비판했다. 어느 쪽이든 이 과정을 통해 북한의 교섭 자세를 분명히 알 수 있었다. 북한은 손에 쥔 카드를 좀처럼 손에서 놓지 않은 채, 같은 카드를 몇 번이라도 써서 상대가 양보하게끔 한다. 그리고 문서 교섭에는 막판까지 매달린다.

북한은 '제18후지산마루'라는 카드로 자민당의 실력자, 가네마루 의원의 방북을 실현시켜, '전후 45년 보상'을 포함한 3당공동선언의 출발을 이끌었다. 게다가 같은 카드를 사용하여 자민당의 또 다른 실력자 오자와 간사장을 북한으로 초대해, 북일 정상화의 중요성을 다짐하는 동시에 자민당 사회당 양당 대표에게 '감사 편지'까지 시켜 두 선원의 귀국으로 일본에서 반북 여론이 조성되지 않도록 못을 박았다. 또한 자신들의 입장을 관철시키기 위해, 최후의 최후까지 타협하지 않는다. 가네마루 방북 때도 3당공동선언의 문서가 최종에 이르기까지는 당초 예정을 훌쩍 넘긴 다음 날 저녁이었고 이번에도 출발 직전 아침까지 질질 끌었던 것이다. 북한이 그렇게 집요하게 나올수록 일본 내부에서는 그들의 의도와 다른 역반응이 나올 수 있다는 것을 그들은 이해하지 못했다. 말하자면 '전후 45년의 보상'에 더해 감사 편지까지 내미는 북한 측의 강경한 요구는 실현되었지만, 반대로 이런 표현들이나 문서가 없었다면 일본 국내에서 반발은 한층 완화되지 않았을까. 이렇기에 일본 국내 사정을 반드시 감안해야 하는데 이는 북한의 한계일 것이다.

드디어 두 선원이 돌아오게 되었다.

10월 11일 아침 9시가 지나자 우리 일행은 모두, 전일본공수 ANA 특별기에 탑승해 순안공항을 출발할 준비를 했다. 예상보다 늦어진다고 생각하며 비행기 창문에서 밖을 내다보고 있었다. 그때 새카만 세단 승용차가 맹렬한 스피드로 비행장을 가로질러 항공기 쪽에 정차했다. 두 남자가 양손에 보스턴백을 들고 트랩을 단숨에 뛰어올라왔다. 항상 냉정하고 침착해야 한다고 생각했지만 이때는 가슴이 찡하게 울리며 눈시울이 뜨거워졌다. 1983년부터 약 7년간 북한에 억류되었던 베니코 이사무 선장과 구리우라 요시오 기관장이었다. 본인 확인을 마친 뒤, 전일본공수 비행기는 조용히 공항을 날아올라, 일본으로 향했다. 의사와 간호사가 간단한 진찰을 하고 인터뷰를 했다.

"일본에 돌아간다고 생각하니, 감개무량합니다.", "도통 실감나지가 않습니다." 두 사람은 기내에서 건배하며 송어회와 우동에 입맛을 다셨다. 베니코 선장에 따르면 처음에는 콘크리트로 둘러싼 집에 연금되었다. 그러다가 2년 4개월 동안 형무소 같은 곳으로 옮겨져 지냈으며 올해 4월부터는 다시 예전의 집으로 돌아가서 있었다고 한다.

우리 비행기는 11시 40분을 지나 하네다 공항에 도착했다. 트랩이 설치되자. 그 밑에는 보도진의 카메라가 몰렸다. 우선 가족분들이 기내로 들어와 두 사람과 재회했다. 더 말할 필요 없지만 가슴이 뛰는 순간이었다. 이마이 북동아시아 과장과 함께 낯익은 여러 사람들이 올라왔다. 그들은 작은 목소리로 "고생하셨습니다"라고 말을 건넸다. 지금까지의 강한 긴장감이 일순간에 녹아내렸다. 두 사람은 의원들과 함께 트랩을 내려갔다. 곧바로 외무성이 마련해 둔 차에 탑승하고 건강검진을 위해 도쿄의 병원에 입원했다.

예비회담의 궤도 수정

가네마루 방북 결과, 특히 '전후 45년의 배상'을 약속한 것에 자민당 내에서도 '말도 안 된다'라며 격양되어 있었다. 그런 일본과 한국의 반발 때문인지, 가네마루 의원은 외무성 관계자에게 "내 역할은 끝났다. 뒷일은 자네들에게 맡기네."라고 말했다. 우리들은 북일 정상화 교섭을 개시하기 전에 예비회담에서 의제를 확실히 정하고 싶었다. 그리고 '전후 45년의 배상'을 의제에서 배제하고 북한의 핵개발 의혹을 넣을 것을 목표로 삼았다. 정부는 3당 공동선언에 얽매이지 않고 국익에 우선하여 북한 측과 교섭을 시작한다는 자세였다.

1990년 11월 3일 오후, 베이징 북한대사관에서 제1차 예비회담이 개최되었다. 일본 정부 관계자가 북한대사관에서 교섭하는 건 처음 있는 일이었다. 일본 측에서는 다니노 아시아국장을 단장으로 이마이 북동아시아과장을 포함 6명이, 북한 측에서는 주진극 외교부 제1국장 이하 6명이 교섭에 참가했다. 북한은 3당공동선언을 방패로 삼아, 11월 중에 국교 정상화 교섭을 개시하고 전후 45년을 포함한 '배상'을 교섭의 중심에 세울 것을 강조했다. 일본 측은 1992년 1월 하순에 개최할 것과 함께 IAEA 핵사찰 수용을 밀어부쳤다. 다음 날 4일이 되어 교섭은 일본대사관으로 장소를 옮겨 이어졌다. 정상화 교섭의 시기, 장소, 배상 등의 의제를 둘러싸고 논의는 평행선을 달렸다. 북한 측이 국교 정상화 조기 실현에 강한 의욕을 보인 것이 무척 인상적이었다. 그 뒤 예비회담은 베이징에서 11월 17일, 12월 15~17일로 모두 3차에 걸쳐 진행되었다. 사실 우리들은 가네마루 방북 결과에 당내에서도 너무 놀랐던 만큼 애초부터 3회 예비교섭을 할 생각이었다. 예비교섭을 신속하게 마무리지을 분위기는 아니었다.

주요 논점들을 간단히 정리한다면, 우선 국교 정상화 교섭 장소에 대해 북한 측은 평양과 도쿄를 강하게 밀었지만 일본 측은 제3국 개최를 주장했다. 우리들은 평양에서의 교섭은 가네마루 방북에서 이미 진절머리가 났기 때문에 받아들이기 어려웠다. 그들의 주장대로 도쿄에서 개최한다면 북한은 조총련이라는 백업이 있지만 일본 입장에서 보면 평양에는 어떤 거점도 없고 본국과의 비밀 통신도 할 수가 없다. 이런 주장을 북한에 전달했다. 결국 정상화 교섭의 제1차와 제2차 회담은 평양, 도쿄에서 각각 열고 제3차 이후는 제3국 도시(베이징)에서 진행할 것으로 합의했다. 교섭 대표 레벨에 대해 북한 측은 "자신들은 차관을 내보낼 것이기에 구리야마 차관을 보내달라."고 말했다. 일본 측은 "차관은 한 사람밖에 없어서 개별 협상을 할 입장이 아니다."라고 말하기도 했지만 결국 차관급의 나카히라 노보루中平立 대사를 대표로 내보내기로 결론지었다.

우리들은 '전후 45년의 배상'만은 정상화 교섭 의제에서 제외해야 한다고 강력하게 주장했다. 북한 측은 "일본정부는 3당 합의 내용을 번복하는가!"라며 불만을 표시했지만 교섭 의제에 넣는 것은 막을 수 있었다. 그때 북한 측은 전후 45년의 배상 문제는 본교섭에서라도 논의되어야 한다고 주장했지만, 일본 측은 의제는 예비회담에서 확실히 정해야 된다고 반론하고 식민통치의 36년에 한정하여 '청구권과 경제 협력'을 논의해야 한다고 주장했다.

핵문제는 최후까지 난항이었다. 일본 측은 의제에 명기하고자 했지만 북한 측은 자신들(외무성)에게 큰 부담이라고 했다. 그들은 교섭 도중에도 군부와 수시로 상담을 해야 하기에 갑자기 자리를 뜨는 경우도 생긴다. 따라서 최종적으로는 '북일 정상화 교섭에 관한 국제 문제'라는 의제로 합의하고 여기에 핵문제가 포함되는 게 일본의 입장이라고 북한에 구두로 양해를 구했다. 이상으로 국교 정상화 교섭의 의제는 ① 북일 국교 정상화에 관한 기본 문제 ② 북일 국교 정상화에 따른 경제협력 문제 ③ 북일 국교 정상화에 관련한 국제 문제 ④ 그 외 쌍방이 관심을 가진 문제들(재일조선인의 법적 지위, 일본인 배우자 문제 등)로 하는 것에 합의하고, 제3차 예비회담의 최종일인 12월 17일, 그 취지를 기록한 '회의록'에 양측 대표가 서명했다.

이로써 예비교섭과 성과물인 회의록을 가진 우리는 3당공동선언과 선을 긋고 국교 정상화 교섭의 큰 틀을 확실하게 정할 수 있게 되었다. 북한과의 교섭은 정부 관계자로서 항목마다 서명을 넣는 공식적인 문서 합의가 중요하다. 이때 에피소드가 있었다. 이것은 북일 정부 당국자 사이에 첫 본격적인 교섭이었기 때문에 낯선 조직이나 제도를 이해하기 위해 교섭 때마다 정부 백서와 조직도 등을 지참했고 북한 측에게도 비슷한 자료의 제공을 요청했다. 그러나 북한 측은 겨우 간략한 외무성 조직도가 나왔을 뿐,

다른 자료는 일절 들여다 볼 수 없었다.

　교섭 때마다 북한 대표단과 함께 식사회가 열리곤 했다. 분위기는 좋았다. 어떤 만찬회 자리에서 자기소개를 하게 되었는데, 일본 측에서는 한 사람씩 일어서서 경력을 소개했다. 그러나 북한 측 순서가 되자 침묵이 흐르고 누구도 일어나지 않았다. 어떤 단원은 일본어가 유창하기에 "일본에 몇 번이나 살았던 것 같아요"라고 치켜세우자 "한 번도 간 적이 없습니다."라고 강하게 부정했다. 서로의 제도나 문화가 너무나 달랐던 것이다. 이제부터 시작되는 국교 정상화 교섭도 여러 우여곡절이 많아 쉽지만은 않을 것 같았다. 그런 생각이 머리에서 떠나지 않았다.

2장

북일 국교 정상화 교섭의 시작

평양으로 간 교섭대표단

역사적인 제1차 북일 국교정상화 교섭은 1991년 1월 30~31일 평양에서 개최하는 것으로 결정되었다. 일본 측 대표는 나카히라 노보루 북일 국교정상화 교섭 담당대사인데, 구리야마 차관과 동기로 외무성에 입성하여 유엔국장, 말레이시아 대사를 역임했다. 1970년대에 북동아시아 과장을 맡았을 때, 당시 한국의 박정희 정권으로부터 탄압받던 김대중 씨에게 지원의 손을 내밀 만큼 강단 있는 외교관이었다. 수행은 다케나카 시게오 아시아국 심의관, 이마이 다다시 북동아시아 과장, 후에 북동아시아과장이 되는 이토 나오키伊藤直樹 사무관 이하 외무성 조약국(현 국제법국) 관계자 등으로 통역은 북동아시아과의 요시무라 야스오吉村保雄 사무관이 맡았다.

우리들이 교섭에 임하는 자세는 다음과 같다. 우선 북일 국교 정상화는 일본에 남겨진 전후 처리인데 국교 수립으로는 유일하게 남은 상대국이었다. 다른 하나는 북한과의 국교 정상화가 한반도, 더 나아가서는 동북아시아의 평화와 안전에 기여한다는 국제적인 측면이다. 여기는 한국을 자극하지 않으면서 북한의 핵무기 의혹을 해소하는 게 중심 과제였다. 북일 제1차 교섭이 평양에서 열리게 됨에 따라 우선 상대방의 이야기를 듣고 기다리기로 했다. 평양에 있는 대표단과 도쿄 본부간 안전한 통신체제 확보가 어려우므로 준비한 대응방침 이상의 교섭이 불가능했기 때문이다.

베이징을 거쳐 평양으로 향하는 대표단의 백업으로 일본에 남아있는 관계자들은 여정의 대표단 뒤로 일본에 남아 있는 관계자들은 다니노 아시아국장과 북동아시아과 수석사무관인 나뿐이었다. 평양으로 들어간 대표단으로부터 하루 두세 번 연락이 왔지만 통신보안 때문에 무난한 이야기밖에 할 수 없었다. 그래서 다

栗山尚一
구리야마 다카가즈

니노 국장, 구리야마 차관, 관저에 있는 아리마 다츠오 외정심의실장, 관저 비서관 등은 따로따로 연락을 했다. 한편 도쿄 주재 한국대사관의 김영소 정무1등서기관으로부터 교섭 진행 상황에 대한 문의 전화가 빈번하게 걸려 왔다. 외무성 가스미클럽霞クラブ의 출입기자

들이 함께 방북해서 취재중인데도, 그쪽에는 정보가 너무 없다며 오히려 내 쪽으로 전화 취재가 왔다.

도쿄에 남아 있던 사람들은 그 후에도 국교정상화 교섭이 열릴 때마다 연락책, 정보 교환 및 확인 등을 대응하느라 정신없이 바빴다. 앞서 말한 제1차 교섭은 예정대로 1월 30일 오전 만수대 의사당에서 개최되어 나카히라 대표가 모두발언을 했다. 북한 측은 대표단장을 맡은 전인철 차관이 모두발언을 했다. 전인철 차관은 북한 외무성 차관 중 한 명으로 아버지와 같은 온화한 분위기를 가졌지만 강해야 할 때는 강하게 나서는 대단한 외교관이었다. 여담이지만 우리 측 대표단이 평양 체류 중에, 전 차관의 자택으로 초청받아 밤늦게까지 대접을 받은 적도 있었다.

교섭은 사전에 합의한 4개 의제에 따라 진행되었는데, 북한 측에서는 다음과 같은 입장을 표명했다. 우선 기본 문제에서 배상 문제는 과거 청산의 의미에서 가장 중요하다. 그 형식은 교전 국가 간 배상과 재산 청구권을 함께 적용해야 한다. 과거 북일관계는 식민지 관계만이 아니라, 조선을 침략한 일본과 그에 맞선 조선 인민이라는 교전관계로 일관되어 있다. 특히 1930년대부터는 위대한 지도자 김일성 장군의 지도 아래, 조선인민혁명군이 항일전선에서 15년 동안 일본군과 싸워 승리했다. 따라서 일본은 어떠한 재산 청구권도 제기할 수 없다. 남은 재산이 있다고 해도 한국전쟁으로 모든 것이 파괴되었다. 전후 45년의 피해보상을 요구하는 근거는 남북 분단에 일본의 책임이 있다는 것이다. 북한 측의 논리는 이렇다. 한국전쟁에서 군인들을 파견한 일본은 일정한 책임을 가진다. 또한 적대 정책으로 북한의 정치 및 경제 분야에 피해를 주었다. 일본은 북한에 보상을 하지 않았고 이자만 쳐도 엄청난 액수가 될 것이다. '국제 문제'로서의 핵은 북한과 국제원자력기구IAEA와 미국 사이에서 대화해야 할 문제다. 미국이 북한을 공격하지 않겠다는 법적 보장이 이루어진다면 IAEA의 사찰을 받아들일 것이다. '그 외 쌍방이 관심을 갖는 문제'로서 일본 측이 요구하는 북한에 있는 일본인 배우자[5]의 안부 확인과 모국의 부모와의 통신은 국교 정상화 이전에 전면 실시는 어렵지만 가능한 선에서 실현하도록 해보겠다고 했다. 이제 북한 측은 '배상' 또는 '보상'에 관해 희생되었던 인원 규모(사망자 100만명, 부상자 56만명) 등 보상액의 산출에 관한 참고 정보를 밝히고 이에 해당하는 보상 규모도 제시했다. 이상과 같은 입장 표명은 3당공동선언에 이은 것으로 우리들이 예상한 범위 내였다. 그렇다고 해도 '일본과 교전관계'라는 주장과 '전후 45년의 보상' 요구는 일본으로서는 도저히 받아들일 수 없는 것이었다. 한편으로 북한 입장으로는 최고 지도자의 정통성과 역사관에 관련된 문제이기에 타협이 쉽지 않을 것이다. 따라서 앞으로의 교섭은 험난한 길이 이어지리라고 또다시 통감했다.

도쿄로 온 북한 대표단: 북일 밀월기

제2차 교섭은 3월 11일에서 12일, 도쿄에서 열리게 되었다. 그에 앞서 2월 20일부터 1주일 정도, 김일성 주석, 김정일 서기 밑에서 북일 교섭을 총괄하는 김용순 서기가 방일했다. 조선노동당에서 북일 교섭이 원만하게 진행되도록 하기 위한 방일이었다. 김용순 서기는 자민당 오자와 간사장, 가네마루 의원, 니시오카 다케오西岡武夫 총무회장을 시작으로 여당 간부와 차례로 회담하고 "북일 국교정상화는 반드시 실현해야 한다."라고 강조했다. 자민당 총재 자격으로 면담한 가이후 총리에게는 김일성 주석의 친서를 전달했고, 뒤이어 다케시타 노보루 전 수상을 만나 북한 방문을 요청했다. 일본을 떠나기 전 기자회견에서, 김용순 서기가 북일 교섭의 연내 타결을 희망하는 걸 보면, 당시 북한 측이 1~2년 안에 국교 정상화를 실현시키겠다는 의지가 엿보였다. 그는 대단히 박력 넘치는 수완가였다. 그러나 일본 사회 기준에서 본다면, 언동이 종종 거만하게 비칠 수 있었다. 그러한 모습이 방일 당시, 일본의 관계자들과 만날 때 역으로 반발을 불러일으킬지도 모른다. 어떤 의원이 "당신, 그런 태도로 하면 안돼. 더 허리를 낮춰야지."라며 충고하는 장면도 연출되었다.

제2차 교섭에서 우리들은 북한이 제1차 교섭에서 밝혔던 입장에 반론하기 위해 다음과 같은 논지를 펼쳤다. 일본과 교전 관계였다는 북한 역사관에 기반한 주장은 국제법상 받아들일 수 없다. 일본의 식민지였던 조선은 샌프란시스코 평화조약에도 일본의 분리지역으로 다뤄지고 있다. 그렇기에 교전국에 주어지는 배상을 청구할 권리는 북한에 없다. 북일 사이에는 '재산 및 청구권'이 주제가 되어야 한다. 또한 전후 북일 간 비정상적인 관계는 국제 정세 탓이므로 일본은 아무런 책임이 없다. 따라서 전후 45년의 배상은 받아들일 수 없다. 이에 더해 일본은 91년 팀스피리트 훈련(한미합동군사훈련)으로 연기된 남북고위급회담의 조속한 개최를 바란다고 강조했다. 또한 핵 의혹에 관하여 핵확산방지조약NPT에 가입하고 있는 북한으로서는 IAEA와 핵안전조치협정을 체결할 의무가 있다는 것을 거듭 요청했다. 이에 북한 측은 "한국에 있는 미군의 핵도 동시에 사찰해야 한다. 남북대화가 연기된 것은 한미가 강행한 팀스피리트 훈련이 원인이다. 국교 정상화에 핵과 남북대화가 있다는 전제조건을 붙일 필요가 없다."라며 반론했다.

회담은 실무적으로 담담한 분위기에서 진행되었다. 전인철 대표는 회담 후 "다음 베이징 회담을 앞두고 견해 차이가 좁혀지고 공통점이 보이는 토대가 만들어지는 느낌을 받았다."라고 이야기했다. 실제 이 당시가 북일 교섭 역사에서 가장 좋았던 때다. 말하자면 밀월 같은 분위기가 있었다.

앞에서 말했듯이 우리는 예비교섭 시기에 우선 교섭 당사자가 상호 국가·제도·문화 등을 이해하기 위해, 정부간행물과 각종 서적·자료를 교환하는 데 노력했다. 또한 도쿄회담에서는 북한 대표단을 극진히 대접하는 것과 함께, 여가시간을 활용하여 일본의 이모저모를 알려주었다. 이러한 노력의 일환으로 우리 측 대표단 일원이 일본의 대중가요 카세트테이프를 평양으로 가져가 선물했었다. 이번 도쿄회담에서는 북한 대표단이 북한 유행가 카세트테이프를 답례품으로 가지고 왔다. 교섭의 장외에서는 몇 사람인가 북한의 대표단원으로부터 "이제부터는 아시아의 시대입니다. 우리끼리 사이좋게 지냅시다."라고 소리를 높였다. 지금까지 내가 가지고 있던 북한의 이미지와는 꽤 다른 우호적인 속삭임이었다.

전인철 대표 이하 간부급 대표단을 위해 교외의 전원풍경의 집에서 저녁 식사를 대접하고 그때는 피아노 연주도 곁들여 서로가 정겨운 민요를 불렀다. 비교적 젊은 대표단원에게는 일본의 샐러리맨이 일상적으로 들르는 이자카야나 젊은이들이 자주 가는 바에도 초대했다. 우선은 서로를 위해 이해를 다지는 것, 이것이 도쿄회담의 목적 중 하나였기 때문이다.

물밑 교섭

제1차 교섭에서 북한의 주장에는 일본이 결코 타협할 수 없는 곤란한 과제들이 있었다. 도쿄에서의 공식적인 북일 국교 정상화 교섭 이후 비공식적인 접촉으로 북한에 우리 의도를 확실히 전하고 쓸데없는 마찰이 생기지 않도록 노력했다.

우리 간부가 북한 대표단에게 다음과 같은 솔직한 의견을 전한 적도 있었다. 앞으로 곤란한 큰 문제들이 몇 가지 있다. 첫 번째로 배상과 청구권의 문제다. 서로 다른 주장을 하는데 그 배경에는 역사인식의 차이가 있다. 이것은 귀국이 이제까지 배워온 교육에도 관계된 문제다. 사실 국제적인 상식으로서 전전戰前의 불행했던 시대를 포함해 한반도와 일본과의 교전은 없었다. 어떤 나라라도 그렇게 생각한다. 따라서 정치적 차원이라도 '교전관계에 따른 배상'이라는 시각은 받아들일 수 없다. 몇 년이 걸리더라도 변함이 없다. 배상은 곧 전시 배상이고 이는 곧 그 배경에 교전이라는 논리의 구성은 국제적으로도 불가능하다고 생각한다.

　두 번째는 핵사찰 문제로, 이것은 일본에서 초미의 관심사가 되고 있었다. 『아사히신문』은 진보지로서 북일 정상화에 긍정적인 신문사였는데도 자매지 『AERA』 최근 호에서 귀국의 핵 문제를 사진까지 넣어 보도했다. 이후에 별도로 전달해 드리겠다. 미국은 우주에서 사진을 찍고 우리도 볼 수 있다. 미국인들은 강한 확신을 갖고 있다. 여러분들도 몰랐을 수 있고 또 판단할 수 있는 상황은 아니다. 이 정도로 전국민적 관심사가 되어 있기에 귀국이 핵안전조치협정을 체결하면 정상화를 진전시킬 수 있다. 과거 일본에서도 NPT에 들어갈지 말지를 두고 논의가 있었다. 자민당에서도 논쟁이 있었지만 일본은 유일한 피폭국이기에 NPT에 들어가서 사찰 의무를 부담하게 되었다. 우리 국민이 걱정하고 있는 건 귀국이 국제적 의무를 게을리하는 것이다. 국제적 약속을 이행하지 않는 것은 있을 수 없는 일이다.

　세 번째로 전후 45년 문제가 있다. 가네마루 의원은 '청산하지 못한 보상의 이자'라는 논의를 했고 사회당도 그렇게 보고 있지만 이자가 얼마인지 따져보는 것은 절대 불가능하다. 이 사고방식은 국민의 지지를 받을 수 있는 것이 아니다. 그렇기에 귀국의 주장이 실현될지 그 전망은 확실히 알 수 없다. 36년을 대상으로 한 청구권을 논의해야 한다. 한국의 선례를 말하는 게 귀국은 탐탁치 않겠지만, 한국에서는 청구권의 금액을 확정하지 않았고 결국은 경제 협력으로 결론지었다. 귀국도 같은 논의를 하게 될 거라고 생각한다.

네 번째로 남북 대화가 있다. 남북고위급회담 재개까지는 북일 교섭을 멈춰달라고 했지만 우리들은 남한의 요청을 모두 들어줄 필요는 없다고 생각한다. 그래서 제3차 정상화 교섭을 베이징에서 한다고 합의했다. 귀국도 입장이 있겠지만 남북이 만나는 상황이 북일 정상화 교섭에도 좋은 환경이 된다고 생각한다. 이것은 우리의 강한 바람이다.

우리들은 이렇게 네 가지 점을 전달하면서, 이 교섭의 책임자로서 성실하게 임할 것이다. 말하자면 10억의 가치를 깎아 4억으로 만들어 버린다고 좋은 교섭이 아니다. 이상은 솔직한 생각으로 그다지 양보해 드릴 게 없다는 것을 알아줬으면 좋겠다. 대립하는 여러 지점에 대해서 귀국이 새로 교섭하여 얻게 될 건 거의 없다고 본다. 이것은 중요한 일이라는 점을 다시 한 번 말씀드린다. 몇 가지 점에 대해서는 귀국의 입장을 잘 알기에 우리들의 곤란한 상황을 설명드린다. 위 논점들을 고국에 되돌아가 잘 말씀드렸으면 좋겠다. 베이징에서는 어쨌든 연락할 수단이 있다. 일본인 배우자의 안부 조사 등에 대해서도 잘 부탁드리고 싶다.

이에 대해 북한 측은 다음과 같이 말했다.

귀하의 말씀을 진지하게 들었다. 귀하가 지적한 문제는 본회담의 원칙과 기본의 문제다. 예비회담부터 지금까지 쌍방의 국가 이익을 위해 노력하는 사이 서로 인간적으로 많이 친해졌다. 일일이 코멘트를 한다면 논쟁이 될지도 모르겠다. 이른바 배상에 대해 일본은 '청구권'을 말하지만, 우리가 이를 받아들이는 것은 어렵다. 역사적 사실을 부정할 수는 없다. 나카히라 단장은 항일 빨치

산이 중국에서 싸운 것이라고 말했지만 (김일성) 주석이 했던 항일을 무시하는 것은 용납하기 어렵지 않겠는가. 이것은 왜곡이기에 타협이 불가능한 문제다. 요지는 우리는 피해자고 일본은 가해자라는 것이다. 교섭이 진행됨에 따라 배상 문제도 일본 측에서 생각할 여지가 있지 않겠는가.

IAEA와의 예비회담은 마지막까지 간다면 여러 가지 선택지가 있지 않을까 생각한다. 전후 45년의 문제는 공통점을 찾는 노력을 한다면 해결되지 않겠는가. 어쨌든 하나하나 논쟁하다 보면 결론을 내기 어렵기에 충분히 고민해 보는 게 좋다. 차라리 역사 논쟁을 해 보는 건 어떨까 생각한다.

급부상한 이은혜 문제

5월 16일자 각 언론 지면은 "경찰청과 사이타마현 경찰이 15일, 이은혜李恩惠는 쇼와 53년(1978년) 6월에 실종된 도시마구豊島区의 전 음식점 종업원(35세)일 가능성이 높다고 발표했다."라고 보도했다. 이은혜는 1987년 KAL기 폭파사건 공작원인 김현희에게 일본어를 가르쳤다는 인물이다. 김현희 공작원은 이미 '이은혜'의 존재를 밝혔지만 경찰청이 외사1과장을 한국에 파견하고 15일 서울에서 여자 사진 여러 장을 김현희에게 보여주자, 전 음식점 종업원이 '이은혜'라며 사진 속 인물을 가리켰다고 한다. 이 발표를 듣고서 경찰청은 다가오는 북일 교섭에서 이은혜의 소식을 확인하고 싶다고 요청했다. 제3차의 정상화 교섭은 5월 20일로 임박

해 있었다. 베이징에서 열린 제
3차 교섭은 긴장감에 휩싸여
있었고 1차와 2차에서의 우호
적인 분위기와는 달랐다. 모두
에서 북한 측의 전인철 대표는
"일본 상황을 보면 사악한 폭
풍이 들이닥치는 것은 아닐지
걱정된다."라고 발언했다. 나
카히라 대사의 모두발언을 무

시하고 "회의 진행 방향을 논의하고 싶다."라고까지 제안했다. 그
리고 "제1의제(기본 문제)를 우선 토의하고 그 뒤에 외교관계를 설
정하고 나서 제2의제 이후를 처리하면 좋겠다."라고 이야기했다.
이것은 번거로운 '핵 문제'와 '남북 문제'의 논의를 다음으로 넘기
고 싶어서 나온 제안이었지만 이은혜 문제를 피하려는 의도도 있
었던 것은 아닐까 싶다.

　　나카히라 대표는 이 제안을 거부하고 "경찰의 수사 결과 김현
희 전 공작원의 일본인 교육원, 이은혜라는 여성이 일본에서 실종
된 사람으로 확인되었기 때문에 좀더 알고 싶다."라고 요청했다.
이에 대해 전인철 대표는 "북일 교섭의 어떤 의제에서 그것을 다
루겠는가? 그런 의제는 없다. 회담의 질서를 어지럽히는 파괴 행
위이므로 철회를 요구한다. 우리는 단호히 거부한다. 이것은 공
화국에 대한 모욕이고 발언을 철회하고 사과하지 않는 한 대화를
할 필요는 없다."라며 격하게 반응했다. 그 결과 제3차 교섭은 다

음 일정을 결정하지 못한 채 종료되었다.

시간이 지나 이른바 납치 문제는 1997년 '북한의 납치피해자 가족연락회(통칭 가족회)'가 발족하고 2002년 고이즈미 방북 당시 김정일이 이를 인정함에 따라 밝혀지게 되었다. 하지만 이은혜 문제는 어떻게 다뤄야 했을까? 이은혜에 대해서는 정상화 교섭의 자리에서도 다룰 수 있었지만 그 이외의 피해자에 대해서는 별다른 인식이 없었던 게 아닐까 싶다.

1988년이 되자 (당시) 국가공안위원장 가지야마 세이로쿠梶山静六에 대한 국회 답변이 주목을 받았다. 같은 해 3월 26일의 참의원 예산위원회에서 가지야마 위원장은 "쇼와 53년(1978년) 이후의 일련의 아베크 행방불명 사건은 아무래도 북한의 납치 의혹일 가능성이 크다. 해명이 곤란한 것임을 알지만 사태의 중대성을 감안하여 앞으로도 진상 규명을 위해 전력을 기울여야 한다. 본인은 물론이고 피해자 가족분들 모두에게 깊은 동정의 마음을 드릴 차례다."라고 답변했다.

1991년 5월 이은혜의 신원이 거의 밝혀짐에 따라 경찰청은 비슷한 시기에 아베크 실종사건이 연이어 벌어졌던 후쿠이福井, 가고시마鹿児島 등 각 현 경찰에 재수사를 지시했고 이들 경찰은 5월 18일 합동조사반을 설치했다. 이것은 음식점 종업원과 같은

---

16 국가공안위원회: 경찰청을 지휘하는 내각 부서로 위원장은 대신(장관)급으로 여당 의원이 맡는다.

17 아베크족(avec族, アベック族): 길거리에서 데이트를 하는 젊은 남녀를 6, 70년대 일본에서 지칭하던 표현

방식으로 납치된 의혹이 강했기 때문에 정보 재검토를 서두르려는 방침이라고 보도되었다.[6] 유감스럽게도 당시 다른 실종사건들은 북한의 납치 피해자로 인정되지 못했다. 관계성청에서 북일 교섭 의제로 다뤄주기를 요청받은 기억도 없다. 다만 삿포로시, 구마모토시의 남성 두 명과 여성 한 명의 소식을 알려달라는 편지가 1988년에 북한에서 삿포로의 가족에게 전해진 적이 있었다. 이에 대해 이 세 사람의 가족이 북일 교섭이 시작되기 직전인 1991년 1월 16일 외무성을 방문하여 소식 확인과 귀국을 위한 북한의 노력을 촉구하는 요청서를 제출했다.[7] 우리들은 이에 대해 제1차 정상화 교섭에서 3명의 소식 확인을 북한에 요구했지만 제2차 교섭 당시, 북한으로부터 '그런 사실은 없다'라는 답변만을 들었다.[8] 이른바 납치 사건에 관한 정보는 극히 제한되어 있었기에 일본 국내에서는 이은혜 문제를 제외하면, 정관계나 언론계 모두 이 문제에 관심이 낮았다. '북일교섭을 가능한 한 진행한다'는 것이 당시 주류였다.

북핵 문제를 둘러싼 미국과의 논쟁

미국은 북일 국교 정상화 교섭을 개시했을 무렵부터 다양한 루트로 일본에 북핵 문제를 환기시켰다. 실무자급부터 대신급까지 이르렀는데 91년 3월 제임스 베이커James Baker 국무장관은 방미중인 나카야마 다로 외무대신과의 회담에서 북일 교섭에서 북한 핵 사찰 문제에 집중해 줄 것을 요청했다. 우리는 가네마루 방북 이

전부터, 북한의 핵개발 의혹이 있었고 핵확산방지조약에 가입했지만 그 의무인 IAEA 사찰을 받지 않는 데 강한 우려를 내비쳤다. 실제로 북한 핵개발 실정이 어떠한지는 구체적 정보가 부족했다.

미국 측에서는 북한 평안북도 영변寧邊에 5메가 와트의 흑연감속로[18]가 존재할뿐더러 추가 원자로를 만들고 있으며 재처리시설로 추정되는 시설이 건설되고 있다는 (또는 이미 건설되었다는) 등 여러 정보가 밀려들었다. 흑연감속로에서 추출된 사용후 연료봉을 재처리하게 되면, 핵무기용 플루토늄이 가능해진다. 핵물질 확산, 더 나아가 핵무기 개발이 현실이 되고 있었다. 우리는 법적 의무로 북한이 IAEA의 안전조치협정을 체결하여 모든 핵관련 시설을 국제적 사찰 범위에 두어야 한다고 의견 일치를 보았다. 그러나 북한에 재처리시설이 있기에 이 시설의 정지 및 폐쇄까지 요청할지는 아직 결론내지 못했다. 국제 사회에서 재처리 시설이 금지되어 있는 것은 아니다. 사실 일본도 재처리시설을 갖고 있다.[19] 미국은 핵확산을 중요시 했고 특히 한반도에서는 핵무기 개발로 이어질 수 있는 재처리시설은 남이건 북이건 결코 허용할 수 없다는 입장이었다.

1991년 5월 3차 북일교섭 직전, 나는 다니노 아시아국장과 워싱턴으로 출장하여 미 국무부 리처드 솔로몬Richard Solomon 동아

---

18 경수(물)나 중수(3중수소) 대신 흑연을 감속재로 이용해 핵분열 연쇄 반응을 늦추는 원자로.

19 1977년부터 이바라키현 도카이촌의 재처리시설이 가동되고 있었고 1993년 아오모리현 롯카쇼촌에도 재처리시설을 건설하기 시작해 2013년 가동을 시작했다. 한국도 2006년 대전에 재처리시설을 준공했다.

시아태평양담당국 차관보와 북핵 문제와 북일 교섭에 대해 의견을 교환한 적이 있었다. 솔로몬은 "북한이 IAEA와 안전조치협정을 체결하는 것은 중요하지만 이는 첫걸음에 지나지 않는다. 궁극적 목표는 핵확산방지, 다시 말해 남북이 재처리를 못하게 하는 것"이라고 주장했다. 이에 대해 우리들이 "북한의 안전조치협정 체결과 모든 핵관련시설의 IAEA 사찰은 NPT상 의무이기에 명확한 부분이다. 그러나 재처리시설이 국제법상 금지된 것은 아니기에 그 성격이 다르다."라는 생각을 풀어놓자, 솔로몬의 어조가 거칠어졌다.

"IAEA 사무국장이야 북한이 재처리할지 아닐지 증거가 없다고 말할 수 있겠지만, 이 문제는 일본 자신의 문제, 즉 당신들 안전보장의 문제다."

다니노 국장이 상황을 수습하려 말을 끊고 들어왔다.

"핵문제에 대한 처음 두 단계는 명확한 국제의무 위반이지만 세 번째 단계는 성질이 다르다. 이것은 상호안전보장의 문제로 공동의 노력이 필요하고 미국 측도 이 문제를 북한에 제기하기를 기대한다. 이제 우리가 재처리시설 정지를 언급하게 되면, 상응하는 대체 조치가 필요할 것이다."

마지막으로 솔로몬은 나지막이 말했다. "만약 일본이 금전적 영향력을 행사하지 않게 된다면, 일본의 안전에는 비극이다. 우리도 북한에 지적하는 노력 정도는 한다." 그 뒤, 우리는 부서에서 논의를 거듭했다. 그 과정에서 미국의 뜻을 전해 받은 외무성 북미국 간부의 노력도 있었다. 그 결과 우리는 북한이 재처리시설을 고집한다면 이를 정지시키고 폐쇄를 요구한다는 방침을 확고히 정했다. 당시, 다니노 국장이 재처리시설 정지를 요구할 경우의 '대체 조치'를 언급했다.

훗날 북미 '제네바합의' 이른바 북한에 흑연감속로와 관련시설의 동결 및 폐쇄를 요구하고 그 대신 경수로를 제공하는 것까지 생각한 건 아니겠지만, 현실에서는 1993~94년 제1차 북핵 위기를 거치며 '대체 조치'의 방향으로 나아가게 되었다. 이 당시 미국과의 협상을 떠올리면, 훗날 2002년 9월 고이즈미 총리 방북 직전 미국으로부터, 북한이 농축 우라늄 개발을 진행하고 있다며 신중한 대응을 요청받았다. 북한 핵개발에 대해 미국의 정보는 경악할 만한 것이었다. 미국이 북일 관계를 방해하기 위해 거짓정보를 흘렸으리라고는 생각지 않는다. 1991년 당시 재처리시설 정보는 훗날 사실이라는 것이 증명되었고 2002년의 농축우라늄 정보도 그렇다.

그렇다고 미국의 정보가 모두 정확하다고는 할 수 없는 게 2003년 이라크의 핵개발 정보가 부정확했던 것은 사실이다. 북한의 경우도 1990년대 후반 미국이 평안북도 금창리金倉里에 지하핵시설이 있다고 지적했지만, 현지 조사 결과 사실이 아니었다. 문제는 미일 간 정보 공유에 있다. 이를테면 아무리 우방국이라도 정보기관의 정보를 모두 일본과 공유할 수는 없는 노릇이었다. 1991년의 재처리시설도 2002년의 농축우라늄도 미국은 그 이전부터 정보를 수집해 왔다. 그것을 일본과 공유하기에 이르렀지만 그 타이밍이 하필 북일 국교 정상화 교섭이나 고이즈미 방북이었다. 비단 미국만이 아니라 모든 국가는 중요하고 민감한 정보를 가장 효과적이고 필요할 때 우방국에 제공한다.

브레이크가 걸린 북일 교섭

한국 정부는 앞서 이야기한 바와 같이, 사회주의 국가들과의 관계 개선을 도모하는 '북방정책'을 추진했다. 한편, "북한이 미국과 일본 등 우리나라의 우호 국가들과의 관계를 개선하는 것에 협력할 용의가 있다."라고 표명해왔다. 그리고 1990년 9월 소련과 국교를 수립하고 91년 상반기에는 중국과 국교 수립을 향해 진도를 착착 나아갔다. 게다가 유엔 남북 동시 가입도 추진하고 있었다. 그러나 한국 정부가 북일 국교 정상화에 호의적이고 관용적인지 묻는다면 그렇지는 않았다.

한국 정부의 관심은 남북 대화 촉진과 북한이 핵사찰을 받게 하는 것이었다. 후자인 핵사찰 문제는 일본의 안전보장도 걸려 있는 문제였기 때문에 한국과 일본의 입장은 거의 일치했다고 말할 수 있다. 전자인 남북 대화는 1990년 9월부터 시작된 남북고위급회담이 91년이 되자 팀스피리트 훈련 재개로 일시 중단된 상태였다. 때문에 한국 측이 북일 교섭에서 북한 측에 남북 대화 재개를 바란다고 한 적도 있었다. 같은 해 4월에 실시된 제6회 한일 정기 외무장관 협의에서 나카야마 다로 대신은 이상옥 외무부장관에게 한국 측 입장을 존중하며 "북한이 주장하는 남북 단일의석의 유엔가입방식은 비현실적이다. 일본도 유엔 동시가입을 인정받으려는 북한에 협조하고자 한다."라고 말했다.

이와 같이 일본으로서는 한국 측 요구에 최대한 배려하면서 북일 교섭에 임해왔지만 한국은 일본이 뭔가를 숨기고 있는 것은 아닌지, 한국을 무시하고 북한과 교섭을 추진하는 게 아닌지 의심 섞인 시선이었다. 우리들도 북일교섭 진행 방식에 대하여 감놔라 배놔라 소리를 들으며 시시콜콜한 것까지 하나하나 한국 측 의향에 얽매일 생각은 아니었다. 이에 따라 한국은 "우리들과 협의하면서 북일 교섭을 진행했으면 좋겠다. 북일 교섭은 남북 대화와 보조를 맞추고 병행해가며 진행되길 바란다"라고 주장할 때마다 우리는 '협의'라는 단어를 피해 '연락'을 취하는 것으로 말을 바꾸고 '남북 대화와 보조를 맞춘다'는 것에 대해 조심스런 표현들을 선택했다.

91년 4월 나는 나카히라 대사와 동행하여 한국을 방문하고 한국 정부 요인들과 대북한 정책에 대하여 의견교환을 한 적이 있다. 당시 북한과 가장 빈번하고 깊게 접촉한 것은 일본이었기 때문에 한국도 미국도 일본 이야기를 귀담아 들으려 했다. 나카히라 대사는 한국에서 중요한 인기인이 되어버렸다. 그럼에도 그들은 일본 측에 못을 박는 것을 잊지 않았다.

어느 한국의 고위관료는 우리들에게 다음과 같이 강의했다.

"북한 교섭 태도의 특징은 받아들일 수 없는 요구를 제시한다는 점에 있다. 그것을 반복하고 다시 끌어올려, 상대방에게 큰 양보를 얻어낸다. 전후 45년 배상은 당연히 어떻게든 받아들일 수 없는 요구의 전형적 사례다. 상대방이 양보한다면 상대방은 약하다고 생각하여 더욱 큰 조건을 들고 나온다. 수단과 방법을 가리지 않고 상대를 지치게 하기 때문에 타협보다는 압력을 가하는 것이 중요하다. 한마디로 말해 몰아붙이는 게 좋다.", "국민, 정치가 등에 접근하여 조직적으로 주장을 선전할 것이라 본다.", "북한은 남북 대화를 그다지 진행시키고 싶지 않을 것이다. 한편으로 북일 교섭을 서두르려 할지도 모른다. 일본이 서두를수록 북한은 남북 대화에 관심을 잃게 된다.", "한반도의 긴장 완화가 필요하다. 일본의 자금을 받으면, 북한은 군사력을 감소시키지 않고도 경제난 극복이 가능할 수 있다. 오히려 긴장 완화에 마이너스가 되지 않을까. 경제 지원의 시기와 규모는 북한의 군사력 감축과 연결된 것으로 배려해 주었으면 한다.", "IAEA에 대해 일본의 의연했던 입장에 감사하고 있다."

우리들은 "일본은 쫓기는 교섭은 할 필요가 없기 때문에 안심하셔도 좋다."라고 언질해 두었다. 그때 당시 북일 관계의 급속한 전개를 꺼리는 한국의 입장을 상징적으로 보여주는 사건이 있었다. 남북 유엔 동시가입에 따라 일본이 북한을 국가로 승인할지의 문제였다. 1991년 5월 27일 제3차 북일회담 직후, 북한이 외무성 성명을 통해 "남조선 당국자들에 의하여 조성된 이러한 일시적 난국을 타개하기 위한 조치로서 유엔에 가입하는 길을 택하지 않을 수 없게 되었다."라며 방침의 전환을 밝혔다. 그리고 같은 해 9월 유엔총회의 개막에 맞춰 남북 양국의 유엔 가입이 실현되는 움직임이 있었다. 그때 외무성 내에서는 조약국까지 함께 해 논의가 진행되었다. 북한의 유엔 가입은 한국의 가입과 동시에 유엔에서 만장일치로 승인 절차를 밟게 되었다.

국제법상, 국가 승인의 요건은 ① 영토, 주민, 실효적인 정치 권력이 확립되어 있는가, ② 국제조약을 체결하고 이를 준수할 의사와 능력이 있는지의 두 가지이다. 북한이 전자의 요건은 충분하다고 생각되지만 유엔에 가입하게되면 후자의 요건도 만족된다고 생각된다. 후자는 일본 정부의 정책적 판단이다. 게다가 영국 등 서방 우호국도, 남북한 유엔 가입을 계기로 북한을 국가 승인을 자연스럽게 인정할 것이다.

사이토 야스오齋藤泰雄 북동아시아 과장이 한국에서 관계자와 비공식적으로 의견교환을 하게 되었다. 그런데 그 결과 한국 정부의 반대 의사를 확인하게 되었다. 한국 정부는 남북 대화와 핵사찰 문제에 북한이 시큰둥한 상황에서 일본이 국가 승인을 해준다면 북한에 잘못된 사인을 줄지도 모른다며 신중한 대응을 요구했다. 이러한 한국 측의 강한 우려로 우리들은 북한의 유엔 국가 승인에 일정한 간격을 두고자 한 것이다.

당시 내가 한국에 출장했을 때, 재한국 대사관의 공사가 한국 학자들을 모아, 오찬을 하며 의견교환 자리를 만들어 주었다. 나는 국가 승인의 문제에 대하여 꽤 솔직하게 얘기했다. 이에 대해 동석했던 모 교수는 화가 난 목소리로 "일본이 한국을 패싱하고 북한을 국가로 승인하는 것은 용인할 수 없다. 유럽 국가라면 몰라도, 일본은 다르다."라며 격노하여 반론했다. 상당히 감정적인 반발이라 제대로 된 논의가 될 분위기가 아니었다. 구면이었던 한승주 고려대학교 교수(이후 외무부 장관, 주미대사)가 그 자리를 달래며 언제나처럼 조용한 어조로 다음과 같이 말했다. "야마모토씨의 말씀은 논리로서 이해되지만 한국인들에게는 감정 문제라서 받아들이기 어려울 것 같습니다." 모 교수 같은 반응이 당시 한국에서는 일반적이라고 생각한다. 북일관계는 한국인의 감정을 건드리는 극히 예민한 문제였다. 그러한 감정적인 대응은 후에 김영삼 대통령 시대, 북미관계의 급진전을 둘러싸고 되풀이된다. 한국이 북일관계 진전을 이해하고 관용적인 태도를 갖추려면 김대중 정부 탄생까지 기다려야만 했다.

교착상태 타개를 위한 평양행

이제, 이야기를 북일관계로 되돌려보자. 1991년 5월 제3회 회담은 이은혜 문제로 다음 일정을 결정 못한 채 종료되었다. 북한은 이은혜 문제가 제기되자 일본의 사죄와 철회가 없다면 다음 회담에 응하지 않겠다는 태도였다. 다시 말해 바람구멍을 막아 놓겠다는 자세이다. 한편으로 일본 시민과 정치가 사이에서 북일관계 개선을 촉구하는 움직임이 일어났다.[9] 사회당 간부가 가이후 총리를 방문하여 국교 정상화 조기 타결을 위해 정부가 성실하게 대응해야 한다고 촉구했다. 또한 조선로동당 국제부 송일호 과장과 김일성의 통역을 맡았던 황철이 방일하여 여야 의원과 외무성 관계자와 만났다. 당시 국내의 분위기는 '북한이 부러질 때까지 내버려둬야 한다'로 사실상 하지 말자는 것이었다. 외무성 내에서 대응책이 논의되었다. 이은혜의 소식 확인을 포기할 수 없고 교섭

山本栄二
야마모토 에이지

을 이 상태로 중단시켜 둘 수만은 없었다. 우리 측 생각을 정리해 북한 측에 다시 전달하는 것과 함께 상대의 태도를 들여다보기로 했다.

이번 평양행을 북동아시아과 내에서 알고 있는 사람은 과장 외 1명 뿐이었다. 당시는 매일같이 외무성 가스미클럽 기자들이 북동아시아로 들락날락거리며 취재를 했다. 출발 직전 어느 날 초여름 휴가를 보낸다고 거짓으로 올린 내 일정을 보고 모 기자가 "설마, 북한이라도 가는 건가요?"라고 예리하게 질문을 날리기도 했었다. 생각없이 "어떻게 알았어? 잘 맞췄네."라고 답했지만 기자들은 모두 농담이라고 받아들였다. 그때는 미안한 마음이었다. 지금도 그렇다.

나는 종이 한 장에 대처 방침을 적어 나리타 공항을 출발하여 베이징 공항에 내렸다. 여기서부터는 Y서기관이 마중 나와 능숙하게 입국 심사를 도와줬다. 그는 공항 로비를 나와 허름한 택시를 세워 비자를 받기 위해 북한대사관으로 직행했다. 눈에 띄지 않기 위해 일본대사관의 공용차량은 쓰지 않기로 했다. 그 뒤 일본대사관에 잠깐 차를 세웠다. 동료들에게 인사 나눌 틈도 없이 가지고 있던 대처 방침을 암기하고 그것을 문서분쇄기에 넣어버렸다.

베이징의 공항에서 평양행 고려항공에 올라탔다. 1990년 10

월 이후 3번째 방북이었지만 과거 두 번은 특별 직항편으로 이동했기 때문에 베이징에서 민항기를 타는 것은 처음이었다. 소련제 낡은 제트기라 살짝 불안했지만 기체가 가속도를 올리더니 이륙에 성공했다. 그 찰나 군악대풍의 화려한 음악이 기내에 흘러나왔다. '이륙을 축하드립니다'라고 말하고 싶은 기분이었다. 그러는 사이 얇게 자른 소시지와 오이에 빵을 얹어놓은 플라스틱 도시락을 받았다. 음식을 쌓아놓은 카트에는 배 주스와 룡성맥주 등이 올려져 있었다. 창밖에서 지상을 내려다보니, 드디어 북한 국경이라고 생각되는 곳이 보이고 있었다. 이중창 너머로 수증기가 슝슝 분출되고 있었다. 얼마 안 가 비행기는 익숙한 순안공항에 착륙했다. 우리들이 머물 곳은 고려호텔이었다. 과거 두 번은 최고급의 영빈관 백화원에 격리되어 있었기 때문에 일반 호텔에 묵는 것은 처음이었다. 다음 날은 드디어 북한 측과 대화를 해야 한다. 긴장감이 높아지는 가운데, 빨리 잠을 청했다.

　다음 날 오전에 외무성 담당과의 과장 대리 즉, 나의 카운터 파트너와 의견을 교환했다. 처음 보는 상대였다. 대처 방침에 기반해 이런저런 이야기가 가능하겠지만, 이은혜의 소식 확인을 요구 하지 않을 수 없기에 일본의 국내 상황을 누누이 설명했다. 상대방은 신중하게 듣고만 있겠다는 태도였다. 나는 "북한 측 생각을 알려주면 좋겠다. 사죄나 철회는 논외로 하겠다."라고 못박아 말했다. 북한 측은 검토와 조정에 시간이 걸리는 것 같았다. 잠깐 사이, 사회과학원 전문가 등과 일반적인 의견 교환에 시간을 썼다. 북일 교섭이 시작되어서인지 상대측 전문가의 답은 부드러웠다.

그리고 밤이 되자, 가네마루 방북 이후 몇 번이나 마주했던 노동당의 송일호와 황철이 다가와 식사하러 가자고 말을 걸었다. 그들은 실질적 대화는 외무성이 맡고 있다는 뉘앙스로 읽히도록 "누구, 보고 싶은 사람 없습니까?"라고 물었다. 높은 레벨의 책임자로부터 북한 측 입장을 물을 필요가 있었기에 나는 "국장급으로 만난다면 좋겠습니다."라고 부탁했다. 우리로서는 무엇 하나 초조할 필요가 없고 시간도 넉넉했다. 전문가를 방문하기도 하고 시내 견학을 하겠다고 하자, 우리에게 송일호가 급히 "김용순 서기를 만나시오."라고 말을 건넸다. 북한 측 레벨이 조금 더 높다고 생각했지만 우리도 외무성을 대표해서 왔기 때문에 흔쾌히 승낙했다.

회의실 안에 기다리고 있자 김용순 서기가 들어왔는데 군복을 입고 있었다. "군사 훈련이 있어 거기서 그대로 오게 되었다."라고 오자마자 위압적인 태도로 인사를 시작했다. "당신들 말은 들었다"며 일본 측 대응이 껄끄럽다고 도도하게 말했다. 여기서 일본 입장을 다시 말한들 별로 들을 기색이 아니었다. 회의는 30분 만에 끝났다. 김용순 서기한테 이 문제에 대해 북한의 구체적인 생각은 들을 수 없었다.

드디어 돌아가는 날이 되자, 외무성 담당국장 면담이 성사되었다. 상대방은 만나자마자 한국의 신문기사를 흔들어 보이며 큰소리로 공세에 나섰다. "이번 방문은 일본 측 요청으로 극비리에 하겠다고 말해놓고선, 이게 뭐야! 남조선 신문에 이렇게 대문짝만하게 나오지 않았는가! 이래서는 신뢰관계를 갖고 교섭을 할 수 없다.”

 순간, 무슨 일이 일어났는지 몰랐다. “앗, 또 한국 당국이 흘려버렸나?”라고 생각했다. 그런데 이 방북을 일본 국내에서도 아는 사람이 몇 없었고 한국과 미국은 극비 사항으로 사전에 전달받았다. 첫 일격이 끝나자, 담당국장은 일본 측 생각을 재차 확인하고 마지막으로 “공식 회담이 아니라, 비공식 회담에서 이 문제를 제기해주길 바란다.”라며 입장을 분명히 했다. 북한 측 제안에 당연히 즉답하지 않고 “갖고 돌아가 검토하겠다.”는 대답만 했다. 도쿄에 돌아간 뒤 외무성 내에서 논의가 시작되어 대응이 검토되었다. 그 때문에 베이징에서 북일 간 접촉이 열려, 그 결과 다음 정상화 교섭을 8월 하순에 연다는 것에 합의하고 그 개요가 발표되었다. 중단 상태였던 정상화 교섭은 다시 움직이기 시작했다. 이은혜 문제는 차석 레벨에서 실무협의로 다루기로 했다.

격동의 한반도와 북일 교섭의 추이

북일 국교 정상화 교섭이 진행되었던 1991년부터 92년에 걸쳐서 냉전 붕괴의 영향이 한반도에도 직접 미치기 시작했다. 동북아 정세는 큰 변화에 휘말렸다. 북일 교섭의 가운데 토막은 세파에 끌려다녀야 했다. 남북 대화는 91년 초 남북고위급회담이 중단되었기 때문에 우리는 교섭 재개를 북한에 요구했다. 또한 한국의 요청에 따라 남북 유엔 동시 가입도 촉구했다. 북한은 남북의 사안에 대한 일본의 개입을 싫어했지만 제3국 교섭 직후인 5월 말, 북한은 남북 동시 가입으로 방침을 전면 선회했다. 그렇게 9월이 되자 남북의 유엔 동시 가입이 실현된다. 이어 남북 고위급회담도 재개되어 12월에는 <남북 사이의 화해와 불가침 및 교류・협력에 관한 합의서(남북기본합의서)>가 체결되었다. 결국 남북관계 개선은 크게 진전되어, 한 측면에서는 북일교섭을 위한 주변 환경이 조성되었다.

또한 핵문제도 정세의 근본적 변화가 이어졌다. 북한은 남한의 핵무기 철수와 남북 동시 핵사찰을 주장했지만 9월이 되자 조지 부시George H. W. Bush 대통령은 지상 전술핵무기의 전지구적인 철거를 제안하고 한국에도 핵무기 철거를 확인했다. 이에 따라 노태우 대통령이 11월 한반도 비핵화를 선언, 12월에는 한반도 비핵화에 관한 공동선언이 체결된 것이다. 이 선언에는 남북 양쪽이 재처리시설을 소유하지 않겠다고 약속한 것이 핵심 포인트였다. 북한 측은 그사이 IAEA와 핵안전조치협정 문안을 진행했는데, 92년 1월에는 협정이 서명되고 4월에는 비준되었다. 드디어 북한에 대한 핵사찰이 시작되었다.

이제 북일교섭을 진행할 환경이 조성된 것이다. 일본의 관점에서 보자면 '문제'의 두 기둥이던 '남북 대화'와 '핵문제'에 대하여 뛰어넘어야 할 허들이 낮춰진 셈이다. 북한 입장에서 본다면 국제 정세와 지역 정세가 점점 긴장이 높아지면서 궁지로 내몰려진다는 느낌을 받았을 것이다. 맹방 소련은 이미 1990년 9월에 숙적 한국과 국교를 수립했을 뿐 아니라, 91년 12월에는 아예 소멸되어 버렸다. 최후의 보루 같은 중국과 한국의 국교 수립도 시간

문제였다. 한국과 미국은 외교, 남북 대화, 핵문제에 차차 주도권을 쥐고 북한은 수세로 내몰려 갈 수밖에 없었다. 북한 체제의 생존은 위기에 노출되었다. 이러한 국제 환경의 변화로 91년 후반부터 92년에 걸쳐 북일관계는 크게 진전할 가능성이 있었다. 그러나 실제로는 92년이 되자 북일 정상화에 대한 북한의 관심은 급속히 차가워져 갔다.

의외로 진행된 교섭

그렇다면 국제 문제 이상으로 정상화 교섭의 핵심 부분이었던 기본 문제와 경제적 사안들에 대한 교섭은 어느 정도까지 진행되었을까? 대외적으로 밝혀진 적은 별로 없었지만 그래도 조금씩 진전을 보이고 있었다.

기본 문제 의제에서는 <북일기본조약>에 담길 조항에 대해서 구체적인 논의가 북일 간에 이루어진다. 일본 측이 모델로 한 것은 1965년의 <한일기본조약>으로 그 골격은 분명했다.[20] 기본적 인권과 국제법의 존중 등 유엔헌장의 원칙을 존중하는 것에 대해서는 쌍방의 의견이 일치했다. 한일병합조약 등 과거 조약들의 효력에 대해서 일본 측은 '당시에는 유효하다'라는 입장이었지만 북한 측은 '처음부터 무효다'라는 입장에서 물러서지 않았다.

---

20 한일기본조약의 골자는 첫째, 한국은 식민지 시기의 피해에 대한 정부와 민간차원의 보상을 청구하지 않고 일본도 한국에 남아 있는 일본인 재산의 반환 청구를 포기한다. 둘째, 일본은 한국의 경제 개발을 위해 무상으로 차관을 제공한다. 한국은 이 돈을 식민 지배에 대한 배상금이라 보았고 일본은 독립축하금 정도로 해석했다.

경제적 사안들에 관해서는 북한 측은 북일이 교전관계였으므로 배상을 바랐지만 이후 즉각 요구는 하지 않았다. 전후 45년의 사죄와 배상에 대해서도 제2차 교섭 이후에는 언급하지 않았다. 보상 내지 배상의 요구는 여전했지만 일본 측에서 제시했던 '재산 및 청구권'의 틀 안에서 객관적 자료와 법률 근거가 뒷받침된다면 배상을 포함한 청구권을 검토할 수 있다는 자세로 바뀌었다. 우리들은 패전 후 45년이나 지난 현 시점에서 그 기초가 될 객관적 자료를 구체적으로 확인하기 어려우므로 양국 및 국민의 재산 및 청구권은 서로 포기하고 경제협력을 하자는 원칙을 제시했다. 이 삼로 대표는 우리의 제안을 긍정적으로 받아들였다.

덧붙여 이러한 방식은 한일 국교 정상화의 시기에 다뤘던 것으로서 북일 교섭도 이 방식을 진행할지의 선택권은 북한에 없었다. 이제 재산 및 청구권은 서로 포기하고 별도 경제협력을 하는 방식은 2002년 <북일평양선언>에 담기게 된다. 결국 경제적 사안들은 원칙론을 넘어 경제 협력의 구체적 금액에 대해 협의하는 단계로까지 왔다. 물론 핵개발 의혹 완전 해소와 '이은혜' 문제의 해결이 전제였다.

교섭 결렬

1992년이 되자 북한은 "핵 위협은 오히려 일본에 있다."라며 일본의 플루토늄 이용 계획을 비판하기 시작했다. 또한 '배상' 문제에 대해 당시 급부상한 종군위안부 문제를 제기하면서 "일본 측은 사죄와 보상을 해야 한다."며 공세로 나왔다. 그래도 교섭은 착실하게 진행되어 갔다. 3월에는 전인철 대표의 갑작스런 사망이 있었지만 5월에는 나카히라 대표와 새 북한 대표가 된 이삼로 사이에서 제7차 교섭이 진행되었다.

그러나 제7차 교섭이 끝나자마자, 북일 정상화 교섭에 대한 북한의 대응이 소극적으로 변했다. 당초에는 차기 회담을 7월에 열 예정이었고 우리가 세 번이나 요청했음에도 차기 교섭의 구체적인 일정이 잡히지 않았다. 이 시기 이삼로 대표는 나카히라 대사에게 "7월에 있을 일본 참의원 선거 동향을 지켜보고 있다. 한일기본조약 선례를 검토하고 있다." 등의 변명을 했지만 선거가 자민당의 대승으로 끝난 뒤에도 진전이 없었다. 당초 7월 말 개최를 생각했던 일본 측이 그 뒤, 8월 하순 개최를 타진했을 무렵에도 북한 측에서는 반응이 없었다.

제8차 교섭은 11월 5일이 되어서 베이징에서 열렸다. 지난번 만남에서 거의 반년이나 지났다. 그전까지 두 달에 한 번 간격이었던 것을 생각해 보면 꽤 이상한 공백이다. 그리고 오랜만에 열린 이 교섭도 반나절 만에 종료되었다. 오전에 양측이 간단한 인사가 있고 나서 오후 실무자 협의에서 북한 측 천용복 부국장이 "일본이 있지도 않은 일본인 여성의 문제를 들고 나왔기 때문에 이 이상 협의는 필요 없다."라고 말하더니 4인 전원이 일방적으로 퇴장했다. 그렇게 회담은 5분 만에 중단되었다. 일본 측은 "실무자 협의가 재개되지 않는다면, 본교섭에는 응하지 않는다."라고 북한 측에 통보했다. 그들은 처음부터 아예 생각이 없었던 것이다.

1991년 1월부터 열린 북일 국교 정상화 교섭은 2년도 못 채우고 결렬되었다. 결렬 이유는 이은혜 문제라고 알려졌다. 하지만 그런 단순한 문제였을까? 북일 교섭의 파탄을 결심하게 한 판단의 배경은 무엇이었을까? 폐쇄적인 북한 내부의 의사결정을 알 수는 없다. 다만 이런 게 아닐까 추측한다. 당시 북한이 사회주의 국가들의 붕괴와 한국의 공세에 내몰려 있었지만, 그 이상으로 새로운 움직임들이 몇몇 있었다.

하나는 북한에서 권력 이양이다. 1992년 4월 15일은 김일성의 80세 탄생일이었는데 그 즈음 김정일이 최고 책임자로 전면에 나서기 시작했다. 김정일은 1970년대 초반부터 이미 '유일의 후계자'로 지명되었기에 1990년즈음 부터는 실질적으로 당, 군, 정부의 실권을 쥐고 있었다고 보여진다. 91년 12월에 인민군 최고사령관에 취임하고 93년 4월에는 국방위원장이 되었다. 92년 4월 김용순 서기는 김정일에 대하여 "군의 최고사령관만이 아닌, 내정 · 외교 전반을 담당하는 북일 교섭 최고책임자"라고 말했다.[10]

두 번째는 이 당시 북한의 지도자 및 고위관료가 대미관계 개선에 강한 의욕을 보이기 시작했다는 점이다. 예를들어 김일성은 『워싱턴타임즈』와의 인터뷰에서 "가능한 빨리 평양에 미대사관이 세워지기를 바란다."라고 말했다.[11]

세 번째는 일본 국내 사정으로 북한에게 북일 교섭 진행의 가장 큰 뒷배였던 가네마루 자민당 부총재가 92년 8월 도쿄사가와큐빈의 헌금 5억 엔의 수수를 인정하고 부총재를 사임했고,[21] 뒤이어 다나베 의원도 사회당 위원장을 사임했다. 김일성이 가장 신뢰했던 일본 정계의 실력자 두 사람을 잃게 된 것이다.

네 번째는 핵 문제인데 91년부터 92년에 걸쳐서 북한은 <남북비핵화공동선언>과 IAEA와의 핵안전조치협정 체결로 진전을 보이고 있었다. 하지만 일본은 교섭에서 핵 문제의 허들을 계속 높이고 있었다. 북한 입장에서 보면 그 뒤에 미국이 있기 때문에 일본과는 교섭을 중단하고 미국과 직접 대화해야 한다는 판단이 섰을 수 있다. 이렇게 북한은 1992년 여름 시점에서 전략을 전환하고 일본과의 정상화 교섭을 단념했을 것이라 생각한다.[12] 그리고 이 전략 전환이 김정일의 주도로 의해 이루어졌을 것이다.[13] 이은혜 문제도 교섭 중단의 요인 중 하나였을지 모르지만 결코 주된 요인은 아니지 않았을까 싶다.

---

21 사가와큐빈 사건佐川急便事件: 일본 최대 운송회사인 사가와큐빈이 정치권에 광범위하게 불법자금을 제공한 스캔들.

3장

일촉즉발의 一차 핵위기

갑작스런 핵확산방지조약 탈퇴

도쿄의 북동아시아과 근무에서 뉴욕의 유엔대표부로 발령받은 지 1년 가까이 지난 1993년 3월 11일의 일이었다. 언제나처럼 유엔안전보장이사회 회의장 근처를 지나고 있는데, 미국 유엔 대표부 데이비드 월리스가 황급히 달려와 내게 말했다. "들었어? 북한이 핵확산방지조약NPT에서 탈퇴할 것 같아. 내일이라도 안보리에 와 줘." 솔직히 말해 아닌 밤중에 홍두깨였다. 1년 전 북동아시아과를 나오고 나서 북한은 신경 쓰지 않았었고 그럴 여유도 없었다. 일본은 당시(1992~93년) 안보리 비상임이사국으로, 대표부1등서기관으로 안보리를 담당한 나는 매일 열리는 회의에서 소말리아, 르완다. 앙골라 등의 안건만으로도 손이 부족할 지경이었다.

3월 12일 평양방송은 중앙인민위원회가 회의를 열고 NPT 탈퇴를 결정했다고 보도했다. 미국과 남한의 팀스피리트 재개와 IAEA의 부당한 특별사찰 강요로 인해 NPT에서 탈퇴할 수밖에 없었다는 것이다. 북한은 1985년에 NPT에 가입하고 그 뒤 1992년 4월이 되어서야 겨우 안전조치협정을 IAEA와 체결했다. 그 뒤 6회에 걸쳐 특별사찰을 받고 순조롭게 의무를 이행하고 있는 것처럼 보여졌다.

그러나 그 특별사찰 과정에서 북한이 신고한 플루토늄, 방사성 폐기물, 사용후 연료의 방사선 조사照射기록의 불일치가 확인되었다. 북한 측은 IAEA에게 그간 연구 목적으로 90그램의 플루토늄을 추출했다고 보고했지만[14], 그 이상의 미신고 플루토늄의 존재 가능성이 있는 것이다. 확실히 북한은 IAEA의 능력을 과소평가했다. 그들은 자신들의 신고와 측정 결과의 차이를 설명하지 못한 채 연이은 거짓말로 덮고 있었다.[15] IAEA는 93년 2월 북한의 방사선 폐기물 저장시설로 지목된 미신고시설 두 곳의 접근권한과 특별사찰을 요구했다. 이에 북한은 강하게 반발하고 거부했다. 특별사찰은 IAEA에게는 전가의 보도로서 임의로 이뤄지는 '특정사찰'이나 '통상사찰'과는 다르게 강제력을 가진다. 실제로 적용된 건 이번에 북한이 처음이었다. 당시 NPT 체제는 걸프전쟁 결과 그동안 IAEA의 사찰로는 핵물질의 군사 전용을 막을 수 있는지 알 수 없다는 비판도 있었다. 국제 사회와 IAEA는 보장조치와 핵사찰 강화를 요구하고 북한의 핵개발 의혹에 간단히 타협하지 않겠다는 것이었다.

뉴욕 시간으로 다음 날 3월 13일, 북한의 박길연 유엔대사는 안보리에서 'NPT 탈퇴를 결정했다'라고 통고한 김영남 외무상과 같은 날 서한을 제출했다. 핵확산방지조약은 제10조에서 조약국의 이익을 현저하게 위태롭게 한다고 인정될 때는 탈퇴할 권리를 용인하고 그 경우 안보리에 3개월 전에 예고해야 한다. 김영남의 서한은 이 제10조를 원용하고 있다. 그들은 미국의 '핵 위협'과 IAEA의 '불공정성' 등이 자국의 지고한 이익을 위태롭게 했다고 강조했다.

같은 날 안보리에서 이 문제에 대한 비공식 협의가 열렸다. 매체에 자주 나오는 말굽 모양의 큰 회의장이 아니라, 그 옆의 좁고 긴 회의장이었다. 안보리 멤버는 15개국이고 각국 대표는 맨 앞자리를 포함해 3개의 좌석만 주어진다. 자리가 없는 사람들은 서서 이야기를 듣는다. 나는 상임 대표인 하타노 요시오波多野敬雄 대사, 정무담당 시게이에 도시노리重家俊範 공사에 이어 자리에 앉았다. 안건 자료로 김영남 외무상의 서한이 자리마다 배부되었다. 의장은 뉴질랜드의 테렌스 오브라이언Terrence O'Brien 유엔대사였다. 의장의 요청으로 각국이 발언했다. 일본은 "북한의 NPT탈퇴 표명은 핵확산방지체제에 대한 도전이며 동북아시아 평화와 안전의 위협이기에 유감이다. 탈퇴의 결정 철회를 강력히 요구해야 한다. 안보리가 그러한 메시지를 발표해야 한다."라는 취지의 발언을 했다. 각국에서도 대체로 비슷한 발언을 했지만 중국은 신중했다. 안보리가 이 문제를 다루는 것은 반대한다는 태도였다. 한 바퀴 발언이 끝난 뒤, 의장은 각국이 각각의 입장으로 북한에게 탈퇴 철회를 당부했다. 그 사이 안보리가 어떤 대응을 할지는 각국과 협의해야 한다는 취지의 말을 하고 이날 논의를 정리했다. 북핵 문제가 처음으로 안보리에서 다뤄지는 날이었다. 협정에 따라 탈퇴는 안보리에 통보한 날부터 90일 뒤, 즉 6월 12일에 발효된다. 그 사이에 어떻게 해야 북한의 탈퇴를 철회시킬 수 있을지가 국제 사회의 지상명령이 되었다.

안전보장이사회의 첫 행동

북한의 NPT탈퇴 철회를 위해 관계국의 외교 및 조정이 활발해지기 시작한 3월 23일, 한미일 3국의 담당국장이 유엔대표부에서 대응책을 협의했다. 일본에서는 이케다 타다시池田維 아시아국장, 미국에서는 동아시아 태평양담당 윌리엄 클라크William Clark 차관보, 한국에서는 신기복 제1차관보가 출석했다. 3개국은 북한의 NPT 탈퇴 결정을 철회시키는 것에 모든 외교적 노력을 하겠다는 데 의견이 일치했다. 또한 3월 31일의 IAEA 특별이사회 개최까지 북한이 탈퇴 결정을 철회하지 않는다면 안보리에 회부하기로 했다. 이에 대해 북한은 강경한 태도를 취하며 NPT 탈퇴 입장을 고수한 채 시간을 보냈다. 그러자 빈에서 4월 1일, IAEA의 특별이사회가 열렸다. IAEA는 북한의 '특별사찰' 수용 거부가 안전조치협정의 불이행으로 보고 이 문제를 안보리에 회부하는 결의안을 다수결로 채택한다. NPT 탈퇴는 아직 발효되지 않았고 북한과 IAEA의 안전조치협정도 여전히 유효한 상태였다.

　그렇게 해서 공은 공식적으로 안보리의 소관으로 넘어왔다. 4월 6일 안보리 비공식협의가 열렸다. 한스 블릭스Hans Blix IAEA 사무국장이 북한의 신고와 사찰 검증 결과의 차이를 설명 못하는 이상, 특별사찰이 긴급히 필요하다고 보고했다. 이에 따라 많은 나라가 이사국 협의를 거쳐 의장성명을 발표하는 것이 적절해 보였다. 하지만 중국은 이런 식으로는 문제가 해결될 수 없으며, IAEA와 미국이 적극적으로 북한과 대화해야 한다고 주장했다. 그리고 4월 8일 저녁 안보리 의장성명이 결정되어 보도진에게 발표되었다.[16] 이 과정에서 안보리 멤버들은 NPT의 중요성과 NPT 가맹국이 이를 준수하는 것의 가치를 재확인하게 되었다. 또한 남북한이 합의한 <한반도 비핵화에 관한 공동선언>을 지지하고 IAEA가 북한과의 협의와 사찰 문제의 해결을 위한 노력을 계속할 것을 촉구했다. 그리고 안보리는 계속해서 사태 추이를 지켜보기로 했다. 이 성명은 북한에 그 무엇도 요구하지 않기에 미국, 일본, 영국, 프랑스 입장에서는 매우 불충분한 내용이었다.

　그러나 북핵 문제에 대해 안보리에서 처음으로 액션이 취해졌다는 의미는 작지 않다고 생각한다. 의장성명으로 이 문제를 안보리에서 다룰 수 있게 된 것이다. 우리들은 앞서 나온 안보리 의장성명 내용은 약하기 때문에 더 강한 메시지를 북한에 보낼 필요가 있다고 느꼈다. 다음은 형식에도 무게가 있는 '결의' 채택을 목표로 할 필요가 있다. 문제는 중국의 태도였지만 이 단계에서 중국의 거부권 사용은 중국 입장에서 별로 얻을 게 없다고 예상했다.

　5월 11일 저녁, 안보리는 <결의 825>를 채택한다. 투표 결과는 찬성 13, 반대0, 기권2(중국, 파키스탄)이었다. 일본은 미국, 영국, 프랑스, 러시아, 스페인, 뉴질랜드 등과 함께 이 결의의 공동 제안국을 맡았다. 결의에서 안보리는 북한에게 NPT 탈퇴 발표를 재검토하고 NPT조약 의무를 존중하여 IAEA와의 안전조치 협정을 준수할 것을 호소했다. 또한 모든 가맹국에게 북한이 문제 해결에 긍정적으로 응할 수 있도록 협조를 구하고 이를 촉진하기로 했다. 이는 이후의 북미 직접교섭에의 포석으로 보여진다. 마지막 문장에서 필요하다면, 안보리의 행동을 검토한다고 결정했다. 경우에 따라 '제재'도 검토하겠다는 암묵적 메시지였다. 이 결의는 형식과 실질 모두에서 지난번의 의장성명과는 비교할 수 없을 정도로 균형을 잡고 있어, 강력함과 적절함을 갖추었다고 평가된다.

미국과 대등한 교섭에 나선 북한

일정한 '압력'을 가하면서도 '대화'를 통해 문제를 해결하는 것은 외교의 기본이다. 이 당시 북한의 핵 문제는 기본 원칙대로 진행되고 있었다. 그러나 이번에는 기한이 있었다. 6월 12일이 되면 북한의 NPT 탈퇴는 효력을 갖게 되고 그 뒤에는 복귀가 어렵다. 미국이 북한의 직접교섭 요청에 응하여 6월 2일부터 뉴욕의 미대표부에서 고위급 회담이 시작되었다. 미국 대표는 정치·군사담당국무차관보 로버트 갈루치Robert Gallucii, 북한은 외무성의 강석주 제1부부장이었다. 미국의 대표가 동아시아태평양담당차관보 윈스턴 로드Winston Lord가 아니라는 점이 흥미로웠다. 북한의 핵개발 문제는 이제 지역 안보를 넘어 세계적인 문제였다. 사실 미국이 북한 고위급과 교섭을 하는 것은 이번이 처음이었다. 그 전에 베이징에서 북미 접촉이 있었으나 그것은 교섭이라고 할 만한 수준은 아니었다. 또한 1992년 1월 김용순 서기가 미국을 방문하여 캔터

Arnold I.Kanter 국무차관과 회담을 했지만 이것은 다분히 의례적인 것으로 특단의 합의 문서는 발표되지 않았다.[22] 첫날 회합은 진전이 없었다. 양쪽의 입장 차가 너무나도 컸다. 강석주는 '위대한 수령님'의 업적을 찬양하며 틀에 박힌 북한식 요구를 북한의 요구를 일방적으로 늘어놓았다.[17] 이러한 모두발언은 매번 반복되었던 것으로 북한과 교섭해 온 우리들에게는 통과의례와도 같은 것이었다.

그렇지만 북한과 처음 교섭에 임하는 갈루치 팀에게는 충격이었을 것이다. 그 당시, 북한은 이미 흑연감속로를 핵무기급의 플루토늄의 추출이 어려운 경수로로 대체하자는 안을 제시했다고[23] 하지만[18], 그 시점에서 경수로 대체안을 들은 기억이 없었다. 이

---

22 이날 김용순은 북미수교와 주한미군 주둔 인정 등 파격적 제안을 했지만 미국은 핵사찰이 우선이라며 북한의 제안을 거절한 것으로 알려져 있다.

23 물(경수)을 감속재로 사용하는 원자로. 군사용 플루토늄 추출이 어렵다는 특징이 있다.

제안이 처음으로 나온 것은 같은 해 7월에 열린 '북미교섭 제2라운드'라고 알고 있다. 북한의 고압적인 태도에 울컥했기 때문이었을까. 첫날의 교섭이 종료된 뒤, 갈루치는 상임이사국 5개국과 한일 유엔대표에게 다음 회담에서 진전이 없다면 강력한 조치를 논의해야 한다고 말하며 제재를 위한 협의를 시작하기로 했다.[19]

6월 4일에 열린 다음 교섭도 진전은 없었다. 회담 후 갈루치는 "북한 측과 교섭은 일절 필요없다."라며 실망을 표명했다. 강석주는 그 시점에서 북한은 국제적 위협에 직면해 있기에 기존의 원자로를 핵무기 제조용으로 할 것인지 중요한 기로에 서 있다며 미국을 압박했다. 그리고 미국이 위협을 그만둔다면, 핵무기를 만들지 않겠다는 약속을 제안했다.[20] 초조함에 휩싸인 미국은 잠시 교섭의 냉각기를 갖기로 했다. 한편 안보리 가입국 일부에서는 북한에 대한 단계적 제재를 위한 비공식적인 대화가 개시되었다.[21]

6월 12일의 시한은 시시각각 다가왔다. 그리고 11일 북미 교섭에서 양측이 서로 양보해 <북미공동성명>이 발표되었다. 이에 따라 북한은 겨우 '핵확산방지조약(NPT) 탈퇴 효력은 필요하다고 인정하는 만큼 일방적으로 임시 정지시키기로'을 약속했다. 우리들은 목표했던 탈퇴 철회가 아니고 북한 측의 의사로 '임시정지'를 해제할 수 있다는 게 불만이었지만 그래도 시간을 벌었다. 게다가 '성명'에서 핵무기, 재처리 시설, 우라늄 농축시설 포기를 약속한 <남북비핵화공동선언>에 대한 지지를 북미가 표명한 것은 중요했다. 다른 측면에서 보면, 미국도 부득이하게 양보할 수밖에 없었다. 북한에게 어떠한 무력이나 위협 행위를 하지 않겠다는 것을 보장하는 원칙과 공정하게 대화를 계속 할 것에 합의했다. 이러한 원칙은 NPT에 가입한 비핵보유국에 대하여 미국이 보장하고 있는 사항이었지만 공동성명으로 이를 명기하고 북미대화의 지속을 약속하게 한 것은 북한으로서는 큰 성과였다. 강석주는 북한의 염원이던 미국과의 고위급 회담을 실현시켜 사상 최초로 '공동성명'까지 끌어내었다. 북한에게는 역사적 결단이다.

북미고위급회담은 그 뒤에도 계속된다. 그러나 미국 입장에서는 문제 해결의 한걸음에 불과했고 앞으로의 교섭을 위해서도 시간이 필요했다. 물론 안보리의 제재 카드도 버리지 않았다. '공동성명'이 발표된 뒤, 갈루치가 상임이사국과 한·일 유엔대사에게 설명을 하는 자리가 있었다. 여기서 하타노 대사는 "NPT 탈퇴 표명이 일시정지되었다는 상황을 핵비확산조약은 상정하지 않는데, 이것을 법적으로 어떻게 해석해야 할지 잘 정리해야 할 것 같다."는 지극히 당연한 코멘트를 했다. 이에 대해 갈루치는 다음과 같이 답했다. "법적인 정리는 필요하지만 기존 법체계와 정합성은 취하려고 한다. 정합성을 갖출 수 있도록 정리 못하는 법률 고문은 내보낼 것이다." 법률가는 정책 수행을 위한 존재라는 다분히 미국인다운 발언이었다. 일본과는 대단히 다른 접근 방식이라고 생각했다.

그 뒤 1993년 7월에 제네바에서 2차 회담이 열렸다. 이번 회담에서 미국 측은 별 성과 없이 2개월 이내에 다시 협의를 한다는 것에 합의했다. 그러나 여기서 중요한 것은 북한 측이 경수로를 다시 강하게 주장하고 미국 측이 핵문제 최종해결의 일환으로 한다는 조건을 붙여 이른바 "경수로 도입을 지원하고...... 경수로 입수 방법에 대해 북한과 함께 연구한다."라는 것을 정식 성명에 담아낸 것이다. 이는 결과적으로 '북미 제네바합의'의 핵심인 경수로 제공으로 이어진다.

다시 공은 안전보장이사회로

초점은 북미 제3라운드교섭이 언제 열릴지, 거기서 해결책을 찾을 수 있을지로 옮겨졌다. 미국으로서는 제3라운드가 진행되는 전제조건으로 북한에 IAEA 사찰을 받아들이고 핵문제에 대한 남북대화를 할 것을 요구했다. 무대는 빈과 서울로 옮겨지고 1994년 초반까지 뉴욕 안보리의 무대는 비교적 조용해졌다.

1994년 2월, 북한이 IAEA가 요구하는 신고된 7개 시설에 대한 사찰을 받아들이겠다고 통고하자, 사태는 진전되는 것처럼 보였다. 그러나 같은 해 3월에는 북한이 태도를 바꿔, IAEA와 합의했던 사찰 활동을 거부하고 남북 간의 특사 교환을 위한 실무 협의도 결렬시키는 등 핵문제를 둘러싼 정세는 불투명한 상황으로 치달았다. 그 결과 3월 21일에 예정되어있던 북미 제3라운드 교섭은 실현에 이르지 못하고 같은 날 IAEA의 특별이사회는 또다시 이 문제를 안보리에 요청할 것을 결의했다.

결국 공은 다시 안보리에게로 넘어왔고 비공식 협의가 시작되었다. 이 시점에서 일본은 더 이상 안보리 비상임이사국이 아니었다. 일본은 한미일의 긴밀한 협의를 축으로 안보리에 간접적인 영

향력을 행사하는 입장으로 바뀌었다. IAEA의 요청을 받았기에 안
보리는 의사 표시를 해야했다. 그리하여 의결이나 의장성명을 위
한 비공식 접촉이 시작됐다. 그리고 3월 31일, 안보리 의장성명을
발표하기로 했다. 안보리 가맹국과의 의견 조정을 위해 뉴욕을 방
문한 한국의 한승주 외무부장관은 하타노 대사와 의견 교환을
진행했다. 같은 날 안보리 15개국은 의장성명을 채택했다. 93년
의장성명과 결의에 이어 안보리로서는 북한 핵문제에 관한 두 번
째의 액션이었다. 이 의장성명에서 안보리는 북한에게 IAEA의 사
찰관에게 합의했던 사찰 활동을 완수할 수 있도록 요청했다. 결
국 7개의 시설에 대한 사찰이다. 다음으로 안보리는 남북한에게
<남북비핵화공동선언>의 실시를 위한 대화 재개를 요청했다. 남
북 대화의 중요성이 안보리 문서에 명기된 것으로 한국 정부의 주
장이 반영되었다. 그리고 마지막 단계에서 안보리는 "안보리는 북
핵 문제를 적극적으로 다뤄나갈 것이며 IAEA와 북한 간의 핵안
전협정의 완전한 이행을 위해 필요하다면 추가 검토를 하기로 결
정한다."고 매듭지었다. 기본적으로는 93년 5월에 채택된 <결의
825>와 같은 형태의 취지로, 필요하다면 제재 결의를 검토하겠다
는 의미이다.

　결국 형식적으로는 '의장성명'이지만 실질적으로는 '결의'와 같
은 무게를 가진 것이다. 당시에 뉴욕은 심리적 여유가 있었다. 북
한에 기회를 주어 IAEA와 '보장 조치의 지속'을 확인하면서도 대
화를 이어나가 핵 사찰이 실시될 것을 기대했다. 그러나 5월이 되
자 사태는 단숨에 위험한 방향으로 질주했다.

위기 도래와 한미일의 연대

5월 초, 북한 당국은 IAEA사찰관의 입회 없이 사용후 연료봉을 교환할지도 모른다는 경고를 보냈다. 5메가와트짜리 흑연감속로의 사용후 연료봉을 북한이 추출하게 되면, 위험한 상황으로 가게 된다. 이 사용후 연료봉을 IAEA에게 건네게 함으로써 북한의 핵 개발을 추적할 수 있게 된다. 그러나 이 연료봉을 북한이 분산시켜 놓으면 기술적으로 과거의 활동을 추적하는 것이 불가능해진다.

IAEA와 미국을 중심으로 국제 사회는 북한이 사용후 연료를 IAEA 사찰관의 지도 및 감독 하에 추출하도록 모든 수단을 동원해 압박했다. 그러나 곧 북한이 사용후 연료봉을 추출했다는 점이 알려지면서 북한이 군사용 플루토늄을 추출한 것인지도 확인 불가능해졌다. 매일 같이 안보리의 P5(미·영·프·러·중의 5개 상임이사국) 또는 P4(중국 제외)의 회의, 또는 전체가 모이는 비공식협의가 진행되었다. 그 당시에 한미일 담당자들도 긴밀하게 대응책을 협의했다. 5월 하순에는 도쿄에서 다케우치 유키오 아시아국 심의관이 뉴욕을 방문하여 한미일 3자협의에 참가하기도 했다. 한편으로 북미의 비밀 접촉도 빈번해졌다.

5월 27일, 브릭스 IAEA 사무국장은 유엔 사무총장에게 친서를 보내, 북한 연료봉 인출을 중지시키지 못한 채 북한과의 교섭 결렬을 밝혔다. 이렇게 사용후 연료봉이 추출된다면, 핵의 군사 전용 조사가 불가능하게 된다고 보고한 것이다. 이날 밤, 안보리 긴급협의가 열렸다. 5월 30일, 최후의 경고로서 안보리 의장성명이 발표되었다. 다음은 '제재'로 나갈지 모른다. 이 의장성명으로 안보리는 앞선 IAEA의 평가보고에 심각한 우려를 표명했다. 그리고 북한에게 연료 계측의 기술적 가능성을 남기는 방법으로 추출 작업을 할 것을 촉구했다. 그리고 IAEA와 북한이 필요한 기술적 조치와 함께 즉시 협의할 것을 호소했다. 그러나 너무 시간이 촉박했고 추출 작업 속도는 빨라질 뿐이었다.

그 직후, 북한은 동해에 대함미사일의 발사 실험을 강행한다.[22] 익숙한 경고였겠지만 일본에서는 화제가 되지 않았다. 우리들은 제재를 위해 확실하게 움직였다. 여기서 1994년 당시, 일본은 안보리 비상임이사국이 아니라는 것을[24] 알아야 한다. 비상임이사국으로 있을 때와 아닐 때의 차이는 큰데 우선 정보량이 현격히 다르다. 안보리의 대응은 거의 비공식 협의에서 결정되지만 이사국 15개국만이 참석한다. 더구나 비이사국의 유엔대표 담당은 비공식회의가 끝날 때까지 기다려야 한다. 그리고 회합이 끝나고 나오는 이사국의 담당자를 붙들고는 "어떻게 됐나요"라며 저자세로 물어봐야 한다. 또한 비공식 협의에 참가하지 못하면, 자국의 입장을 반영시키는 것이 대단히 어려워진다. 이 때문에 우호국에 사전에 일본의 입장을 고려해 달라고 부탁하는 수 밖에 없다.

1994년은 그렇게 험난한 상황이었다. 문제가 '북한의 핵 개발'

---

24 안보리는 5개 상임이사국과 2년마다 교체되는 10개 비상임이사국으로 구성된다. 일본은 오래전부터 상임 이사국 진출을 공개 추진하는 동시에 비상임이사국에도 최대한 자주 도전하는 투트랙 전략을 구사하고 있다. 2022년 6월에 일본은 사상 12번째로 비상임이사국에 진출했다.

이라는 일본과 한국에 중요한 문제이기 때문에 한미일의 연대와 의사소통은 뉴욕대표부에서 최대한 원활하게 진행했다. 담당관은 일본은 나, 미국은 국무부의 데이비드 윌리스, 한국은 이수혁 참사관이다. 이수혁 참사관은 노무현 정부 시대에 한국 외교통상부의 차관보가 되어 6자회담 대표를 맡은 뒤 주미대사가 된다.

당시에는 이런 날들이 반복되었다. 일단 안보리의 회합이 밤까지 계속되다가 끝나면 윌리스는 백악관에 보고를 해야한다. 나와 이수혁 참사관은 단골 스시집에서 도시락을 포장해서 미대표부의 사무실로 향한다. 윌리스가 전보를 써보내면 우리들은 그제서야 일제히 스시를 먹으며 그날 회의의 이모저모를 듣는 것이다. 덕분에 일급 보고를 본국에 전할 수 있었다. 당시 도쿄에서도 한일관계가 양호했다고 전해졌다. 한일관계는 역사나 영토문제 등이 복잡하지만 이때만큼은 한일 양측에 북한이라는 공통의 상대가 있고 미국과의 관계에서도 양측 입장은 비슷했기 때문이다.

柳井俊二
야나이 슌지

제재 준비

1994년 6월 첫 주는 눈코 뜰 새 없이 바빴다. 6월 3일, 워싱턴으로 가는 도중 야나이 슌지柳井俊二 외무성종합정책국장과 다케우치 아시아국심의관이 뉴욕에 들렀다. 나는 곧바로 안보리의 최신 상황을 설명했다. 그때 다케우치 심의관이 다음과 같이 중얼거렸다. "북한이 경수로 전환을 처음 제안한 것은 언제지? 어째서 화력발전소로는 안된다는 걸까?" 도쿄의 일부에서는 흑연감속로를 대체하여 경수로를 공여한다는 아이디어에 신중하자는 의견이 있었다.

그 상태로 나도 도쿄에서의 일행을 수행하고 뉴욕의 라과디아 공항에서 셔틀을 타고 워싱턴의 공항으로 향했다. 워싱턴에서는 공항의 출구부터 수많은 일본의 보도진과 카메라가 우리 일행을 기다리다가, 차에 탈 때까지 쫓아왔다. 도쿄의 관심도 상당했기에 상황의 긴박감은 깊어지고 있었다. 이날 오후, 미국, 한국 측과 의견 교환을 하고 다음 날 오전에는 토요일임에도 한미일 정책 책임자가 한곳에 모여 앞으로의 수순을 논의했다. 미국은 갈루치 국무차관보, 한국에서는 김삼훈 핵전담대사가 출석했다. 협의 결과, 안보리에서 제재를 포함한 대응을 신속하게 하기로 했고 안보리가 북핵 문제의 다음 조치를 검토할 때 긴밀하게 협의하기로 했다. 드디어 뉴욕에서 구체적인 제재결의안을 협의하고 조정하는 단계에 들어선 것이다.

6월 6일, 오와다 히사시小和田恆 대사는 하루 동안 연이어 상임이사 5개국의 대사와 의견 교환하고 급히 뉴욕에 들어온 한국의 한승주 외교부장관과 회담했다. 그리고 결과 보고를 본국에 전보했다. 밥 먹을 여유조차 없을 정도로 험난한 하루였다. 그리고 매일같이 상임이사 5개국 또는 중국을 제외한 4개국, 또는 비상임이사국 10개국의 협의가 열리고 그 과정에서 한일은 미국과의 협력을 축으로 안보리 멤버와의 협의에 함께했다.

한편 IAEA는 이미 6월 초의 단계에서 "연료봉을 보관할 기회는 사라졌다."라며 군사전용의 검증이 불가능함을 안보리에 보고했다. 북한은 IAEA의 요청을 무시하고 일방적으로 8,000개에 달하는 사용후 연료봉을 원자로에서 추출하고 있었다. CIA는 북한이 1989년에 원자로를 일시적으로 정지했을 때, 1~2개분의 원폭용 플루토늄을 추출했다고 봤지만 이제 확인할 수 없는 일이 되어버렸다. 핵물질의 군사 전용을 검증할 수 있는 방법이 사라진 것이다.[23] 게다가 문제는 북한이 새로 추출한 8,000개의 사용후 연료봉을 재처리한다면, 몇 개의 원자폭탄을 추가로 제조하기에 충분한 플루토늄을 추출할 수 있다는 것이다.[24] 이 문제에서 펜타곤은 과거의 군사 전용보다도 앞으로의 핵개발 계획 방지에 중점을 두고 있었다.

6월 10일, IAEA는 북한에 대한 기술협력을 정지하는 제재조치를 채택하지만 이에 대해 북한은 IAEA 탈퇴선언으로 대응한다. 북한 외무성 대변인은 "제재는 선전포고라 간주한다."라는 입장을 밝혔다. 이 와중에 14일 밤 미국은 안보리 결의안을 우리에게 제시했다. 하나는 결의안이었지만 북한의 행동 여하에 따라 제재의 내용이 강화된다.[25] 제1단계는 북한이 IAEA에 완전히 협력하지 않으면, 결의 채택 30일 후에 효력을 발휘한다. 제재 내용은 북한 핵활동에 기여하는 모든 무역의 금지, 대량살상무기 또는 재래식 무기에 관련한 물자의 금수 조치, 정기상용편과 인도적 지원을 제외한 북한행 항공편 운용 금지, 경제·개발원조 정지였다. 결의안은 유엔가입국에 북한과의 외교관계를 더욱 축소시킬 것을 요구했다. 그리고 북한이 NPT에서 탈퇴나 재처리 재개를 할 경우, 제2단계 제재를 위해 안보리는 긴급하게 회합하기로 했다.

여기에는 북한 금융자산 동결과 송금 금지까지 포함시켰다. 당시 조총련계 재일조선인으로부터 매년 6억 달러가 북한으로 송금된다는 정보가 있었기에 미국이 강력히 요구했던 것이다. 우리들은 이 결의안을 곧바로 도쿄로 보내어 승인을 얻었다. 한국도 지지한다고 전해왔다. 미국은 다른 상임이사국과 협의를 계속했다. 러시아는 "우선 국제회의를 개최해야한다."라며 미묘한 주장을 고집했다. 한편 중국의 지지를 얻어낼지는 으레 그렇듯 불명확했지만 거부권 행사는 없을 것 같았다.[26]

며칠이 지나 이 결의안은 파란색으로 인쇄되어 모든 안보리 멤버에게 배포되었다. 이른바 블루텍스트는 24시간이 지나면 자동적으로 채택된다는 의미였다. 북한도 우리도 드디어 '운명의 갈림길' 앞에 섰다. 이 결의안은 실제로는 실행되지 않았지만 2006년 10월의 북한의 제1차 핵실험에 따라 채택되었던 <안보리결의 178호>의 제재 내용과 비교해 보면 꽤 흥미롭다.

2006년 안보리 제재의 내용을 보면 사치품의 대북 수출 금지 이외의 조치는 모두 무기와 핵관련, 탄도미사일·대량살상무기 프로그램 관련 물질의 금수와 기술이전, 사람의 이동 금지와 나란히 자산의 동결에 국한하고 있다. 또한 이 결의는 어디까지나 모든 가맹국에 하는 '요청'이고 일단 '필요에 따라' 하겠다는 다소 느슨한 내용이다. 이에 비해 94년 결의안에는 무기나 핵 물질과는 관계없는 경제·개발 원조 정지, 제2단계에 이르는 일반적인 금융자산의 동결과 송금 금지까지 담겨있다. 만약 그대로 채택되었다면 강력한 제재가 되었을 것이다. 당시 클린턴 정권은 핵실험까지 이르지 않은 초기 단계에 북한이 일방적으로 사용후 연료봉을 추출한 시점에서 엄격한 제재안을 준비했던 것이다.

예측불가 사태를 준비하는 도쿄

1994년에 들어서자, 도쿄에도 어두운 구름이 밀려왔다.

2월 11일 호소카와 모리히로細川護熙 총리는 휴일인 건국기념일을 이용하여 워싱턴을 방문하고 빌 클린턴 대통령과 정상회담을 진행했다. 미일 경제 마찰이 주요 의제가 될 예정이었지만 뚜껑을 열어보니 회담 대부분은 '북핵 문제'가 차지하고 있었다. 미국은 이 문제를 심각하게 생각했기에 절대 방치할 수 없었다. 경우에 따라 이를 저지하기 위해 실력 행사까지 갈지도 모른다. 이 경우 일본은 미일안전보장조약에 따라 어디까지 미국에 협력해야[25] 하는 것일까? 비둘기파 성향의 호소카와 총리로서는 예상치 못한 회담이었을 것이다. 긴장한 총리는 도쿄 관저로 돌아오자마자 이시하라 노부오石原信雄 관방부장관을 불러 어디까지 대응 가능한지, 법제국까지 엮어 급박하게 지시를 내렸다. 이에 따라 이시하라 부장관은 외무성 북미국장, 방위청 방위국장, 경찰청 경비국장,

---

25 1951년 체결된 미국과 일본간의 동맹조약으로 미일동맹의 근간이 되는 조약. 1960년 신조약이 체결되어 현재에 이르고 있다.

공안조사청 차장, 내각법제국
등 관계자를 모아, 헌법 해석
범위 내에서 어디까지 대응 가
능한지 논의를 시작했다. 관저
에서 회의를 열면 새어나갈 수
있기 때문에 맞은편 총리부 방
하나를 이용해 극비리에 검토
했다.

　무엇보다 미국이 일본에
무엇을 요구하는지 확실히 알 필요가 있었다. 이 점에 대해서는
외무성보다 방위청이, 방위청보다는 제복조制服組나 펜타곤이 구
체적인 생각이 있을 것이다.[27] 우선 북한을 미군이 해상봉쇄를
감행할 경우, 자위대가 여기에 참가할 수 있을까? '그건 무리일 것
같다'라는 말도 있고 북한이 기뢰를 뿌려놓았을지도 모르니 적어
도 기뢰 제거는 일본이 할 수 있을 거라는 미국의 기대가 있었다.
걸프전쟁 이후 해상자위대가 소해정掃海艇을 파견해 기뢰를 제거
했는데 미국은 이를 높게 평가했었다. 그러나 법제국의 해석은 해
상 봉쇄가 되면 전투 해역이 되므로 헌법상 무리라는 의견이었다.
미국 측에 은밀히 전하자 그들은 실망감을 감추지 않았다. 다만
해상 봉쇄 해역 바깥으로 흘러나온 기뢰에 대해서는 가능할 것 같
다는 논의를 하다가 어쩌면 기뢰 제거도 할수 있을지도 모른다는

26　방위청 일반공무원인 양복조背広組와 대비해 자위대에 근무하는 이른바 무관을 지칭하
　　는 용어

입장으로 바뀌었다.

다음으로 미군에 대한 석유, 물, 식량 등 보급 문제였다. 먼 훗날 인도양의 해상자위대 급유 활동[27]을 돌이켜보면 회색지대 같았다. 외무성은 미 국무부로부터 미일안보조약에 따른 협력으로 일본 민간공항을 유사시 미국이 사용할 수 있는지 검토를 요청받았다. 난민 구제를 위해 항공기를 사용할 때 군용기가 사용되는 것은 문제가 될 수 있다는 논의가 나왔다. 항만은 지방자치단체가 관리자로 되어있기 때문에 미군함의 사용이 어디까지 가능한지, 갑자기 검토하는 것은 어려웠다. 이러한 일본의 대응에 미국은 다시 실망했다. 대량 난민이 일본에 밀려올 경우 어떻게 수용할지는 일본의 문제였고 관계청에서도 논의가 진행되었지만 결론은 내지 못했다. 또한 경비 문제도 있었다. 제재와 해상 봉쇄를 한다면 북한은 이것을 '선전포고로 본다.'라고 공언해 왔고 남북대화에서 "서울은 불바다가 된다."[28]라는 발언도 나왔다. 따라서 북한의 보복이 예상되었다. 특수부대가 일본 해안의 원자력발전소 등을 습격해 오거나 중무장부대가 공격을 감행하는 경우, 어떻게 대처해야 할까? 경시청은 권총이나 소총 등의 공격에 대응은 가능했지만 중화기가 되면 자위대에 반격해 달라고 할 수밖에 없다는 입장이었다. 방위청은 '선전포고'가 없다면 출동이 불가능하다고 했

---

27 일본 해상자위대는 미국의 테러와의 전쟁을 계기로 시행된 『테러특별조치법』에 따라 2001년 12월부터 인도양을 지나는 미해군에 해상 급유를 지원했다. 해상급유 지원은 2007년 11월까지 계속되었다.

28 1994년 3월 19일 판문점에서 열린 제8차 남북 특사교환 실무접촉에서 당시 통일원 송영대 차관과 대화하던 북한의 박영수 대표단장의 발언.

다. 사실 북한은 '선전포고' 없이 게릴라 스타일로 공격해 올 가능성이 많기에 어떻게 묘수를 찾을지, 조속히 역할분담을 결정해야만 했다. 이런 와중에 미국에서 정식으로 문의가 들어왔다. 일본의 답은 대부분이 '노'였기에 미국은 실망감을 감추지 못했다. "미일안보조약이란 대체 뭐란 말인가. 일본은 무조건 안된다는 말만 하는가. 북핵 문제는 근본적으로는 일본 문제인데, 왜 아무것도 할 수 없다고만 하는가"라는 불만 가득한 목소리가 들려왔다.

한편 당시 일본의 정계는 혼란이 계속되는 정국이었다. 94년 4월 8일에 호소카와 총리가 퇴진 선언을 한 뒤, 4월 28일에 하타 츠토무羽田孜 내각이 출범하기까지, 총리 관저는 계속 공백상태였다. 또한 하타 내각도 사회당이 이탈해 소수파 내각이 되었기 때문에 정치적으로 극히 불안정했다. 이 상황을 미국도 우려했지만 이시하라 부국장을 중심으로 한 관계성청의 검토작업은 계속되었다. 사실 하타 내각과 당시 여당의 실력자였던 오자와 이치로 의원은 경제 제재에 동조하는 입장이었다. 유엔결의에 따른 제재는 물론이고 중국의 거부권으로 유엔결의가 나오지 못하는 경우, 한미일만이라도 북한을 제재해야 한다는 각오를 내비쳤다. 5월 24일 중의원 예산위원회에서 하타 츠토무 총리는 유엔결의 없는 경제 제재 협력에 대해 "만일 어려운 사태로 나갈 때는 지역 안전을 위해 가능한 헌법 범위 내에서 대응한다."라고 답변했다. 정부는 앞으로 일어날지도 모르는 사태를 우려하고 있었던 것이다.

결과적으로는 6월 중순에 지미 카터 전 대통령이 북한을 방문하고 김일성과 회담하여 위기는 피하게 될 수 있었다. 하지만 이때

방위청과 각 정부 부서에서 진행했던 검토 작업은 결코 중단될 수 없었다. 이때의 검토 결과가 기초가 되어, 이후 하시모토 류타로橋本龍太郎 내각 때 미일방위협력의 새로운 가이드라인과 그에 기초한 관련법 제정으로 이어지게 된다.

카터의 등장과 위기 회피

앞서 언급했듯이 94년 6월이 되자 유엔 안보리의 제재결의안을 작성하기 위해 비공식 협의가 진행중이었다. 하지만 북한은 제재 결의를 곧 '선전 포고'로 간주하고 있었다. 한편으로 미군은 북한의 군사도발에 대비를 하고 있었다. 패트리어트 미사일과 아파치 공격헬리콥터를 포함한 신형 무기 및 장비들과 함께 미군이 한국에 추가 배치되었다. 그리고 미 정부 내에서는 영변 핵시설에 대한 핀포인트 선제 공격까지 논의되고 있었다.[28] 대립은 격화되고 위기는 임박해왔다. 클린턴 정권은 진심으로 북한에 '경제 제재'와 군사 대결도 피하지 않겠다는 각오가 있었을까? 군사적 대결로 갈 경우에 대하여 미군은 여러 번 논의한 것은 확실하다. 그러나 북한과의 전면적인 군사 대결로 간다면 미국 측 3만 명, 한국 측 45만 명의 사상자가 나온다는 시뮬레이션 결과도 있기에 40만 명의 병력을 포함한 대폭적인 증강이 필요하다고도 전해진다.[29]

　대통령이 중요한 군사적 결단을 내릴 경우 모든 관련 정보와 가능한 결과를 제공받는다. 클린턴 대통령도 관련 정보들을 수시로 보고받았으리라 생각한다. 대통령은 안보리 제재결의안을 끌어내기 위해 관계국 지도자에게 연락을 취했지만 결국 제재가 북한을 도발하는 것으로 끝날 염려가 있었다.[30] 이 점에 대해 당시 외무성의 총합정책국장으로 있었던 야나이 슌지는 이렇게 말한다.

위기감이 높아진 6월경 워싱턴을 방문했을 때, 국방부에도 갔다. 그들에게 군사적 선택지는 고려하고 있냐고 물었을 때, '검토하고 있다'라고 말했지만 상층부까지 공유되지는 않아 보였다. 않은 것 같았다. 그때 '진심으로 할 생각은 없구나.'라는 인상을 받았다. 이런 와중에 카터 전 대통령의 방북이 구체화 된 것이 결코 우연은 아니지 않을까? 그는 전부터 북한 방문을 희망하고 있어 몇 번이나 국무부에 타진했지만, 그럴 때마다 시기가 좋지 않으니 보류해 달라고 요청받아 왔다. 그러나 이번에는 오히려 정권의 고관이 카터를 찾아가, 현 정세와 미 정부의 방침에 대하여 설명했다. 따라서 이 방북은 카터의 완전히 사적인 방문이라고는 말할 수 없을 것이다. 방북은 6월 9일에 발표되어, 카터는 같은 달 15일에 판문점에서 북한으로 들어갔다. 뉴욕에 있던 우리들은 그다지 기대하지 않고 제재결의안을 채택시켜 상황을 주시하자는 쪽이었다. 다음 날 16일, 카터는 김일성과 회담하고 그 결과를 알리기 위해 평양에서 CNN과 인터뷰를 하고 이것이 방영되었다.

카터에 따르면 김일성은 핵무기를 개발하지 않는다고 거듭 주장하면서 "IAEA 조사관을 추방하지 않고 감시 장치를 계속해서 가동할 것"을 약속하고 "경수로 제공과 흑연감속로 포기를 맞바꿀 용의가 있다."라고 말했다. 그러자 카터는 "제재로 가는 건 잘

못"이라는 자신의 지론을 강조하고 카메라 앞에서 "미국 정권은 제재 시도에서 손을 떼기 시작하고 있다."라고까지 말했다. 김일성의 발언에는 무언가 새로운 게 없다고 생각했다. 결국 기존 북한 주장의 반복이었다. 그래도 클린턴 정권은 위기를 회피하기 위해, 이 기회를 활용하고자 생각한 것이다. 즉석에서 대통령은 성명을 발표했다. "만약 오늘 사태 전개가 북한과의 대화가 계속되는 사이, 검증 가능한 방법으로 핵계획을 동결할 용의가 있다는 것을 의미한다면, 고위급 협의를 재개할 것이다. 그 사이 우리들은 유엔 제재에 대한 협의를 진행한다."[31] 마침 그즈음 각료로서 백악관에 있던 매들린 올브라이트Madeleine Albright 미 유엔대사가 오와다 히사시 유엔대사에게 전화하여 상황을 설명했다. 카터 본인에게 확실하게 보고를 받았기 때문에 북한의 대응을 좀 더 분석할 필요가 있으며 뉴욕으로 돌아와 제재결의안 작업을 계속한다는 취지였다. 사태의 급전개에 당혹스러운 모습이 비춰졌다.

그러나 17일 대화 재개 움직임은 가속화되었다. 그 뒤 클린턴 정권은 김일성 발언만으로는 그다지 새로운 게 없다고 본 것 같다. 미국은 다음 3가지를 조건으로 고위급 회담에 합의하자고 했다.[32] 하나, 북한은 사용후 연료에서 추가적으로 플루토늄을 추출하지 않는다. 둘, 원자로에 새로운 연료봉을 장전하지 않는다. 셋, IAEA의 사찰관을 현장에 계속 두게 한다는 것이다. 그리고 사태는 북미교섭 제3라운드를 향해 급속하게 움직이기 시작했다.

북미 제네바합의 과정을 추적하다

제3라운드 북미교섭은 7월 8일, 제네바의 북한대표부에서 시작됐다. 양측 대표는 이제까지와 같이 미국 측이 갈루치 국무차관보, 북한 측이 강석주 제1차관이었다. 첫날, 양쪽에서 모두발언이 나왔지만 카터 전 대통령의 방북과 갈루치와 강석주의 의견 교환에 따라 협의는 순조롭게 스타트한 모양이었다. 그러나 다음 날 아침, 김일성의 사망 소식이 대표단에게 전달되고 협의는 연기되었다. 북한 대표단 입장에서는 아닌 밤중에 홍두깨였겠지만 사실 김일성은 교섭이 시작되던 8일 시점에 이미 사망한 상태였다. 평양은 실제 사망 이후, 어느 정도 시간을 두고 그 사실을 발표했다.

북미 교섭은 제네바에서 8월 5일부터 재개되었다. 나는 북동아시아과의 의뢰로 제네바에 출장을 갔다. 이번 출장은 북미 교섭 상황을 마지막까지 챙겨서 보고하는 업무였다. 교섭 전날 아침 뉴욕에서 제네바로 들어가 관계자 연락처를 확인해 수첩에 적어두었다. 미 대표부와 일본 대표부 담당자의 전화번호, 미국 대표단은 인터콘티넨탈 호텔에 머무르고 있기에 그곳의 전화번호, 미국의 연락창구로 있는 켄 키노네스Kenneth Quinones 국무부 북한과 담당관의 휴대전화 번호 등이었다. 나는 일본 정부의 제네바 군축대표부와 함께 숙소에서 대기하며 연락을 기다렸다. 움직임이 있다면 켄으로부터 전화가 왔겠지만 연락이 없어도 하루에 두 번 정도는 전화를 걸었다. 상대가 질린다 하더라도 얼굴에 철판을 깔고 계속 연락하는 것이 중요하다. 때때로 갈루치 자신이 한일 양국에 설명하는 자리도 있었다. 한국 측은 차관보급의 인사를 파견하고 몇 명 더 추가한 사람도 있어서 미국 측에 원활하게 설명을 받고 있는 모양이었다. 일본 측도 정확하게 설명을 해달라며 켄의 상사인 톰 허바드Thomas C. Hubbard[29] 국무차관보대리(동아시아 태평양담당)에게 의사를 전한 적도 있었다. 그는 국무부 안에서도 이른바 '저팬 스쿨'[30]이다. 그 후엔 신경을 써주어 자주 밤에 인터컨티넨탈 호텔의 바에서 동료인 켄트 위드먼Kent Wiedemann 국무차관보대리와 함께 그날의 협의 진행 상황을 알려주었다. 어느 날은 일본 군축대표부 다나카 요시토모田中義具 대사에게 부탁하여 갈루치 등 미대표단을 식사에 초대해 정보를 얻기도 했다. 그 결과 매일같이 본국에 보고 전보를 보낼 수 있었다. 이 재개 교섭 중에 우리나 미국이 우려했던 것은 김일성 사후 과연 카터 방북이 살려낸 북한의 협력적인 자세에 변화는 없을까 하는 것이었다. 또한 김정일의 권력 이양이 원활하게 진행될지, 의문을 품기도 했었다. 그러나 북한의 전향적인 자세에 변화는 없어 보였다.

이 시점에서는 남북 대화를 북미 합의 문서에 담아낼 수 있는가가 큰 문제로 부상했었다. 북한은 거부했지만 김영삼 정권은 남북 대화를 미국에 강하게 요청하면서 만약 안된다면 한국의 지지를 얻는 것이 곤란하다고 했다. 또한 위기의 원인이 되었던 '특별사찰' 문제에 북한 측은 그 날짜를 명시하지 않고 마지막까지

---

29 2001~04년 주한 미국대사를 역임했다.

30 미국 국무부 동아시아태평양담당국에서도 일본 담당 업무를 주로 맡았던 관료들을 지칭하는 말.

문제로 남겨두게 된다. 더욱이 이때 북미 교섭의 핵심 부분은 (건설중인 것도 포함한) 흑연감속로를 경수로로 대체한다는 북한 측 제안이었다. 그들은 미국 측에 경수로 제공 보증을 요구하고 그게 안되면 원자로에서 추출한 (다시 말해 핵무기급의 플루토늄을 추출할 수 있는) 사용후 연료봉을 재처리한다고 위협했다. 그리고 북미 교섭 제3라운드는 8월 12일을 기해 휴회하고 북미 간 합의 성명이 발표되었다. 교섭은 최종 합의를 목표하여 9월 23일 제네바에서 재개되었다.

북미 제네바합의의 서명으로

그 사이 갈루치에게 가장 중요한 숙제는 한국과 일본에게 경수로 전환에 따른 자금 부담을 설득하는 것이었다. 북미 교섭에서 북한 측에 경수로 제공을 보증할 수 없다면, 합의는 모두 파산으로 간다. 그 보증을 위해서는 충분한 자금이 뒷받침되어야 한다. 미국은 자신들이 부담할 생각이 없었기 때문에 그들로서는 필요한 자금을 한국과 일본이 지출하게 해야만 했다. 갈루치는 설득을 위해 도쿄와 서울을 몇 번이나 방문했는데 한국은 최종적으로 1,000메가와트의 경수로 2기 제공 경비의 약 70%를 부담하는 것을 서면으로 약속했다.[33] 또한 한국형 경수로[31] 채용을 전제로 했다.

　일본 측에서는 외무성과 대장성이 맡았다. 야나이 종합정책

31　미국의 'System 80 원자로'를 바탕으로 설계한 한국 표준형 원자로를 말한다.

국장은 갈루치에게 설득을 시도했다. "경수로에 앞서 해야 할 것이 여러 가지 있다. 노후화된 송전선을 개보수하는 것으로 송전과정의 손실을 막아야 하지 않겠는가. 도대체 왜 화력발전소는 안 된다는 것인가?" 그러나 갈루치는 "북한은 경수로가 안되면 절대 안된다고 한다."라고 말하며 완강했다.[34] 우리는 국회의 이해와 지지를 얻기 위해 미국도 경수로 경비의 일부를 부담해 주기를 바랐지만 미국은 그럴 상황이 아니었다. 사실 중유를 북한에 제공하는 것만으로도 힘에 부쳤기 때문에 경수로 부담은 지지 않겠다는 것이 미국의 일관된 태도였다. 당시 일본의 분위기는 무라야마 내각 시대로 "위기가 지나가서 다행이다. 평화와 안전보장을 확보할 수 있다면 좋은 것 아니겠는가"라는 것이었다. 결국 한국이 중심적인 역할을 해내는 것을 전제로 일본도 의미 있는 공헌을 하겠다고 미국 측에 약속했다.

한국과 일본의 재정 지원의 약속을 기반으로 북미 교섭이 9월 23일부터 재개되었다. 10월이 되자 한국 측에서 '이 합의 내용은 받아들일 수 없다.'라는 강한 반응이 보였다.[35] 합의안에서는 경수로의 중요한 부분이 완성된 후에 북한은 IAEA의 '특별조사'를 받을 필요가 없는 것으로 되어 있었다. 결국 한국 입장에서는 경수로 공여를 위해 몇십억 달러나 지원하면서도 핵개발 의혹 해명은 몇 년이나 뒤로 밀리게 된 것이다. 이것으로는 국민을 설득할 수 없었다.

이러한 한국 반응에는 북한에 대한 김영삼 대통령의 인식이 배경에 있었다. 김일성이 사망한 뒤, 북한의 붕괴가 임박했다고 본 것이다. 이럴 때 뭐하러 북한을 도와야 하는 것인가. 그런 초조함이 있었다. 또한 합의문에는 남북 대화도 넣지 않았다. 미국은 클린턴 대통령까지 팔을 걷어부치고 김영삼을 어르고 달랬다. 그래서일까. 북한과는 합의문에 남북 대화를 넣는 것에 성공했다. 10월 21일 '북미 제네바합의'에 갈루치와 강석주가 서명했다.

그 주된 내용은 다음과 같다. 미국은 합계출력 2,000메가와트 경수로를 2003년을 목표로 북한에 제공하기 위한 책임을 진다. 또한 제1기 경수로가 완성되기까지, 대체에너지로 매년 50만 톤의 중유를 북한에 공급하기로 한다. 이것들은 한국과 일본의 지원을 배경으로 미국이 해야 할 의무였다. 북한은 흑연감속로와 관련 시설을 동결하고 궁극적으로는 이것을 해체한다. 또한 북한은 핵확산방지조약의 체결국 지위를 유지하고 안전조치협정 실시를 수용한다. 문제의 '특별조사'는 직접 언급하지 않지만 '경수로 사업의 상당 부분이 완료될 때, 주요 핵심 부품의 인도 이전에 북한은 IAEA와의 안전조치협정을 완전히 이행한다.'라고 규정되었다.

이 북미 제네바합의가 최선의 거래였을까? 적어도 이 '제네바합의'는 서명되었던 1994년부터 비밀리에 우라늄 고농축 추진 계획이 발각된 2002년까지 8년간 북한 핵개발을 관리하고 핵무기급 플루토늄의 생산을 막아냈다. 북한 핵무기개발계획의 진전을 억제했다는 의미에서 평가할 수 있으며, 다만 그 평가가 타당한지는 의문이 있을 수 있다. 북한의 원유 수입량이 매년 50만 톤 정도인 것으로 비추어 볼 때, 매년 50만 톤이나 되는 중유 제공이 필요했었는지, 또는 1기당 1,000메가와트 경수로를 2기나 제공

할 필요가 있었을까? 교섭 수단을 보면, 북한 측은 언제나 '미국이 싫다면 이쪽은 언제든 사용후 연료를 재처리하고 새로운 연료봉으로 핵개발을 진행하는 게 가능하다.'라고 압박할 수 있다. 카터 방북 후, 미국은 '안보리 제재 결의'를 사실상 포기했기 때문에 이렇다 할 카드가 없던 게 아닐까? 사실상 클린턴 정권은 중간선거를 앞두고 민주당 후보의 당선 가능성을 높이기 위해 평양과의 관계 개선을 강하게 희망했다.[36] 더구나 부시 정권에서 6자회담의 구성은 완결되지 못했지만 당시 구상과 클린턴 정권의 '북미 제네바합의'와의 비교는 6자회담을 이야기할 때 할 것이다.

4장

경수로 제공으로

―

한반도 에너지 개발기구(KEDO)에 뛰어들다

나는 한동안 한반도에서 멀어졌는데, 다시 1995년 말에 관여하게 되었다. 당시 오사카APEC의 일을 마치고 96년 4월에 열릴 모스크바 원자력 안전 정상회담[32]을 준비할 때였다. 북한 담당의 아시아국 북동아시아과로부터 요청이 왔다. "내일이라도 뉴욕 출장을 가주실 수 있겠습니까." 북미 제네바합의에 따라 설립된 '한반도 에너지 개발기구(이하 KEDO)'와 북한과의 교섭이 대단원의 막을 내리려하는데 업무 지원을 요청한다는 것이었다. '북미 제네바합의'에 따라 미국은 북한에 경수로 제공을 위한 국제 컨소시

---

32 체르노빌 사고 10주년을 맞아 G7과 러시아가 함께 모인 정상회담. 여기서 포괄적 핵금지 조약이 제안되고 1996년 9월 유엔 총회에서 조약안이 채택되었다.

엄을 조직하기로 약속했다. 그에 따라 95년 3월 KEDO를 발족했고 그 중심 멤버는 한·미·일이었다. 경수로의 자금은 한국이—한국형 경수로 제공을 조건으로—중심 역할을 맡기로 했지만 북한이 난색을 보였기에 미국은 필사적으로 북한을 설득했다. 그 결과 북한이 한국형 경수로를 받아들이게 되어 KEDO가 작업을 본격 개시했다. 첫 임무는 경수로 제공의 범위나—변제 조건이었던 중요사항을 정한—'공급약정'을 북한과 체결하는 것이다. 그 교섭은 95년 9월 중순부터 뉴욕에 개설된 KEDO 사무소에서 진행했다. 일본도 책임자와 담당자가 교대로 한미 양국 대표와 함께 교섭에 참가했다. 일본에서는 외무성의 오시마 겐조大島賢三 아시아국심의관을 대표로 외무성, 대장성, 통산성, 과학기술청의 담당관이 뉴욕에 있었다. 그러나 아시아국은 북동아시아과의 간부와 담당자를 장기간 출장시키기는 어려웠다. 그런 이유로 12월 초순에 오시마 심의관의 교대 요청으로 내가 뉴욕에 건너가게 된 것이다.

KEDO의 사무소는 맨해튼 3번가 40에 자리잡은 빌딩에 있었다. 사무국에는 외무성에서 파견온 우메즈 이타루 차장이 반갑게 맞아주며 "직원을 더 늘려야 하기 때문에 장소를 넓혀 한층 전체를 빌리게 되었어요."라고 말했다. KEDO 사무국 대표인 사무국장은 미국의 스티븐 보즈워스Stephen Bosworth가 맡았다. 그는 필리핀 미국대사 등을 역임한 발군의 인물로서 이후 주한 미국대사를 역임하고 오바마 정부에서는 북한문제 특별대표를 맡게 된다. 그 밑에서 한일 각 1명씩 차장이 업무를 맡아 관리하고 있었다. 당시 사무국원은 모두 30명 가량으로 거의 한미일의 직원으로 구성되어 있었다. 북한과는 보즈워스 KEDO 사무국장이 대표로 교섭을 맡았다. 상대측 대표는 전 유엔 차석대사 허종 본부대사였다. KEDO 사무국과 한일정부 대표가 회의에서 대처방침을 협의하고 이에 기초하여 보즈워스 사무국장이 북한과 치열하게 교섭했다. 그리고 끝나면 또다시 부서에서 회의하는 게 반복되었다. 초반에 무리한 요구를 밀어부치던 북한도 조금씩 양보하고 게임은 끝이 가까워갔다.

북한에게 출력 1,000메가와트의 가압형 경수로[33] 2기 제공은 분명하지만 KEDO 측이 책임져야 할 이 프로젝트의 제공 범위를 어디까지 설정하느냐가 관건이었다. 또한 북한이 책임을 갖고 추진하는 작업이나 사항도 명확하게 정리해야 했다. 당초 북한은 제공 범위에 많은 것들을 포함하고자 했지만, 최종적으로는 경수로 건설 범위 내로 정리되었다. 구체적으로는 부지 조사, 정지整地 등 용지 정비, 일부 접근도로 등 건설 인프라 정비, 발전 시스템, 2년분 예비 부품, 직원 훈련 프로그램 등이다. 한편으로 북한은 주민 퇴거, 토지 정비, 기존의 항구와 공항의 접근, 채석장 확보 등에 책임을 지는 것이 명기되었다. 문제는 송전망과 배전망을 어떻게 하느냐였다. 거대한 경수로를 만들어도 전기를 국내에 송·배전하지 못한다면 의미가 없다. 그러나 북한의 기존 전력망은 노후가 심해 많은 송전 손실이 발생한다고 알려졌다. 이 문제에 대해서는 옥신

---

33 원자로 자체에서 물을 끓여 직접 터빈을 돌리지 않고 물의 온도가 300℃까지 올라가도 수증기로 변하지 않도록 압력을 가하여 간접적으로 터빈을 돌려 전기를 생산하는 방식의 경수로.

각신했지만 결국 북한이 맡게 되었다. 다만 KEDO는 경수로 프로젝트의 틀 밖에 있어서 별도로, 북한이 상업규약을 통해 송전선을 입수하는 노력을 지원하기로 했다.

상환 조건에 대해서 북한은 KEDO에게 각 경수로마다 그 완성 시점에서 20년(3년 거치기간을 포함) 동안 무이자 균등 반년 할부로 지불하기로 했다. 북한은 흑연감속로의 개발 등에 투자했던 자금을 상환액에 반영해줄 것을 요구했지만 결국 취하되었다. 이제 이 상환액에는 KEDO가 책임을 지는 제공 범위에 사업 및 사항의 비용도 포함된다. 상환은 현금 또는 현물로 하는 것이 명기되었다. 북한이 정말로 상환할지 어떨지는 그 누구도 입 밖에 내지 않았다. 일말의 불안과 의문은 불식되지 않았다.

이렇게 약 3개월간 계속된 KEDO와 북한과의 중요한 교섭은 막을 내리고 공급약정은 한미일 3개국 정부의 승인으로 1995년 12월 15일에 서명되었다. KEDO로서는 성공적인 출발이었다. 한편 구체적인 상환액과 조건을 시작으로 10개가 넘는 사항의 세부 내용은 별도로 KEDO와 북한 측이 '의정서'로 정하기로 했다. 이 '의정서' 교섭과 부지 조사가 KEDO의 당면한 중심 업무가 되었다.

잠수함 침투 사건

공급약정에 따라 KEDO는 2003년 완성을 목표로 경수로 프로젝트의 인도 일정을 작성해야만 했다. 이를 위해서는 가능한 한 빨리 부지를 결정하고 공사를 개시할 필요가 있다. 한편 외교관계가 없는 북한에서 작업을 개시하기 위해서는 최소한의 법적인 근거를 만들어야 한다. 이 작업은 의정서 교섭이라는 형태로 뉴욕에서 진행되었다.

우선 북한에서 작업하는 KEDO 직원과 건설업자를 보호하는 계획을 만들어야 했다. 자의적인 이유로 이들 직원이나 사업자가 구속되거나, 권리가 침해되어서는 안될 일이었다. 결국 그들의 불체포·불구속과 KEDO 시설·주거의 불가침 등을 보장하는 의정서가 체결되었다. 북한 측은 처음부터 무리한 요구를 주장하다가 막히면 다시 새로운 요구를 들이미는 등 결코 호락호락하지 않았다. 그래도 대체로 협력적인 비즈니스 자세였다. 다만 국가의 안전 문제에 대해서는 경직된 태도를 유지했다. 이를테면 현장 공사를 개시하기 위해서는 통신 문제를 해결해야 한다. KEDO 측이 위성 통신 시스템이나 휴대전화 같은 안전한 통신 수단의 설치와 사용을 요구했으나 북한은 이를 좀처럼 받아들이지 않았다. 결국 기공식의 2개월 뒤에 진행하기로 합의했다. 부지의 현장 인력과 물자 운송 루트를 결정할 때도 북한은 신경질적이었다. 무엇보다 빠르고 경제적인 해안가 루트를 수용해 주지 못했다. 따라서 육지에서 꽤 떨어진 근해의 항로를 쓸 수밖에 없게 되었다. 그 밖에 가능한 한 많은 북한 노동자를 KEDO가 고용하는 것 등을 정하는 '노동, 그 외 서비스에 관한 의정서'와 용지 범위와 부지 조사보고서 제출, 용지 양도 증명 등을 규정하는 '용지에 관한 의정서'의 교섭이 진행되었다.

한편 경수로 건설 후보지 조사도 착착 진행되었다. 동해안의 함경남도 금호군이었다. 1980년대 소련이 이곳에 경수로 제공을 염두에 두고 조사를 하기도 했었다. KEDO는 자료를 제공받고 몇 번이나 실지조사를 거듭했다. 이렇게 KEDO와 북한 당국과의 사이에서 착공 준비가 순조롭게 진행되고 있었는데 생각지도 못한 일이 발생했다.

1996년 9월 18일 이른 새벽. 강릉 해안가를 달리고 있던 택시 운전사와 승객이 수상한 것을 발견했다. 자세히 보니 거무스름한 물체가 좌초하여 파도 사이에 표류하고 있었다. 그들은 곧바로 경찰에 신고하고 한국군은 즉시 전투준비태세를 발령했다. 시내 도로를 봉쇄하고 소탕 작전을 개시했다. 이것은 정찰 또는 남한 침투를 목적으로 한 북한의 특수잠수함이었다. 이 잠수함은 며칠 전 상륙하여 정찰원을 복귀시키기 위해 해안에 다가갔다가 좌초되었다. 함장 포함 11명의 승조원이 인근 야산에서 집단 자결하고 남은 공작원은 도주를 시작했다. 이를 저지하려는 한국군과 총격전이 전개되었다. 전투 끝에 13명이 사살되고 1명이 체포되었다. 이 과정에서 한국군도 군인 13명 그리고 민간인 5명이 사망했다.

북한에 대한 한국의 여론은 얼어붙었고 김영삼 대통령은 용서하지 못할 도발이라고 선언했다. 한편 북한은 훈련하던 잠수함이 조류에 휩쓸려 발생한 사고였으므로 잠수함과 승조원의 반환을 요구했다. 한국은 북한의 스파이 행위였다며 요구를 거부했다. 그러자 북한이 보복을 시사하는 등 긴장이 높아졌다. 김영삼 정권은 강경한 국내 여론을 등에 업고서 북한이 사과를 표명하지 않는 한 KEDO의 사업을 진행할 수 없다고 밝히고 곧 KEDO의 많은 작업들이 정지되었다. 제7차 현지조사는 연기되고 연내 경수로 프로젝트 착공도 곤란하게 되었다. 각종 '의정서' 교섭은 중단되었다.

정치적 진공에서는 살 수 없는 KEDO

잠수함 사건에 따른 한국 정부의 강경한 의견에 대해 KEDO사무국과 이사국 사이에서 입장 차이가 표면화되었다. 미국은 잠수함 사건과 KEDO 사업은 관계가 없고 2003년 목표한 대로 경수로를 완성하기 위해 작업을 하루 속히 재개시켜야 한다고 했다. 이를 위해 노골적으로 압력을 걸었고 한국은 반발했다. 일본은 그 사이에 끼어서 일부 작업이라도 재개하는 방도는 없을지, 한국에 끈질기게 타진했다. 우리 쪽 이사인 세키 히로모토瀬木博基 KEDO 담당대사도 몇 번인가 서울을 방문하고 장선섭 대사 등 한국 정부의 요직에 조심스레 움직였다. "우리들은 위기 때 언제나 여러분과 함께한다. 잠수함 사건 희생자에 깊은 애도를 드린다. 한국 국민의 분노, 정부 대응의 어려움, 대통령의 마음을 잘 이해한다." 그에 앞서 "북한과 직접 교섭하거나 북한에 KEDO가 방문 조사는 어렵겠지만 그래도 가능한 작업들은 해도 되지 않겠습니까?"라고 조심스럽게 논의했다. 말하자면 서비스와 부지에 관한 의정서 교섭은 이미 실질적으로 타결되었으므로 서명을 하거나 다음 의정서 교섭을 위한 준비를 KEDO 내부에서 기안하는 것은 가능하지 않겠냐는 것이다.

또한 경수로 사업에 대한 자금 집행 절차가 필요하므로 조사를 통해 사업 견적을 산출하고 그 경비를 한미일이 어떻게 분담할지 결정해야 했다. 이를 위해 일본의 경비 분담은 국회 승인을 얻어야 하지만 그렇다고 일본이 앞서갈 것까지는 없다. 아무래도 경수로 프로젝트는 중심 역할인 한국의 국회 승인이 필수이기 때문이다. 결국 KEDO 가맹국의 부담을 줄이기 위해서라도 EU의 가입이 필요했다. 이 교섭에 북한은 관여하지 않으므로 가능했다. 이런 이야기를 세키 대사는 끈기 있게 계속했다. 당시 우리들로서는 2003년 완성 목표를 실현하기 위해 97년 통상국회에서 일본의 자금 출연 승인을 준비하고 있었다. 그러기 위해 피해야 할 게 많았다. 잠수함 사건 때문에 해야 하는 준비가 중단되는 것은 최대한 피해야 했던 것이다. 이에 대하여 한국 정부 입장은 북한이 사건을 인정하고 사과와 재발 방지 약속을 요구했다. 북한 측에서 뭔가 태도가 보이지 않는 한, KEDO 사업은 일정의 냉각기를 두고 사업을 일시 중단하겠단 것이었다.

장선섭 대사는 96년 10월에 방문한 세키 대사에게 다음과 같이 말했다. "우리는 아무 일도 없었다는 듯이 앞으로 나아갈 수는 없다. 사람들은 당혹스러워하고 있고 심각한 상황이다. 한편 얼마나 기다려야 하느냐고 물으면, 적어도 어느 정도 시간이 필요하고 북한의 시그널을 기다린 다음 우리 대응을 검토해야 한다. 지금은 경수로를 움직일 수 없다. 북한의 사과가 필요하다."

한국은 지금으로서는 실질적으로 교섭이 타결된 두 '의정서' 서명은 안된다고 본다. KEDO에서 북한에 사람을 보내는 것도 안된다. 현 시점에서 북한과 어떠한 교섭을 진행하는 것도 어렵다는 입장이었다. "그러나 정부는 북한이 직접 관여하지 않는 작업. 말하자면 일본이 요구하는 경수로의 견적산출 작업 등은 추진할 생각이다. 예산 승인은 반대 여론이 있을 수 있다. 경비 분담 논의는 리스크가 있어도 하겠다는 결의가 있다." 장 대사는 마지막에 그렇게 말했다. 한국 정부는 가능한 범위 내에서 KEDO 사업을 추진하려 노력하게 된 것이다.

그러나 시간은 헛되이 지나가 버려서 12월이 되어도 사태는 호전되지 않았다. 북한과 관련된 KEDO 사업은 중단된 상태였다. 미국 정부는 부글부글했고 한미관계의 삐걱거림도 차츰 알려졌다. 이때 세키 대사는 다시 서울을 방문하고 장 대사 등에게 "경수로 사업을 진행하자"며 점잖으면서도 집요하게 압박했다. 그러나 한국 정부는 북한이 사과의 제스추어가 보이지 않는 한, KEDO사업의 전면 재개는 불가능하다는 입장을 고집했다. '북한에서 뭔가의 보상도 없는 상태에서 KEDO 측이 사업재개로의 구체적 시그널을 보낸다면, 대통령은 정치적으로 생존 불가능하다.' 김영삼 대통령은 강경한 입장을 고수했다.

한미일의 대립을 걱정하면서도 KEDO 업무를 뭐라도 진행하려 한 보즈워스 KEDO사무국장은 "KEDO는 정치적 진공에서는 존재할 수 없다."라고 말했다. KEDO는 심각한 남북관계와 한국 여론으로부터 무관할 수 없다. 우리의 사업 지연은 불가피하게 되었고. 일본 정부도 97년 통상 국회에 경수로 관련예산 상정을 단념했다. 결국 한국 정부의 일관된 강경 자세가 주효하여 96년 12월 29일, 북한은 잠수함 침투 사건에 유감의 뜻을 표명했다. 이듬해 97년부터 북한과 KEDO의 사업은 전면 재개된다. KEDO의 사업이 드디어 본격화되는 시점에 왜 잠수함 사건이 일어났던 것일까? 당시 한국에서는 북한 내부에 '북미 제네바합의'를 반대하는 강경파와 이를 진행시키려는 온건파와의 대립이 있다고 보고 있었다. 이 분석이 제대로 맞는 것인지는 모르겠지만 비밀의 베일에 가려 있는 북한에서 무엇이 일어났는지는 알 수 없다. 어쨌건 북한의 군부는 KEDO와 상관 없이 정찰·침입 같은 대남공작을 앞으로도 계속하지 않겠는가. 그들에게 잠수함 사건은 우연히 발각되어 끝나버린 불행한 사건일뿐 통상적인 공작일 것 같다. 또 하나 한국 정부의 강경한 자세에 일본, 특히 미국은 초조함을 숨기지 않았다. 미국의 그런 모습은 동맹국보다도 북한을 더 우선하고 있는 듯한 의구심을 한국에 안겨주었다. 그러나 원인제공자는 북한이다. 잠수함 사건과 KEDO와는 직접 관련이 없다고 하지만 KEDO는 정치적 현실을 떠나서는 존재할 수 없는 것이었다. 이러한 사태는 한국만의 일은 아니다. 그 뒤, 1998년 8월 31일에 북한에서 발사된 대포동 미사일이 일본 열도의 상공을 날아가 산리쿠오키三陸沖에[34] 낙하했다. 이 사건으로 일본 여론은 급격히 악화되었다. 다음 달 9월 1일 일본 정부는 KEDO 사업 진행을 일단 보류하기로 방침을 결정하고 경비 부담 문제에 관한 KEDO이사회 결의안 서명을 보류했다.[37] 이 두 사건은 외교와 신뢰 관계가 없는 적대국과 사업을 진행하는 것이 얼마나 어려운가를 잘 보여주고 있다.

....

34 일본 혼슈 동북부 해역

EU의 가입을 둘러싼 한미일의 격론

KEDO는 설립 초기부터 자금난에 빠져 있었다. 경수로 경비 부담은 앞서 언급했고 사무국 경비나 부지 조사에 걸리는 비용은 한미일이 부담했다. 그런데 북한에 제공하는 중유의 비용은 어떻게 해야 하는가. 제네바합의에서 미국은 경수로 제1기를 완성할때까지 매년 50만 톤의 중유를 제공한다고 약속했다. 그 중유의 공급을 KEDO가 맡았다. 이러면 당시 시장 가격으로 연간 5,000만 달러가 필요했다. 한미일 사이에서는 경비부담에 따라 경수로는 한국이 중심이 되고 여기에 일본이 재정적 공헌을 하지만 중유는 미국의 역할을 기대했다. 그러나 1996년 당시 미국은 중유 공급금으로 1,900만 달러의 차출금을 예산에 반영했을 뿐이다. 더구나 미 의회 예산 심의 장기화에 따라 1,900만 달러가 언제 들어올지도 불투명했다.[38] 미 의회는 제네바합의에 대해 비판적이었다. 한미일 이외의 KEDO가맹국은 96년 당시 뉴질랜드, 호주, 캐나다, 핀란드에 불과했다. 한미일 담당대사들은 ASEAN 국가들과 산유국을 방문해 KEDO에 재정 공헌을 요청했지만 확답을 얻기는 어려웠다.[39]

　사실 자금줄을 찾아야만 한다면 유럽연합EU을 빼놓을 수 없었다. EU는 96년 4월 유럽 원자력공동체가 KEDO 멤버가 되는 것과 1,500만 유로를 향후 5년간 매년 KEDO에 제공하기로 하고 이사회 승인을 요구했다. 매년 약 1,500만 달러의 자금 확보는 탐낼 만한 것이었다. 같은 해 10월 EU와 KEDO와의 교섭이 시작되었다. EU는 결코 만만치 않았다. 초조한 미국의 속내를 꿰뚫어 본 듯 한미일과 동등하게 집행이사회 멤버가 되어야 한다고 주장했다. 당초 집행이사회 멤버는 한미일 3개국뿐이었다. 그리고 의사결정은 전원 일치로 하고 있었다. 한미일 각국은 사실상의 거부권을 가지고 있는 셈이기 때문에 EU가 이사회에 들어오는 것을 기득권이 침해된다고 생각하고 있었다.

가장 격하게 반발한 것은 한국이었다. 사실 한국은 잠수함 사건까지 겹쳐있어서 KEDO 관련 사업을 진행할 상황이 아니었다. EU의 가입 교섭에는 일본의 사정도 있어서 마지못해 동조해 온 상황에서 EU측이 한미일과 동등한 권한을 요구해 온 것이다. 한국으로서는 EU를 집행위원회로 받아들이는 것은 어쩔 수 없지만 한미일에 주어진 특별한 권한을 포기할 수 없었다. 이렇게 10월 중순 브뤼셀에서 열린 EU와의 제1차 교섭은 평행선을 달렸다. 여기에 농간을 부린 것은 미국과 KEDO 사무국이었었다.

EU와의 교섭에서 KEDO 측은 보즈워스 사무국장이 수석대표가 되었다. 그리고 그 옆에 한국의 박인국 경수로 사업단 부장(이후 한국 유엔대사), 미국의 조엘 위트Joel Witt 국무부 한국과 KEDO조사관, 일본에서 KEDO 기획관으로 있는 내가 붙어 있었다. 교섭 사이마다 보즈워스 사무국장이 박인국 부장에게 유연한 대응을 촉구했다. 위트는 박 부장을 방구석으로 불러, 낮게 위협하는 목소리로 압력을 가했다. 이럴 때 일본은 그저 강 건너 불구경이었다.

11월 제2차의 교섭을 거쳐 한국이 어느 정도 구체적인 선택지를 제시했다. 이사회에서 EU는 동등한 권한을 부여받고 한미일이

하나가 되어 투표하는 것을 설립협정에 넣자는 것이다. 한국 측은 우리끼리 있을 때 투덜거렸다. "1,500만 유로라는 EU의 좀스런 공헌 때문에 양보한다면 국민이 납득하지 못할 것이다. EU를 이사회에 들이면, 한미일 3개국의 입장은 그 영향을 받을 수밖에 없다. 그렇지 않으면 한국의 입장에 악영향을 준다." 여기서 한국측은 설립협정 명기는 포기하겠다. 그러나 한미일 3개국이 이사회 결의에 일체가 되어 임하고 결국 1개국이라도 반대한다면 모두 반대가 된다는 것을 법적 구속력이 있는 문서로 별도로 정하자고 제안해 왔다. 사실상 거부권이 법적으로 유지된다는 것이다. 이에 대하여 미국은 법적 구속력 있는 문서에는 동의하지만 비밀문서로 요구했다.

여기서 처음으로 일본에도 압력이 걸리게 되었다. 외무성의 조약국은 법적 구속력이 있는 문서에 부정적이었다. 더구나 법적 구속력 있는 비밀문서 서명은 국회와의 관계에서는 있을 수 없다. 보즈워스 사무국장은 "무엇이든 하라"며 압박해 왔다. 12월 브뤼셀에서 교섭을 앞둔 주말, 한산했던 외무성에 들른 나는 조약국 동료에게 다시 말했다. "어떻게 좀 안 되겠냐. 아이디어 좀 줘라." 잠시 후 그들은 출구를 발견해냈다. 비밀 합의만 피한다면 어떻게든 된다는 것이다.

크리스마스 직전, 브뤼셀에서 EU와 최후 교섭이 진행되는데 게임의 끝이 다가왔다. EU와의 사이에는 설립협정을 개정하는 것으로 합의했다. 가장 큰 문제였던 이사회 의사결정 방식은 당초 설립협정에 "모든 원 가맹국 대표의 전원합의로 이루어진다"라고

만 기술되었었다. EU의 가맹 후에는 "모든 대표의 전원합의에 노력하나 의견 일치가 어려울 경우 다수결로 진행한다"라고 명기 되었다. 여기서 설립협정상 형식적으로는 EU도 원가맹국인 한미일과 동등한 권리의무를 가지게 된다. 따라서 EU의 가맹과 공헌이 실질적으로 결정된 셈이다. 한편 한미일은 원래 갖고있던 사실상의 거부권을 확보하기 위해 별도의 문서를 작성하고 서명하기로 했다. 이 교섭의 타결에 따라 다음 해 97년 9월에 EU는 이사회 멤버로 KEDO에 가맹하고 KEDO설립협정이 개정되었다. 이렇게 한미일의 사이의 갈등을 거쳐 KEDO의 정당성과 재정 기반은 강화되었다.

왜 우리가 부담해야 하는가

최대 과제는 경수로2기의 경비와 예산 분담이었다. 한국 정부는 경수로 건설 비용의 70%를 책임지기로 했다. 일본 정부는 한국을 중심으로 하는 경수로 프로젝트 전체에서 금액을 약속하지 않았지만 당시 2할을 부담하는 것이 기대되었다. 우선은 경수로 건설의 비용 견적을 산출하고 일본의 부담액을 분명하게 해 둘 필요가 있다. 이와 동시에 일본의 자금을 어떠한 메커니즘으로 KEDO에 제출할지의 검토도 중요하다. 당시 항간에는 1,000메가와트 출력의 한국형 경수로 2기 건설에 약 40억 달러가 필요하다고 했다. 그러나 이 숫자는 어디까지나 참고일 뿐이다. 플랜트가 있는 한국의 울진 3호기와 4호기 건설 비용을 보면 어느 정도 짐작

할 수 있다. 경수로의 건설을 도급받는 주계약자로 되어 있는 한국전력공사KEPCO는 96년에 약 60억 달러의 금액을 대략적인 견적ROM으로 제출했는데 우리는 그런 거액을 그대로 수용할 수 없었다. 언젠가는 북한에서 변제한다고는 하나 무이자로 제공되는 한, 전체의 파이가 커지면 일본의 재정 부담도 커진다.

통상산업성(현 경제산업성) 등의 의뢰로 이 견적을 재검토하는 작업을 했다. 그 때문에 한미일 사무국의 협의가 필요했다. 뉴욕이나 도쿄에서 몇 번이나 협의를 거듭했지만 각국의 입장은 서로 달랐다. 미국은 경수로에 돈을 낼 계획이 없기 때문에 "뭐라도 좋으니 빨리 결정해 달라."라고 말할 뿐 무책임한 태도였다. 한국 정부는 KEPCO를 안고 있기 때문에 당연히 소극적이었다. 따라서 진지하게 견적을 감액하려고 노력하는 건 일본정부 뿐이었다.

뉴욕의 KEDO 사무국에서 내부 교섭을 계속했지만 도통 결말이 나지 않았다. 쉬는 시간에 한국의 재정경제부(현 기획재정부)에서 사무국으로 파견온 이 부장을 붙들고 설득했다. "견적이 커지면, 한국 정부의 부담액이 늘어난다. 그것은 결국 국가 재정과 국민의 부담이 될 것입니다. 재정당국은 견적 감소에 노력해야 합니다." 이 부장은 "개인적으로는 말씀하신 대로입니다. 저도 일본 정부 입장을 지지하고 싶어요."라고 말했지만 공식 한국 정부의 입장에 전혀 반영되지 않았다. 서울에 갔을 때, KEPCO 사장과도 면담을 요구하고 견적의 절감을 호소한 적도 있었다. 그러나 "북한에서 하기에는 불확실성이 많고 한국에서 하는 것보다 경비가 더든다."라면서 고개를 저었다. 뉴욕의 협의에서 중립적이어야 할 사무국의 어느 기술책임자는 "60억 달러 정도는 기술적으로도 근거가 있기에 어쩔 수 없다."고 했을 때는 화가 나서 나도 모르게 호통을 친 적이 있다. "자금을 대는 건 우리다. 견적을 결정하는 것은 정부이므로 사무국은 쓸데없는 말은 하지 말기를 바란다. 돈은 어차피 나올 거라 생각해 멋대로 말해도 된다고 생각하면 큰 오산이다." 이후 사무국은 일본의 입장을 고려해서 견적 삭감에 협력적으로 변했다. 북의 경수로 건설은 북한에서 제공된 노동력이나 그 외의 재화·서비스가 한국보다 저렴할 테니, KEPCO는 조금씩 금액을 낮춘 견적을 다시 제출했다. 그리고 97년 10월 말 도쿄 회의에서 견적을 51.785억 달러로 타결했다.[40] KEDO 사무국장은 당시 드세이 앤더슨DeSaix Anderson으로 바뀌어 있었고 그는 "일본이 끈질기게 매달린 끝에 만족할 만한 숫자가 나왔다"고 평가했다. 그리고 오부치 게이조小渕恵三 외무대신에게 보고하고 승인 받았다. 다음 달 11월 하순 워싱턴에서 열린 이사회에서 정식으로 결정했다. 이에 따라 다음 단계로서 경비 분담 논의를 개시할 수 있게 되었다.

한편으로 돈을 제공한다고 그게 국익으로 연결되지는 않는다. 일본의 공헌은 KEDO를 통해 한국의 KEPCO로 흘러갈 뿐이다. 따라서 출연액에 상응하는 경수로의 부품을 일본 기업에서 조달받는 것이 중요했다. 이에 대해서도 한미일 사무국에서 협의를 계속했는데 한국과 미국이 반발했다. 뉴욕에서 협의 하는 사이에 미 국무부의 위트와 이 문제에 대해 둘만의 이야기를 주고받았다. 위트는 "요컨대 일본은 수출을 늘리고 싶고 일본 기업을 활성

화시키고 싶다. 그런 것 아니냐."라며 얼굴까지 붉히며 반박했다. 이에 대해 나는 "그건 아니다. 일본 정부가 10억 달러의 국민 세금을 투입하는데 이 상황이면 국회 설득이 어렵게 된다. 일본의 기자재를 납입하는 것으로 일본은 가시적인 공헌이 가능해진다. 자금 지출을 위해서는 꼭 필요하다." 그리고 "미국 정부는 경수로에 한푼도 내지 않지만 미국 기업이 상당한 기자재와 부품을 납품한다. 이게 공정하다고 할 수 있겠냐."라고 대응했다. 한동안 언쟁이 계속되었지만 그래도 위트와의 신뢰 관계가 있었기 때문에 가능한 것이었다. 논의의 마지막에 그는 "일본의 진의는 잘 알았다. 무엇이 가능할지 생각해 보자."라고 말하고 악수하며 헤어졌다. 이 문제에는 노다 히토시野田仁 외무성기획관이 사력을 다했다.

결과적으로 일본의 재정적 공헌 이상의 기자재와 부품을 수주할 수 있게 되었다. 더 큰 과제는 일본 정부가 출연 계획을 확정하고 재정 부담이 가능하도록 길을 터주는 것이다. 형식적으로는 KEDO의 무이자 대출 형태이기 때문에 일본수출입은행에서 KEDO에 대출을 해주고 그 이자분을 정부, 결국 외무성이 보전한다는 계획을 생각했다. 수출입은행 국장, 과장과 대장성(현 재무성) 이재국理財局[35]의 간부를 매일같이 찾아가 양해를 구했지만 좀처럼 쉽지 않았다. "북한의 상환 전망은 어떠한가? 북한이 상환하지 않는다면 어떻게 할 것인가?"라고 물을 때마다 "만일의 경우, 정부가 최대한의 노력을 한다."라고 답할 수 밖에 없었다. 사

---

35 한국의 기획재정부 국고국에 해당

실 이자 보전도 쉽지 않았다. 처음 몇 년은 연간 수억 엔 수준으로 될 것 같았다. 하지만 이후 1,000억 엔씩 출자하고 나면 그 보전액은 십수억 엔에 달하게 된다. "그러나 다른 대체안은 없다. 일본의 안전 보장을 위해서다"라고 말하며 외무성 관방 간부를 설득시켰다. 동시에 관계 의원을 향한 물밑작업으로 분주했다. 견적액과 자금 계획, 지원액이 결정되자 98년 7월 KEDO의 이사회에서 일본은 '체결시 10억 달러 상당의 엔화', 한국은 '총경비 70%'를 지원하고 EU는 97년 KEDO 가맹 이후 5년간에 합계 7500만 유로를 지원하는 것으로 합의했다. 미국에게는 수 차례에 걸쳐 상징적 액수라도 좋으니 경수로를 지원하는 게 중요하다고 호소했다. 그러나 미국은 중유에 대한 자금으로도 벅차다고 하여 약속을 받지는 못했다. 이상의 경비 부담은 98년 11월 KEDO이사회에서 정식으로 결정되어, 일본의 지원액 1,166억엔이 명기되었다. 자금지원 협정은 99년 5월 일본과 KEDO 사이에 서명되어, 같은 해 6월 말, 국회가 이것을 승인하기에 이르렀다. 2000년 2월에는 국제협력은행(수출입은행의 후신)에서 KEDO에 첫 대출이 집행되었다.

그럼에도 KEDO의 의의는 있다.

시점을 90년대 말로 한정해 보자, KEDO의 사업진행은 많은 우여곡절을 겪어야만 했다. 앞서 언급했듯이 KEDO 내부에서도 잠수함 사건의 대응과 EU의 가입, 경비 부담의 문제 등을 둘러싸고 한미일 간 의견 대립이 몇 번이나 격해졌다. 따라서 입장을 조정하는

데 시간과 에너지를 필요로 했다. 초대 사무국장을 맡았던 보즈워스씨는 "북한과 교섭보다도 KEDO 내부의 한미일 간 교섭이 더 힘들었다."라고 술회했다.[41] 또한 KEDO 사업 자체에는 큰 문제가 일어나지 않았지만 잠수함 사건이나 대포동 미사일 발사, 금창리 비밀 핵시설 의혹[42], 동해상 괴선박 출현 등이 연이어 발생했다. KEDO의 사업은 그때마다 풍랑 위 돛단배처럼 크게 요동쳤다.

따라서 프로젝트의 진행은 예정보다 대폭 늦어졌다. 목표했던 2003년 완성은 불가능한 상황이 되어버렸지만 건설 작업은 꾸준히 진행되었다. 1997년 7월 KEDO의 현지사무소가 금호에 개설되어, 한미일 직원들이 주재를 시작, 8월에는 착공식이 현장에서 진행되었다. 99년 12월에는 한국전력공사와 KEDO의 주계약이 서명되어 건설사업은 본격 개시되었다. 이렇게 안과 밖에서 난제인 프로젝트였다. 일본이 1천억엔(한화 약 1조원) 이상의 출자를 약속했기에 진행될 수 있었던 사업으로 그만한 의의는 있었다고 생각한다.

우선 북한의 핵개발을 동결 또는 지연시키기 위한 방법은 북미 제네바합의로 설립된 KEDO의 경수로 건설사업 밖에 없었다. 다시 언급하겠지만 부시 정부 시기 북한의 우라늄 농축 계획이 발각됨에 따라 KEDO 사업은 중단되었다. 그러나 그 직전까진 북한의 핵무기 개발을 저지할 수 있는 현실적인 선택지였다. 일본의 KEDO 공헌은 일본의 안전 보장과 세계의 핵확산 저지를 위한 비용이었다고 할 수 있다.

이 기본적인 점 외에도 KEDO의 의의 몇 가지를 살펴보자.

첫 번째로 KEDO는 우리 한미일, 특히 한국이 북한에 관여할 수 있는 귀중한 기회를 제공했다. 한미일 직원이 상주하는 KEDO 금호사업소는 폐쇄적인 나라와 외부 세계를 이어주는 실질적인 존재였다. 김영삼 정부 시기는 남북관계가 얼어붙어 있었고 교류도 극히 제한되어 있었다. 그런 점에서 생각해 보면, KEDO는 남북 간의 대화와 신뢰 조성의 촉매 역할을 해낸 것은 아닐까. 사실 KEDO와의 교섭에서 북한은 미국인을 대표로 할 것을 고집했다. 그런데 실제로는 남북의 관계자가 직접대화를 진행하게 되고 교섭이 한국어와 조선어로 진행되었던 때도 많았다. 하지만 일본은 처지가 다르다. 우리들은 KEDO 채널을 북일관계를 위한 의사소통이나 관계 개선을 위해 사용할 의도는 없었다. 그러나 1992년 말에 북일 교섭이 중단되자 북일관계는 미궁에 빠졌기에 필요하다면 KEDO를 통해서라도 북한의 입장과 상황을 탐색할 수 있었는지 모른다.

두 번째로 북한은 KEDO와의 교섭과 공동 작업을 통해 국제사회의 상식과 기준을 배웠다. 말하자면 각종 '의정서' 교섭을 통해, 북한은 원자력에 관한 국제 기준과 지식 뿐만 아니라, 특권면제, 통신, 운수, 노동, 책무 불이행 등 자본주의 사회의 통념을 조금씩 알아갔다. 현장에서 북한 노동자와 한국 노동자의 공동 작업도 마찬가지인데, 이른바 소프트웨어 또는 문화로서 이 프로젝트가 종료된 뒤에도 그 경험은 관계자를 통해 북한 사회 곳곳에 영향력을 미칠 것이다. 말하자면 98년 말부터 한국의 대기업 '현대'의 금강산 관광 사업이 개시되었는데, 그 당시에 진행된 각종 계약은 이 KEDO와의 의정서가 기준이 되었다. 북한 사회가 외부에 일부 개방되고 한정적이나마 개혁을 진행한 경우에도 KEDO와의 협의의 경험과 축적이 참고되었을 것이다.

세 번째로 KEDO는 한미일 삼국이 공통의 목적을 위해 프로젝트를 함께 추진하는 첫 시도였다. 특히 그 목적이 지역의 안전 보장과 핵확산 금지였다는 것이 흥미롭다. 그전까지 삼국 간 협력관계, 특히 안전 보장은 미국을 허브로 하는 2국 간 관계에 한정되어 있었다. 한미일 간에는 안전 보장 협력을 언급하는 것 자체가 예민한 문제였다. 이것은 일본에서도 매우 귀중한 경험이었다. 앞으로 이 지역 또는 세계의 중요 과제나 프로젝트를 공동으로 추진하게 되는 경우, KEDO의 경험을 살려 한미일이 주축이 되는 조직을 만들어 보는 것도 생각해 볼 수 있다.

부시 정권의 탄생과 KEDO의 종언

2001년 1월, 8년에 걸친 클린턴 정권이 막을 내렸다. 그리고 새로 부시 정권이 발족했다. 'ABC(Anything but Clinton)'라고 일컬어지듯 전 정권의 정책 재검토가 시작되었고 대북 정책도 예외는 없었다. 그해 9월에는 9.11테러 사건이 발생하고 미국은 테러와의 전쟁을 명분으로 아프가니스탄 침공을 시작했다. 2002년 1월의 연두교서연설에서 조지 W. 부시 대통령은 북한을 이란, 이라크와 함께 '악의 축'으로 지명했다. 이라크 전쟁이 고조되면서 한반도도 긴장에 싸여 있었다.

KEDO에서는 임금 인상 문제로 북한 노동자가 현장에서 철수하고 대신 우즈베키스탄 노동자가 투입되는 사태가 발생했다. 작업은 그대로 진척되고 2002년 8월에는 현장에서 콘크리트를 타설하는 공사도 진행됐다. 이 당시에 금호의 현장에는 약 1,500명의 기술자와 노동자가 일하고 있었다.

그러나 같은 해 10월, 제임스 켈리James Kelly 대통령특사(동아시아태평양담당 국무차관보)가 북한을 방문하고 강석주 제1차관과의 회담에서 북한의 비밀 우라늄 고농축계획을 언급한다. 그리고 북한이 이를 인정함으로써 북미 제네바합의와 KEDO는 낭떠러지로 굴러떨어졌다. 소위 워싱턴의 네오콘들은 "마침내 꼬리를 잡았다"라며 흥분한 듯 보였다.

부시 정권은 클린턴 정권이 만든 KEDO를 좋게 생각하지 않았고 북한의 '자백'은 이것을 깨트릴 절호의 기회였다. 같은 해 11월, 미국의 뜻에 따라 KEDO 이사회는 북한에 중유 공급을 12월 이후 정지하기로 결정한다. 그리고 북한이 우라늄 농축계획을 철폐하기 위한 구체적이고 신뢰 가능한 행동을 취하지 않는 한, 더 이상 중유 공급을 하지 않는다고 밝혔다. 북한은 12월에 흑연감속로를 시작으로 핵관련 시설의 봉인을 제거하고 IAEA의 사찰관을 국외추방한다. 그리고 이듬해 2003년 1월, NPT 탈퇴를 선언한다. 악순환이 시작되었다. 2003년 11월 KEDO의 핵심 사업인 경수로 건설사업을 1년간 정지하기로 결정되었다. 이 시점에서 경수로 프로젝트는 34.5%의 완성 단계로 연말 현장에는 308명이 근무하고 있었다.[43]

　북한에 우호적인 노무현 정권은 KEDO를 종료시키는 것에 주저했다. 당시 KEDO 사업국장을 맡고 있던 찰스 카트만(클린턴 정권의 국무부 한반도 평화협의담당특사)과 북한과의 교섭을 담당했던 로버트 칼린(전 국무부 정보조사국 북동아시아과 주임)도 같은 기분이었을 것 같다. KEDO 사무국은 북한과의 관계 악화를 피하기 위해 경수로 사업의 보전·유지를 위한 조치를 강구했다.

　그러나 사태는 악화일보로 갔다. 2005년 2월 북한은 핵무기 보유 선언을 한다. 경수로 사업을 지속시킬 수 있는 토대가 완전히 무너졌다. 이제 KEDO 사업국의 목표는 남아 있는 노동자를 안전하게 철수시켜 KEDO의 자산을 보전·유지하는 것으로 바뀌었다. 북한과의 관련 협의가 시작되었고 같은 해 11월, 경수로 사업을 종료해야 한다는 기본 방침이 이사회 회원국 사이에서 공유되었다. 이들은 사업 종료를 둘러싼 법적, 재정적 문제들을 계속 논의하기로 합의했다. 이사회의 결론이 12월에 KEDO 사무국에서 북한 당국에 전달되고 북한은 30일 이내에 KEDO의 직원과 노동자를 현장에서 철수시킬 것을 요구했다. 현장의 건축자재나 차량을 가지고 돌아가겠다는 KEDO의 요구를 북한은 거절했다. 2006년 1월 8일, 어수선한 가운데, KEDO는 건설 현장에서 모든 노동자의 철수를 완료했다.

　한편으로 KEDO 사무국과 이사회 멤버 사이에는 사업의 청산 방법, 손실을 북한에 청구하는 문제, KEDO 사무국을 언제까지 존속시킬 것인지 등 협의가 계속되었다. 그 결과 같은 해 5월 KEDO 이사회에서 경수로 사업의 '종료'를 정식으로 결정했다. 이 결정은 공급약정으로 요구되었던 일련의 조치를 북한이 이행하지 않음에 따른 것이다.

이렇게 제네바합의에 따라 1995년 3월부터 시작된 경수로 사업은 10년 만에 막을 내리게 되었다. 그동안 한미일과 EU 등이 KEDO에게 제공한 금액은 경수로 사업, 중유 공급 사업, 사무국 경비를 포함하여 총계 약 25억 1,348만 달러에 이르렀다. 일본의 지원액은 4억 9,849만 달러로 한국에 이어 전체 약 19.5%를 차지했다.[44] 이중에서 경수로 사업에 들어간 융자에 대해 각국은 KEDO에 상환받을 권리가 있다. KEDO는 북한의 공급협정 위반의 결과로서 경수로 사업이 종료를 할 수밖에 없었기 때문에 금전 손실의 전액 환불을 누차 요구했지만 북한은 이를 거부했다.

교훈은 무엇인가

약 10년간에 걸쳐, 총액 25억 달러 이상을 중유 공급과 경수로 건설에 투입해 온 KEDO의 사업은 북한이 북미 제네바합의를 위반하면서 좌초되었다. 그래도 그 사이에 농축 우라늄 의혹을 제외한다면 흑연감속로를 사용한 북한의 핵무기 개발계획을 동결하고 지연시키는 데는 공헌했다. 한미일 3개국은 재정 면에서뿐만 아니라 기술지원과 인적지원을 했지만 결국 이 공동 사업은 도중에 좌절된다. 그 이유와 배경은 무엇이었을까? 우리가 배운 교훈은 무엇인가? 앞으로 경수로 지원이 재부각될 가능성을 배제할 수 없지만 그때는 KEDO의 경험과 교훈을 어떻게 살려나가야 할까? 첫 번째로 KEDO 이사회 어느 나라도 북한과 외교관계가 없다는 것에 유의할 필요가 있다.[45] KEDO의 경험으로 볼 때 외교관계가 없는 나라와 사업을 진행하는 것은 대단히 어려웠다. 신뢰관계가 희박한 상태에서 정치적 문제가 발생할 때 이를 해결할 만한 외교 채널이 없다. 이 사업의 최종 단계는 원자력 부품을 북한에 납품하는 것이었다. 그 전에 원자력협력협정이 북미 간에 체결될 필요도 있었지만 그렇게 되지 못했다. 따라서 앞으로 만일 유사한 사업이 북한과 진행될 경우, 멤버 중 한 나라라도 북한과 외교관계를 갖거나, 또는 중국, 러시아 등 외교관계가 있는 나라를 가입시키는 것이 현명하다. 그렇기 때문에 6자회담의 구성과 경험은 앞으로도 유사한 컨소시엄의 기초를 제공할 수 있다.

다음으로 왜 경수로여야만 했냐는 것이 있다. 사실 원자력의 평화적 이용을 위한 국제협력은 외교관계가 있는 나라 사이에서도 미묘하고 곤란한 작업이다. 하물며 앞서도 말했지만 외교관계가 없는 나라들과는 큰 곤란이 따른다. 북한은 긴 시간 동안 일관되게 경수로를 고집했다. 2005년 9월 19일의 6자회담 공동성명에도 경수로 언급이 있었다. 그러나 앞으로 북한과 에너지협력을 추진하게 될 경우 경수로가 아닌 전통적인 에너지, 또는 원자력을 사용하지 않는 친환경에너지 협력을 모색하는 것이 현실적이다. 앞으로 북한에게 경수로를 제공하는 국제사업단에 일본이 참가한다는 건 상상하기 어렵다. 북한에 대한 일본 대중의 부정적 여론은 말할 필요도 없지만 납치 문제를 포함한 현안이 모두 해결되더라도 KEDO의 비극적인 결말을 잊을 수는 없을 것이다.

세 번째로 앞으로 KEDO와 유사한 조직을 만들어 새로운 사업을 시작하는 경우, 주요 참가국의 모두가 프로젝트의 경비를 적절하게 분담해야 한다. KEDO의 경우 미국은 중유 제공의 책임만 지고 경수로는 한국과 일본에게 맡겨 버렸다. 미 의회의 경수로 프로젝트에 대한 강한 거부감이 그 배경이었는데 사실 미국에서 KEDO는 '정치적 고아'였다.[46] 물론 작업의 분담은 그렇다치고 만약 어떤 멤버가 경비를 부담하지 않는다면, 다른 멤버는 해당 사업을 추진하는 데 의욕을 잃어버릴 것이다. 이것은 KEDO에서는 실제로 일어났던 일이다. KEDO에서는 한미일 각국이 정도의 차이는 있지만 경수로 사업은 물론 중유 공급에도 자금을 제공했어야 한다고 생각한다.

넷째, KEDO는 북한과의 사이에서 8개의 의정서를 체결했다. 의정서가 제공한 기초와 정신은 앞으로도 북한과의 사이에서 사업을 진행할 때에 활용해야 할 것이다. 한국이 진행해온 금강산 관광사업이나 개성공단사업에서는 이들 의정서의 일부가 참고가 되었다.

마지막으로 앞으로 사업을 북한과 추진할 때 주계약자를 선정할 필요가 있는 경우에 수의계약 방식이 아닌, 경쟁입찰의 요소를 택하여 복수의 기업이 경합하기를 바란다. KEDO는 동맹국인 한미일이 공동으로 적대국인 북한에 사업을 하는 첫 시도였다. 그 교훈은 부정적인 면만 아니라 긍정적인 면도 있다. 중요한 것은 시대의 흐름과 정권책임자 및 담당자의 교체를 불문하고 유사한 사업을 공동으로 진행하는 경우, 이 10년간의 중요한 경험과

교훈을 잊지 않고 간직하며 살려 나가야 한다는 것이다. 무엇보다
상대방은 흔들림 없이 일관되어 있다는 것을 잊어서는 안 된다.

5장

1차 핵위기 이후의 한일관계

정당 주도의 식량지원

1993년과 1994년 사이, 북한은 1994년 7월 김일성 사망을 거치면서 대미 중시로 방향을 전환한다. 미국과 관계를 개선하면 한국과 일본은 저절로 뒤따라온다고 보았다. 실제 이 시기 한반도 정세는 북미관계를 축으로 움직이고 있었다. 일본이나 한국의 대북관계는 활발하지 않았다. 남북관계는 김영삼 정부(1993년 2월~1998년 2월)의 강경자세로 긴장과 대립의 기조였다. 김영삼 정권은 북미관계나 한일관계 진전에 브레이크를 걸 때가 종종 있었다.

그러다 95년 여름 북한에 홍수 피해가 발생하여 한국과 일본을 포함한 국제 사회에 지원을 요청해야 할 상황에 빠졌다. 북한에 의하면 7월 30일부터 8월 8일까지 하루 583mm의 호우가 계속되어 어느 지역에서는 1~2시간 사이에 600mm의 폭우가 있었다. 전국 8개도 145개 도시에서 피해가 발생, 520만 명의 피해민과 150억 달러 이상의 경제적 손실이 발생했다. 또한 작년 94년 10월에는 황해도에 우박이 쏟아져 17만 헥타르가 피해를 입었다.[47]

이 수해가 알려지기 전부터 북일 간에는 정부와 당 차원의 비공식 접촉이 진행되었다. 당시 정부·여당 일부에서는 최소시장접근[36] 물량으로 수입한 쌀의 재고가 쌓여 골치거리였다고 한다. 자민당 가토 고이치加藤紘一 정무조사회장[37]은 이러한 상황과 북일 국교 정상화 교섭 재개를 연계시켜 "북한 식량사정은 심각하다. 일본에서 쌀을 보내면, 잉여 수입쌀 문제로 곤란해 하는 농림족[38]에게도 도움이 된다. 더군다나 농림족은 당내 우파와 겹치기 때문에 방북단을 파견할 경우 마무리가 쉽다."라는 견해를 밝히기도 했다.[48] 이렇게 1995년 3월, 와타나베 미치오渡辺美智雄 위원장을

---

36 최소시장접근(Minimum Market Access): 특정 품목의 관세화를 유예하는 동안 국내 소비량의 일정 비율 이상을 의무 수입해야 하는 양. 90년대 후반 일본은 매년 6~70만 톤 규모의 쌀을 미국 등으로부터 의무수입해야 했다.

37 정무조사회장: 정책과 입법을 조사·심의하는 정무조사회의 회장. 자민당이 내놓는 각종 정책과 법안을 정리하고 조율하는 역할을 한다. 정무조사회에서 정리된 방침이 내각에 전달되고 예산안에 반영되면서 실제 정책으로 연결된다. 정무조사회장은 공천을 비롯한 선거 대책 등 모든 실무를 관장하는 간사장, 당 운영 방침을 결정하는 총무회장과 함께 당3역으로 불리는 최고 요직이다.

38 상임위원회에서 오래 활동하여 해당 분야에 폭넓은 지식을 갖추고 업계와 관료에게도 강한 영향력을 행사하는 의원을 족의원(族議員)이라 부르고 상임위에 따라 농림족, 후생족, 방위족, 건설족 등 다양한 족의원이 있다.

단장으로 하는 자민당, 사회당, 신당 사키가케로 이뤄진 연립여당[39] 방북단이 평양을 방문하고 김용순 조선노동당 서기와 '북일회담 재개를 위한 합의서'에 서명했다. 와타나베 단장을 포함 자민당의 대표단과 신당 사키가케는 1990년 3당공동선언을 떠올리며 결렬도 불사한다는 강경한 태도로 임했다. 합의서에서는 이런 이유로 "역사적인 3당공동선언을 채택했다."라며 역사적 사실을 객관적으로 언급하는 정도로만 남겼다.

한편으로 4당은 "국교정상화를 위한 회담에는 어떠한 전제조건도 없을 것, 그리고 철저하게 관계 개선을 위한 것이어야 한다." "양국 간 회담이 철저하게 자주적이고 독자적인 입장에서 이루어져야 함을 확인한다."고 기술했다. 이 부분은 일본이 북일 국교정상화에 이은혜 문제나 남북관계를 끌어들이거나, 미국이나 한국에 구애받지 않아야 한다는 북한의 주장과 궤를 같이 한 것이다. 어쨌든 "이 합의에 기반하여 4당은 북일 양국정부가 국교 정상화를 위해 다시 한번 제9회 회담을 조속히 열 것을 권고하기로 했다."고 덧붙였다. 이에 따라 92년 중단된 북일 국교 정상화 교섭 재개의 길이 보였다.

그러나 핵문제가 북미 제네바합의와 KEDO의 설립으로 해결의 방도가 보이는 것 말고는 이은혜 문제 등은 여전히 남아 있었기에 교섭 재개는 쉽지 않았다. 이 와타나베 방북에서는 북한의

---

39 93년부터 2002년까지 존속된 일본의 보수계 정당. 사키가케는 선구자(先驅け)를 뜻한다. 93년 7당연합으로 호소카와 정권을 탄생시켰으며 이어진 94년 자민당 사회당과 연립정권에도 참여했다.

川島裕
가와시마 유타카

쌀 지원 이야기는 나오지 않았지만 그 뒤 95년 5월 북한이 일본에게 쌀 지원을 요청해 왔다. 다음 달 6월, 이종혁 아시아 태평양평화위원회 부위원장을 단장으로 하는 대표단이 방일, 외무성 가와시마 유타카 아시아 국장과 식량청 우에노 히로후미 장관과 회담을 했다.

북한이 100만 톤의 쌀 지원을 요구하면서 무·유상을 둘러싼 혼란이 잠시 있었지만 협의 결과, 일본이 재고 수입쌀을 인도적 관점에서 지원하기로 했다. 구체적으로는 연불수출로[40] 15만 톤, 일본 적십자사에서 조선적십자사로 보내는 무상 15만 톤으로 모두 30만 톤의 쌀을 지원하기로 했다.

또한 그때그때 필요에 따라 재고 수입 쌀의 범위 내에서 추가 연불수출을 협의할 용의가 있다고 합의했다. 10월에 추가 지원으로 20만 톤을 연불수출하는 것이 확인되었다.[49] 이에 따라 북한에 대한 일본의 쌀 지원은 합계 50만 톤이 되었다. 이 대규모의 쌀 지원은 시종일관 여당 주도로 진행되었다.[50] 외무성은 1990년의 가네마루 방북 당시, 국교 정상화 이전에 지원을 요구하는 북한과 정부의 압력에도 굴하지 않았다. 그러나 95년 시점에서는 정부

---

40 수출 금액이 커서 결제대금 일부만을 현금으로 받고 잔액은 수년의 지불유예 기간을 두고 나눠 받는 외상수출 형태.

의 무상자금 제공 방식을 피하기 위해 적십자를 통한 무상공여로 돌리는 것이 고작이었다. 또한 외무성은 지원 쌀이 민생용으로만 사용되도록 북한으로부터 보증을 받아 쌀이 군사 목적으로 쓰이지 않도록 애썼다. 정부의 기본 입장은, 북한에 대한 경제협력은 국교 정상화 교섭 타결이 전제여야 한다는 방침에서 변함없었다. 일련의 쌀 지원 및 수해복구 지원은 인도주의 관점 등 대국적 견지에서 어디까지나 특수하고 예외적인 조치로서 이루어진 것이었다.[51]

일본인 배우자의 고향방문

앞서 말했듯이 일본은 1995년에 합계 50만 톤의 쌀을 북한에 지원한 것 뿐만아니라, 96년 6월 유엔인도문제국이 발표한 총액 4,360만 달러의 긴급 인도지원 요청에 대해 긴급·인도지원 식량 1.5만 톤과 의약품(합계 600톤)을 국제기관을 통해 공여했다. 하지만 북한은 그 어떤 보답도 없었고 국교정상화 교섭재개 움직임도 보이지 않았다. 왜 그랬을까. 당시는 북한에 우호적인 무라야마 내각(1994년 6월~96년 1월)이었고 핵문제 논의가 궤도에 올라탄 시기였기에 정상화 교섭을 하기 수월한 환경이었을 것이다. 우선 북한은 쌀 지원이 남는 수입쌀을 처분하려는 일본의 사정으로 이루어진 것이기 때문에 감사할 필요가 없다고 생각했다. 그렇기에 보답 차원에서 북한이 뭔가를 양보할 이유도 없다. 김용순은 인터뷰 기사 중에서 "일본은 조일관계정상화문제를 해결하고 조선에 대한 그들의 과거를 사죄한다는 차원에서 '쌀 보내기'라는 말을 계속해왔다. 우리들은 기근 때문에 쌀 교역을 하고 있는 것은 아니다. 우리나라는 의식주 문제를 기본적으로 해결하고 있다."라고 말하여 일본의 강한 반발을 샀다.[52] 이에 대해 생전의 김일성이 "일본에는 고압적 자세로 임해야 한다."라고 지도해왔고 김정일도 이를 충실하게 따랐다는 말이 있다. 식량 원조 또한 "일본에는 구걸하지 마라. 미국 한국이 지원한다면 일본은 따라온다."라고 말했다고도 한다.

두 번째로 한국 정부의 경계감과 견제 심리가 있다. 김영삼 정권으로서는 북한이 한국을 우회하여 일본에만 식량원조를 받기도 했는데 북일교섭은 더욱 참을 수가 없었다. 북미 제네바합의와 KEDO가 미국 중심인 것에 대한 반발도 한국 내에서 강했다. 게다가 남북관계도 답보 상태인데 북일관계가 수립된다면, 김영삼 정권은 곤란해지게 된다. 일본이 1차로 30만 톤의 쌀 지원을 결정했던 95년 6월에는 한국도 북한에 15만 톤의 무상 쌀지원을 하기로 합의했다. 2차로 20만 톤 지원을 결정한 10월, 남북대화는 결렬되고 한국 정부는 일본의 결정에 반발했다. 또한 96년 9월에는 북한의 잠수함 사건이 발생하고 남북관계는 극도로 경색됨에 따라 북일관계가 진행되고 말고 할 상황이 아니었다.

세 번째로 북한에 우리의 양보를 헛되이 뺏기지 않기 위해서는 정부 차원에서 끈질긴 교섭을 하고 구체적 절차에 대한 합의가 필요하다. 이를테면 일본이 몇 백만 톤을 지원한다면, 일본인 배우자의 일시 귀국을 승인해주는 류의 사전 약속 같은 것이다. 1995

년의 연립여당 대표단의 방북이나 그 뒤의 쌀 지원은 정치주도로 이루어졌기 때문에 그런 부분에 대한 세심한 고민이 부족했던 것이 아닐까. 덧붙여 추가하자면, 이 시점에서는 북일 국교 정상화 재개를 지지하는 관심과 여론도 부족했을지도 모른다. 당시는 김일성 사후 후계 체제가 발족하지 못하고 북한이 어디로 갈지 알 수가 없었다. 국제사회 일부에서는 내부 붕괴 관측마저 있었다. 일본이 국교 정상화를 서두를 이유는 특별히 없다. 이은혜 문제나 일본인 배우자 일시귀국 문제를 제외하면 긴급히 해결해야 할 현안도 없었던 것이다.

한편으로 과장급 비공식협의는 베이징에서 계속되었다. 그리고 1997년 8월, 베이징에서 마키다 쿠니히코槇田邦彦 아시아국심의관과 김연길 외무성 14국 연구원의 심의관급 예비회담이 개최되었다. 북일 양측 적십자사에 연락협의회를 설치하고 일본인 배우자 고향 방문의 조기실현과 북한에 있는 일본인들의 안부조사에 협력하는 데 의견의 일치를 보았다. 그동안 이은혜 문제 등을 정상화 교섭에서 다루기를 거부해 왔기에 이들 문제를 외무성의 동석 하에 적십자사의 회담에서 협의하기로 했다는 것에 의미가 있다. 이에 따라 1997년 9월에 개최된 제1회 북일적십자연락협의회의 논의와 합의를 거쳐, 11월 제1차 일본인 배우자 15명의 고향 방문이 실현된다. 이에 앞서 10월, 일본정부는 유엔과 국제사회의 요청에 따라 쌀 6.7만 톤(2,700만달러)과 의약품(9,400만엔)을 국제기관을 통해 북한에 제공하기로 했다.

일본인 배우자에 대해서는 이른바 모리 방북단과 함께 98년 1

월에 제2회의 고향방문이 실현되었다. 이렇게 인도 문제에서 구체적인 성과(북한 측의 양보)가 얻어진 이유는 일본정부와 외무성 등 실무당국의 끈질긴 교섭의 결과로 북한과 구체적 절차를 마련한 것을 들 수 있다. 북한이 합의에 적극적으로 나선 배경으로서는 극도의 식량난에 대응하기 위해 일본으로부터의 식량 지원을 확보할 필요가 있었던 것,[53] 그리고 97년부터 급부상한 납치 의혹으로 악화된 일본의 여론을 달래야 할 필요가 있었다는 점 등을 생각할 수 있다. 언제나 그렇지만 북한 정책 결정에 관한 진실은 알 수 없다.

1997년 11월 모리 요시로森喜朗 자민당 총무회장을 단장으로 하는 자민당, 사회민주당, 신당 사키가케로 구성된 여3당 대표단이 방북, 김용순 서기와 회담했다. 이때 자민당은 납치 의혹을 둘러싼 심각한 여론이 있었기에 납치 문제가 포함되지 않으면 합의가 없다는 결정을 내린 상태였다.[54]『경찰백서』에서 다루고 있는 '7건 10명'의 한건 한건에 대해 설명하고 자료를 넘기며 해결책을 찾아달라고 강하게 압박했다. 이에 대해 김용순은 "날조다. 있지도 않은 납치 문제가 아니라 일본은 종군위안부 문제부터 제대로 된 성의를 보여주어야 한다."라고 대응하며 일본을 실망시켰다. 그럼에도 마지막 순간 김용순 서기는 "일반 행방불명자라면 어느 나라든 있다. 납치 의혹은 우리와 관계 없지만 조사는 하겠다."라고 말하며 여당 측 주장을 배려했다. 한편 북한은 일본의 식량 원조에 기대감을 보이고 대표단을 피해 지역으로 안내했다. 일본은 식량 지원에 대하여 국제기관의 요청이 있다면 긍정적으로 추진해 볼 것을 정부에 건의할 의향도 내비쳤다.

붕괴는 시작되고 있는가

1994년 7월에 김일성이 사망하고 나서 수년간은 김정일이 가장 힘들었던 시기가 아니었을까? 그 사이 김정일은 탈상의 시간을 거쳐야 했다. 곧바로 총서기 또는 주석에 취임하려는 건 아닐까 하는 억측이 돌기도 했지만 도통 겉으로는 드러나지 않았다. 북한은 김일성의 교시를 충실히 지키는 이른바 '유훈통치'를 전면에 내세웠다. 한편 국가 활동의 모든 측면에서 군부의 의존도가 증대하고 있고 당의 힘이 약해지고 있는 것처럼 보였다. 이런 군 중시의 사고방식은 '선군정치'라는 슬로건으로 명백해졌다. 그 배경에 있던 것이 경제난, 식량난, 아사자의 속출, 그리고 사회 혼란과 부정부패의 횡행이었다. 북한경제는 1990년 이후 마이너스성장을 계속했다. 한국은행 추계에 따르면 95년, 96년, 97년의 경제성장률은 각각 마이너스 4.1%, 마이너스 3.6%, 마이너스 6.3%로 악화되고 있었다. 98년 국민소득은 90년의 절반에 가까울 정도로 감소해 버렸다.[55] 대외 무역은 사회주의권의 붕괴로 1990년에는 41.83억 달러였던 무역액이 98년에는 그 절반 이하인 16.64억 달러까지 떨어졌다. 에너지와 원료 부족으로 공장 가동률이 20% 정도에 불과하다는 소식도 전해졌다. 애초에 북한에서는 유의미한 통계 수치가 거의 발표되지 않았다. 중요한 지표인 국가의 재정수지가 95년부터 97년까지 3년간은 발표되지 않았다. 이것만으로도 당시 북한은 상당히 혼란한 상황이라는 게 읽혀졌다. 사실 사회주의 경제체제에 내재된 문제들은 이미 1970년대부터 표면화되고 있었다. 이에 따른 것이 95년, 95년 계속된 대규모의 수해와 97년의 대가뭄으로 절정에 달한 피해였다. 산과 언덕의 산림 벌채, 사면경작이 지나쳐 토양의 회복 능력이 사라짐에 따라 비가 조금만 많이 오면 홍수로, 적게 내리면 가뭄으로 이어지는 극단적 상태였다.[56] 이 시기 식량난으로 인구 약 2,000만명 중 약 300만명이 아사했다는 주장도 있었지만 실제 아사자는 100만명 정도로 추산된다.[57] 그렇다 하더라도 엄청난 숫자다. 유엔식량농업기구 FAO와 유엔식량계획WFP의의 추계에 따르면 96년 가을과 97년 가을의 곡물 생산량은 각 283만 톤으로 예년의 최저 수준까지 떨어지고 최소한의 식량 비축분인 500만 톤의 수요에 크게 못 미쳤다. 북한이 과시하던 식량배급제도는 붕괴되고 사람들은 음식을 구하러 전 국토를 헤매었다. 암시장이 횡행하고 부정부패가 만연해서 탈북하는 주민이 급증했던 시기였다.

　이러한 상황에서 국가로서 최소한의 규율을 유지하려면 김정일로서도 군에 의지할 수 밖에 없었을 것이다. 미국에서는 북한 붕괴는 시간 문제라는 견해도 있었다. 권력 계승이 순탄치 않았을지도 모른다. 그렇게 생각하는 사람도 많았다. 그러나 많은 일본인, 특히 제2차 세계대전의 식량난을 경험했던 사람들은 그 정도로 나라가 망하지는 않으므로 북한은 가까운 시일 내 붕괴한다는 희망적 관측에 따라 정책을 세우는 것은 맞지 않다고 생각했다. 실제, 일본인의 판단이 맞았는지는 더 물을 필요도 없이 증명되었다.

김정일은 1997년 10월 총서기에 취임한다. 그리고 이듬해 98년 9월 국회에 해당하는 최고인민회의가 소집되고 여기서 헌법이 개정되어 이제는 국가의 최고위를 차지한 국방위원장에 재임된다. 김정일은 이에 따라 명실상부 북한의 최고지도자가 되었다. 이미 1970년대 초반부터 후계자로 지명되어 오랜 기간 착실하게 실권을 잡아갔기 때문에 부친의 사망에도 큰 영향은 없었던 것 같다. 94년부터 97년에 걸쳐 경제난, 식량난, 사회불안은 김정일에게 큰 시련을 주었지만 그는 결국 극복했다.

네 번째 방북, 참상을 목격하다

이처럼 북한이 건국 이래의 어려움을 겪고 있던 1998년 3월, 나카야마 마사아키中山正暉 중의원을 단장으로 자민당 방북단이 북한을 방문했다. 목적은 식량 부족이 심각한 북한의 실태를 조사하고 일본인 납치 문제 해결의 실마리를 찾는 것이었다. 나카야마 의원은 97년 4월에 발족했던 '북한납치의혹 일본인 구원 의원연맹'의 회장이었고 같은 해 11월의 모리 방북단의 일원으로 납치 문제의 해결을 북한에 강하게 밀어부쳤다.

방북단에 동행하여 북한을 방문한 것은 1991년 7월 이후, 6년 8개월 만이었다. 일행을 태운 전일본공수 여객기는 나리타에서 베이징에 도착한 뒤 바로 평양에 들어갔다. 그날 밤, 우리들은 시내에 있는 초대소 주악산酒巖山으로 안내받았다. 김일성 주석 사망 이후 첫 방문이었다. 우리 일행은 북한 측 권유로 다음 날 주석의 시신이 안치된 금수산기념궁전을 방문했다. 시내에서 궁전까지 노면전차가 새로 부설되어, 참배하러 오는 사람들을 줄줄이 태우고 있었다. 궁전 안은 엄숙하게 꾸며져 있었고 김일성이 생전에 사용했던 벤츠 자동차 등이 전시되어있다. 과학적으로 처리된 시신에 목례를 하고 나니 이제 김정일의 시대로 바뀌었다는 것을 실감했다.

북한의 피해지역으로 현장시찰이 시작되었다. 우선 방문한 곳은 평양에서 남쪽으로 2시간 정도 차로 갔던 농촌지역이었다. 일행을 태운 차는 판문점으로 향하는 고속도로를 질주했다. 지나가는 차는 거의 없고 드문드문 고장난 트럭이 꼼짝 못하고 있었다. 그리고 화물을 싣고 있는 사람들이 갓길을 넘나드는 것이 눈에 들어왔다. 장을 보기 위해 인민이 도보로 도시와 농촌을 걸어서 왕복하는 것이다. 패전 직후 일본에도 그러한 풍경을 자주 볼 수 있었다고 한다. 고속도로 양쪽 언덕에는 풀 한 포기 나무 한 그루조차 없고 적갈색 흙이 섬뜩하게 갈라져 입을 벌리고 있었다. 연료가 되는 나무와 풀은 모두 베어버리는 한편 언덕도 산도 갈아서 밭으로 만들어 버린 것이다. 그래서 큰비가 내리면 자정능력을 상실한 산천은 얼마 버티지 못하고 무너져 버린다. 그런 황폐한 환경이 눈에 들어왔다.

차가 황해북도의 대도시인 사리원에 들어서자, 눈이 휘둥그레졌다. 많은 콘크리트 건물이 폐허 같았고 마을은 온통 무채색이었다. 갈색으로 물든 옛 사진을 보는 듯했다. 그 길가를 대부분 차콜색 옷을 입은 사람들이 마치 아무 목적도 없는 듯이 흐르고 있었다. 적잖이 충격을 받았다. 우리 일행은 좀 더 내려가 은파군의 한 농촌에 내렸다. 작년 수해로 마을을 흐르는 하천이 범람해 큰 피해가 났다고 한다. 정말로 다리와 제방이 무너져 있었다. 확대된 경작지에는 옥수수의 싹이 나와 있었다. 여기뿐만 아니라 농촌 대부분이 너무 가난해 창에 유리가 있는 집이 거의 없었다. 비닐로 창을 대충 막아놓은 집이 대부분이었다.

작년 10월 일본이 지원을 결정했던 쌀 6.7만 톤은 지금도 반입이 계속되고 있다. 북한은 이에 감사의 뜻을 표하고 일본의 원조는 유치원과 탁아소로 배급되고 있다는 설명이 있었다. 우리는 원조미가 저장된 장소를 시찰했다. 방문단 일원이 대표로 현지 유치원, 탁아소의 아이들과 선생에게 원조물자를 손수 건넸다. 우리의 원조가 정말로 식량을 필요로 하고 있는 약자와 어린이에게 전달되었으면 좋겠다. 그런 소망이 깃들인 순간이었다.

우리는 차를 타고 지방에서 평양으로 향했다. 이윽고 큰 건물들이 눈에 보이기 시작해 점점 커지게 된다. 평양은 근사한 대도시로 시골에서 보면 무슨 낙원에 온 것처럼 생각할 것 같다. 그 정도로 지방과 수도와의 격차는 컸다. 다음 방문은 평양에서 서쪽 해안가에 있는 농촌지역으로 평안남도 문덕이라는 마을이었다. 해안에 꽤 높은 제방이 있지만 97년에 큰 파도가 일어나 제방을 넘어버렸다. 땅에 소금물이 들어가 농작물에 큰 피해를 보았다고 한다. 눈앞에 황량한 농토가 펼쳐져 있었다. 동행했던 농업 전문가에 따르면 밀식密植과 과도한 화학비료 투입으로 토양이 피폐해져 생산성이 떨어지고 있단다.

수해대책위원회 책임자가 최근 자연재해에 대해 열심히 설명했다. 95년 수해에 이어 96년 7월 하순부터 평양, 평안남도, 황해북도에서 하루 475~730mm의 호우가 쏟아져, 큰 피해가 났다. 그 결과 곡물 수확은 250만 2,000톤에 그쳤다. 또한 97년은 61년 만의 대기근이었다. 가뭄은 6월부터 7월에 걸쳐 약 60일이나 계속되어 32도에서 37도에 이르는 이상 고온이 이어졌다. 그렇게 약 46만 헥타르의 경지가 피해를 입었다. 엎친 데 덮친 격으로 8월에는 해일 피해가 났다. 만조와 13호 태풍 위니가 겹쳐서 4미터 이상의 파도가 발생했다.[41] 서해안 91개소의 방파제가 파괴되고 10만 헥타르 이상의 경지와 염전이 피해를 입었다. 그 현장에 우리가 있었다. 작년 곡물생산은 정미精米 기준으로 약 214만 8,000톤에 불과했고 3월 중순이 되면 재고가 제로가 된다며 곤궁함을 호소했다. 통상적으로 농민은 연 260Kg, 어른은 하루 700g의 식량을 배급하고 있지만 98년 1월부터는 그마저도 거의 못하고 있다.

한편 북한은 "피해는 이상기온의 것으로 간부의 지도로 치산, 치수, 개간, 관개를 열심히 하고 있다. 이것이 중단되어 피해를 본 것이 아니다."라고 말을 늘어놓았다. 하지만 전문가 눈으로 보면, 이상기온만이 아니라 구조적인 문제였다. 정책, 지도, 구조가 나쁘다고 받아들이게 되면 자칫 지도자 비판으로 이어질까 봐 말하지 않는 것 같았다. 초대소에서 아침을 들 때, 일행의 한 사람이 "뭔가 김치 색이 옅어진 것 같아."라며 중얼거리자, 여성 안내원이 다

---

41   이때 인천 앞바다의 수위는 10M까지 높아졌다.

음과 같이 설명했다. "주석님께서는 전부터 매운 김치를 먹으면 건강에 안 좋기 때문에 일부러 매운맛을 줄인 김치를 먹도록 지도하셨습니다." 또한 다른 일원이 "밥이 맛있네. 한 그릇 더 주세요."라고 말했을 때, 안내원은 "밥은 이제 더 없습니다."라고 답했다.

이번 방북단의 두 번째 목적은 납치 문제 해결의 실마리를 찾는 것이었다. 현장시찰 이후, 방북단이 김용순 서기와 회담할 기회가 있었다. 그 자리에서 단원들은 단호하게 문제 제기했다. "요코타 메구미橫田めぐみ 씨 부모를 포함해, 납치 피해자라고 인정된 7건 10명의 가족이 이렇게나 고통스러운 시간을 보내고 있는데, 이를 무시하면서까지 왜 인도주의적 지원을 해야 하냐는 여론이 있다. 어제와 그저께 피해 현장을 보며 도움을 드리고 싶은 마음이 굴뚝 같지만, 이 문제 해결 없이는 그럴 수 없다. 이런 실정을 김정일 지도자에게 잘 전달해주고 부모의 마음도 잘 얘기해서 하루라도 속히 해결되었으면 한다." 이에 대해 김용순은 "가시가 어디에 박혀있는 건지 함께 의논해봅시다."라고 말하며 납치 문제가 한국 정보당국의 조작임을 시사했다. 그럼에도 행방불명자, 요도호 문제[42], 일본인 배우자의 고향방문에 대하여 원만하게 해결해 갈 것이라 말했다.

한편 나카야마 단장은 요도호 사건 범인들과 만나 그들의 귀국을 촉구했다. 나카야마 의원으로서는 납치 문제를 해결하기 위

42　1970년 3월 31일 일본 적군파赤軍派 9명이 도쿄에서 출발해 후쿠오카로 가던 일본항공(JAL) 여객기를 납치해 북한에 망명한 일본 최초의 항공기 공중 납치 사건. 기체 닉네임을 따와 요도호 사건이라 불린다.

해서 우선 요도호 범인들의 귀국을 실현시키고, 그 뒤 국교 정상화를 위한 준비 사무소를 평양에 설치하려 했다. 그 과정을 통해 북일 간 정보 공유나 교류가 진행되는 과정에서 납치 피해자 귀국이 실현되기를 기대하고 있었던 것 같다. 김용순은 요도호 사건의 범인들에 대해 "그들의 희망이 확인된다면 귀국은 가능하다."라고 답했지만 정작 본인들은 귀국에 소극적이었다.

이번 방북단은 데라코시 도모에寺越友枝 씨도 동행했다. 중학생일 때 숙부와 함께 고기잡으러 나갔다가 행방불명된 데라코시 다케시寺越武志 씨의 어머니다. 다케시 씨는 평양에서 당의 간부로 지내고 있었다. 시내의 넓은 아파트에서 아내와 아이를 데리고 살고 있는 그에게 친모가 찾아와 재회할 수 있었다. 일본인 배우자의 고향방문과 다케시 씨의 모자 상봉을 수용하고 납치 문제는 행방불명자로서 조사한다. 그리고 인도적 문제인 식량지원을 일본으로부터 받는다. 이같이 인도 문제에는 북일 간 기브 앤 테이크가 당시의 북한 방침이었다.

무관심에서 적대로 선회하다: 납치, 대포동 미사일, 괴선박

앞에서 이야기 했지만 90년대 중반까지 북한에 대한 대중의 관심은 그다지 높지 않았다. 종종 일부 정당과 정치가 또는 외무성이 관심을 갖고 국교 정상화를 추진하거나 인도적 지원을 제공하거나 했다. 그 뒤에는 언제나 북한 측의 압박이 있었다. 그런데 1997년 이후 북한에 대한 일본인의 관심은 높아지고 부정적인 여

론도 높아졌다. 대표적 흐름으로 1997년 납치 문제 부상, 1998년
의 대포동 미사일 발사, 1999년의 괴선박 출현이 거론된다. 이것
들은 모두 북한의 행위가 확실한 것들이었다.

　납치 문제란, 1970년대 후반에 동해안이나 가고시마현 해안
에서 일본인이 연이어 행방불명 된 사건이다. 앞서 언급했듯이
1988년에 국회에서 다뤘던 적도 있기에 당시에는 북한의 납치 의
혹이 있어도, 여론의 관심은 낮았다. 납치 문제가 일거에 국민의
관심을 모으게 된 것은 97년 초 실명으로 요코타 메구미 씨의 납
치 문제가 매스컴에서 보도되면서부터였다.[58] 그 배경에는, 당시
탈북자가 급증하여 납치 문제에 관한 여러 정보가 그들의 입에서
나오기 시작한 것이다. 여론의 관심을 받으며 이른바 가족회나 납
치문제구출모임 등 피해자 가족조직 및 지원단체가 설립되었다.
그때까지 일부 보수 신문과 잡지에서나 다뤄왔던 것에 불과했던
이 문제가 전국적인 관심을 받기 시작했다. 그리고 정부는 97년 5
월, 7건 10명을 납치 피해자로서 확인하기에 이르렀다.[59] 북일관
계를 중시하는 정치인들에게 납치 문제에 저자세이며 북한에 관
대하다는 비판이 거세지고 북한에 대한 일방적 인도 지원은 안된
다는 여론이 높아져 갔다. 정부와 외무성도 이러한 심각한 여론
속에서 대북 외교의 재조정을 강화했다.

　북한에 대한 인식을 결정적으로 악화시킨 것은 98년 8월 31
일 정오경 발사된 대포동 미사일이었다. 미사일 1단부는 동해상에
낙하하고 일본열도를 넘어간 2단부가 산리쿠 지역 바다에 낙하
하고 탄두는 더 멀리 날아갔다. 미사일이 일본 국토에 떨어질 수

도 있다는 것을 알게 된 국민의 분노는 머리끝까지 솟았다. 북한은 인공위성 발사라고 했지만 그런 말을 믿는 사람은 어디에도 없었다. 같은 날 밤, 일본 정부는 "매우 유감이며 북한 행위에 대해 엄중항의한다."라고 관방장관 논평을 발표했다. 그리고 다음 달인 9월 1일, 국교 정상화 교섭의 개최, 식량 등 지원 및 KEDO 사업 추진을 각각 보류하고 북일 간의 전세편 항공허가를 취소하는[43] 등의 제재조치를 발표했다. 이에 더하여 일본이 독자적으로 정보 수집 능력을 높이는 방안을 검토하기 시작한다. 탄도미사일 방위 시스템 기술연구를 지속적으로 검토하고 '미일방위협력을 위한 지침(가이드라인)' 관련법안 등의 국회 조기 통과를 기대한다고 발표했다.

북한의 도발은 계속되었다. 99년 3월 일본 당국은 노토반도能登半島 인근 해역에 괴선박을 발견했다. 해상보안청이 추격하고 해상자위대가 해상경비행동을 발령하기까지 이르렀다. 결국 경고 사격과 위협 폭격에도 불구하고 유유히 도주하는 괴선박의 모습에 국민들은 큰 충격을 받았다. 이 괴선박이 북한의 항구로 돌아갈 것은 분명했다. 뒤이어 북한의 마약 밀수 의혹도 발생했다. 북한은 동토의 공화국, 미스테리한 나라, 언제 붕괴할지 모르는 기아의 나라에서 일본 국가와 국민에 해를 끼치는 위험한 나라로 인식이 변해갔다. 오랫동안 평화롭게 살아온 일본 국민에게 국가 안전보장의 중요성을 각성시킨 것은 아이러니하게도 북한이었다.

---

43 북한 고려항공이 운항하는 평양-나고야 직항편을 말한다.

이후 일본은 『주변사태안전확보법』을 통과시켜 탄두미사일 방위시스템의 미일 공동연구를 개시하고 일본이 독자적으로 정보수집 위성을 띄웠다. 그리고 대량살상무기 확산에 대한 안전보장구상(PSI)에 참가하는 등, 안전보장의 강화에 열을 올렸다. 북한에 대해서는 '대화'를 포함한 억지抑止와 압력이 중시되어갔다.

북미관계: 긴장에서 급접근

1998년 8월의 대포동 미사일 발사는 미국에게도 충격을 주었다. 북한이 미국 본토에 도달할 수 있는 탄도 미사일의 개발을 착실히 진행했다는 것을 알게 되었다. 사실 노동미사일과 같은 중거리 미사일은 일본의 안전보장에 위협이 되고 있고 북한이 미사일을 중동에 수출이라도 하게 되면 해당 지역에 불안정 요소가 된다. 미사일 개발과 수출을 규제할 수 있는 제도나 장치는 북미 간에는 존재하지 않았기 때문에 미국은 이 문제의 대응을 서둘렀다. 또한 이 시기, 핵시설이 모여있는 평안북도 영변의 금창리에 지하 비밀 핵시설이 있다는 의혹이 발생했다. 북미 제네바합의를 위반하여 북한이 비밀리에 핵무기 개발을 계속해온 것처럼 보였다. 북한의 핵·미사일 개발의 위협에 대해 북미 제네바합의나 KEDO만으로는 충분하지 못하다는 문제 의식이 미 정부 내에서 높아갔다.

이러한 상황에 클린턴 대통령은 98년 11월 윌리엄 페리William James Perry 전 국방장관에게 대북 정책의 광범위한 재검토를 명했다. 이른바 '페리 프로세스'였다. 페리 팀은 한일 양국 정부와도 긴밀히 협의하면서 북한과도 대화를 거듭해 이듬해 99년 10월에 보고서를 제출했다.[60] 보고서에는 있는 그대로의 북한 정부와 대응해야 한다고 지적한다. 즉 북한의 체제 변화는 없을 거라는 판단에서 북한의 체제 기반을 약화시키거나, 개혁을 촉진시키는 건 부적절하다고 판단했다. 이러한 정세 인식과 판단은 김대중 정권의 '햇볕정책'의 영향을 받았다고 보여진다. 또한 만에 하나 전쟁이 일어날 경우, 미국과 동맹의 피해가 크다는 것을 지적하고 미국은 신중하게 인내를 갖고 목적을 추구해야 한다. 자칫 북한에게 발등을 찍힐 수 있다. 그리고 북미 제네바합의는 보강해야 하며 약화시키거나 대체하는 것은 해선 안된다고 하고 있다. 그렇기에 포괄적인 접근을 취할 것을 권고하고 있다. 결국 북한이 핵무기 개발 프로그램이 없다는 완전하고 검증가능한 보증을 추구한다. 또한 미사일 실험·생산·배치와 수출의 정지를 추구한다. 그즈음 미국과 동맹국은 한 걸음 한 걸음 북한에 압력을 줄이고 있었다. 만약 북한이 핵과 장거리 미사일의 위협을 제거한다면, 미국은 북한과 관계를 정상화하고 제재를 완화한다는 접근이었다. 만약 북한이 이를 거부한다면 필요한 조치를 진행한다는 양면적인 정책을 제안하고 있다.

이 보고서가 제출되기 전 시점에서 북미 협의를 거쳐 전문가가 금창리 시설을 방문했다. 그 결과 99년 6월에 미국은 이 시설이 북미 제네바합의에 위반하지 않는다고 발표했다. 결국 의혹은 무혐의로 끝난 것이다. 또한 같은 해 9월 북미 협의 결과, 미국이 대북 제재 일부 완화를 발표하고 북한은 북미 고위급 회담이 계

속되는 동안 미사일을 발사하지 않겠다고 했다. 북미관계는 긴장
완화를 향해 나아가고 있었다. 그 뒤, 2000년 10월에는 김정일 특
사로 조명록 국방위원회 제1부위원장이 워싱턴을 방문하여 올브
라이트 국무장관과 클린턴 대통령과 회견했다. 그 결과 근본적인
관계 개선을 위해 조치를 취한다는 내용으로 '북미공동코뮤니케'
를 발표하기에 이르렀다. 그 직후 올브라이트 국무장관은 클린턴
대통령의 방북 가능성을 위해 평양을 방문한다. 가장 큰 문제는
미사일이었다. 미사일에 대해서 합의가 없는 한 북미정상회담은
불가능하다.[61] 올브라이트와의 회담에서 김정일은 미사일의 목
적은 위성 발사일 뿐 "만약 다른 나라가 우리를 위해 위성을 쏘아
올려 준다면 굳이 미사일을 개발할 필요는 없다."라고 주장한다.
또한 미사일 수출은 돈 때문이라고 하며 "만약 미국이 수출로 벌
수 있는 돈을 보전해준다면 중지하겠다."라고도 말했다. 하지만
이미 배치된 미사일에 대해서는 "무엇이 가능할지 모르겠다."며
부정적이었다. 올브라이트는 훗날 가장 어려웠던 것은 이미 배치
되었던 미사일의 취급과 검증 문제였다고 자서전에 쓰고 있다. 배
치되었던 노동 미사일의 철거를 중시한 것은 다른 누구도 아닌 일
본이었다. 이렇게 북한의 대응은 만족스럽지 않았다. 또한 중동
평화교섭도 점입가경에 들어가고 있기도 해서 클린턴 정권은 북미
정상회담을 단념하게 되었다.

7년 만의 북일 국교 정상화 교섭: 고이즈미의 방북 준비

1998년 6월 북한적십자사가 일본인 행방불명자는 발견하지 못했다는 조사 결과를 발표했다. 그 뒤, 8월에는 대포동 미사일이 발사되었기 때문에 대북 제재조치가 취해지며 북일관계는 냉각된다. 그러나 99년에 들어서자 변화가 일어나기 시작했다. 우선 1월, 일본정부는 북한이 미사일 발사와 비밀 핵시설 의혹을 소명하고 납치 의혹 등 북일 간 현안 해결에 건설적 대응을 보여준다면 관계 개선을 할 용의가 있다고 밝혔다. 그 뒤 북한은 8월, 대일관계에 관한 정부성명을 발표한다.[44]

이 정부성명은 식민지 시절 일본의 만행을 사죄하고 보상하지 않으려는 일본을 엄중히 규탄하고 있다. 그러나 포인트는 마지막 몇 단락에서 "일본이 조일관계의 엄중한 현사태를 방치한다면 절대로 21세기를 무난히 맞이할 수는 없을 것이다."라며 "우리들은 이 문제 해결을 계속 앉아서 기다리고 있거나 방임해 두지 않겠다."라고도 했다. 이것은 북한이 이번 세기에 북일 국교 정상화를 강하게 요구하는 것이다. 그리고 "우리들은 일본이 과거 청산을 통해 선린관계의 수립을 추진한다면, 이에 기쁘게 응하겠다"라고 밝히고 있다.

북한은 일본과의 관계 개선에 서두르고 있다. 그들의 메시지는 명확했다. 이 시기 북일 양측에서 20세기가 끝나기 전에 과거

---

44 8월 10일 정부성명 "대조선압살정책을 버리고 과거의 죄행에 대하여 사죄와 보상을 하여야 한다."

를 청산하고 새로이 관계 수립을 하자는 의견이 나온 것이다. 일본 정부도 기회를 놓치지 않기 위해 노력했다. 정부 간 물밑 접촉이 계속되었다. 관계 개선의 실마리로 일본 정부는 99년 11월 대포동 미사일 발사에 따라 발동했던 제재조치 일부인 북한의 전세항공편 운항 금지를 해제했다. 상황을 대포동 미사일 발사 전 시점으로 되돌린 것이다.

한편 같은 해 12월에는 노나카 히로무 중의원 의원의 주선으로 무라야마 도미이치 전 총리를 단장으로 하는 초당파 국회의원단이 방북했다. 이 방북단은 조선노동당과 공동발표에 서명하고 국교 정상화를 위한 회의 재개를 합의한다. 또한 북일 양국의 관심사인 인도 문제 해결의 중요성에 합의하고 적십자를 통해 상호 협력하기로 했다. 인도 문제란 일본에서는 납치 문제이고 북한으로서는 식량 문제였다. 이때 북한을 대표한 김용순 서기는 관계 개선에 열심이었다. 납치 문제도 일본의 조사 요청에 예상과 다르게 "조사합시다"라고 답했다.[62]

무라야마 방북단 이후 곧바로 북일 적십자회담과 국교 정상화를 위한 정부 간 예비회담이 연이어 개최되었다. 이 두 개의 루트를 긴밀하게 연결시키면서 인도 문제와 정상화 교섭을 진행하는 방식을 취했던 것이다. 납치 문제는 적십자회담에서 일본인 행방불명자를 북한 측이 제대로 조사하기 위해 해당 기관에 의뢰할 것을 공동발표로 확인했다. 사실 큰 진전이었다. 국장급 예비회담에서는 국교 정상화 교섭 조기 재개를 위한 실무 문제를 토의했다. 일본은 납치 문제는 피해갈 수 없고 북한에게 책임 있는 자세를 강력히 요구했다. 이에 대해 북한은 행방불명자 문제로 접근해야 한다고 답하면서도 과잉대응은 하지 않았다. 그들의 관계 개선에 대한 강한 의지가 느껴졌다.

2000년 3월 일본정부는 쌀 10만 톤을 국제기관을 통해 제공하겠다고 발표했다. 4월에는 약 7년만에 북일 국교 정상화 교섭이 재개된다. 그 이후 도합 3차(4월, 8월, 10월)에 걸쳐 본회담이 개최되었다.[63] 또한 7월, ASEAN 지역 포럼에 맞춰 사상 처음으로 북일외상회담이 개최되었다. 이 사이 북한에서 행방불명자의 조사가 이루어졌다. 같은 해 9월에는 98년 1월 이후 제3회째가 되는 일본인 배우자의 고향방문이 실시되었다. 더욱이 10월이 되자 일본정부는 50만 톤의 식량원조를, 세계식량계획을 통해 진행할 것을 발표했다. 이렇게 북일관계 개선을 향해 쌍방이 적극적인 조치가 취해져, 전향적인 톱니바퀴가 맞물려 돌아가기 시작했다. 사실 일본의 이러한 조치는 결코 쉽게 이루어진 것이 아니었다. 여론이나 당내에서도 여러 의견이 대립되었다. 어쨌든 납치 문제에 대한 해답은 나오지 않았기 때문이다. 그 당시 한반도를 둘러싼 국제 정세의 호전에 정부는 도움을 받았다. 특히 2000년 6월, 역사적인 남북정상회담이 김대중 대통령과 김정일 국방위원장과의 사이에서 이루어졌던 의미는 컸다고 생각된다.

이때 북한이 북일관계에 열심이었던 이유는 분명하다. 일본뿐만 아니라 김정일의 지도 아래 대외관계 전반이 활발해지기 시작한 때였다. 2000년에 들어서자 김정일은 중국, 2001년에는 러시아를 연이어 방문하고 정상외교를 전개한다. 이탈리아, 호주, 영

국 등과 국교도 수립된다. 김
정일 체제가 반석에 앉았고 식
량난도 고비를 넘겼기 때문일
것이다. 그 배경에는 미국과의
관계 개선을 위해 우선 미국의
우방인 일본부터 풀어가기로
한 것이라는 지적이 있다.[64]
또한 북한경제를 재건하고 당
시 북한의 소위 '강성대국'을

실현시키려면, 국교 정상화를 통해 일본으로부터 자금(보상)의 도
입이 필수적이기 때문인지도 모른다. 그러나 2000년 10월에 진행
된 재개 3회째의 제11회 정상화 교섭에서 북한의 대응은 다소 굳
어진다. 같은 시기 조명록 국방위원회 제1부위원장의 방미와 올브
라이트 국무장관의 방북으로 북미관계가 급속하게 진행된 것이
관계가 있을지도 모른다. 한편으로 이 시기 북한으로부터 '좀 더
레벨을 높이지 않겠습니까. 평양에 오지 않겠느냐'는 은밀한 타진
이 왔다. 모리 총리가 북일 정상회담을 염두에 두고 한국계 저널
리스트[45]를 통해 김정일 총서기에게 친서를 보냈다는 것이 밝혀지
고[65] 나카가와 히데나오中川秀直 중의원 의원이 싱가포르에서 강
석주 제1외무차관과 비밀 회담을 했다는 소문도 나돌았다(이 비밀
회담은 나중에 관계자 증언으로 확인되었다).

---

45   재미언론인 문명자를 말한다.

김대중 대통령은 남북정상회담의 경험을 토대로 김정일과 직접 담판을 짓는 것이 가장 효과적이라고 일본에 조언했었다. 북일 정상회담 실현은 시간문제였을지도 모른다. 그러나 모리 내각에서는 총리방문은 실현되지 않은 채, 2001년 4월에 발족한 고이즈미 준이치로 총리의 손에 맡겨지게 된다. 이미 2000년 즈음부터 다져온 관계 개선을 위한 노력이 2002년 9월 고이즈미 방북으로 이어진 것 같다.

6장

2차 핵위기와 6자회담

부시 정권의 탄생과 전 정권과의 차별화

2001년 1월 20일 조지 부시 전 텍사스 주지사가 미국의 제43대 대통령으로 취임했다. 8년간 이어진 클린턴 정부 뒤에 오랜만에 공화당 정부가 탄생했다. 처음부터 부시 정권은 이념과 철학이 다른 전 정권과의 정책 차별화에 고심했다. 그 상징이 널리 알려진 ABC(Anything But Clinton), 이른바 클린턴만 아니면 무슨 정책이든 된다는 기조였는데 대북정책도 예외는 아니었다. 부시 대통령의 측근들, 특히 네오콘 사람들은 클린턴 정권의 정책을 곱게 보지 않았다. 무엇보다 북미 제네바합의를 못마땅해했다. 그동안 북한에 지나치게 양보했거나 미사일 개발 등 중요한 문제에 제대로 대처하지 못했다고 비판했다. 6월이 되자 재검토의 결과가 대외적으로 드러났다. 미국은 북한과 직접 대화할 용의가 있으며 그 의제로 다음 3가지를 포함할 것을 요구했다. 우선 북미 제네바 합의를 개선하여 실시 할 것. 다음으로 미사일 수출 금지와 효과적인 검증을 수반할 것. 그리고 위협적이지 않은 통상과 유연한 군사 자세를 취할 것이었다. 또한 부시 정권은 북한과의 모든 합의는 검증이 가능한 것이어야 한다.[66] 북미 제네바합의는 어떻게든 살아남았다. 그러나 부시 정권은 대화의 의제로서 미사일뿐만 아니라, 재래식 무기도 포함하고 북한과의 합의도 효과적인 검증을 동반하는 것으로 전 정권과의 차이를 부각시켰다. 이러한 대화 제의가 북한에 전달되었다. 사실 대화의 의제가 일방적으로 설정되었을 뿐만 아니라 재래식 무기를 포함하고 있기에 북한이 결코 받아들일 수 없는 것이다. 북한은 "미국이 교섭을 통해 우리를 무장해제하려 한다고 해석할 수 밖에 없다."라고 반발했다. 그러던 중 9.11 테러 사건이 발생한다. 세계가 급변했다.

다음 달 10월에 미군은 아프가니스탄 탈레반 정권에 대한 무력 행사를 시작했다. 테러와의 전쟁은 국정 최우선 과제가 되었다. 흥미로운 건 북한이 9.11 직후에 성명을 발표해, 북한은 유엔 회원국으로서 테러는 물론 테러에 대한 어떠한 지원도 반대한다는 뜻을 표명한 것이다. 과거 수없이 테러를 감행했고 지금까지도 '요도호 사건'의 범인들을 숨기고 있음에도 말이다. 이때는 테러와의 전쟁에 발 맞추어 미국의 표적이 되지 않으려고 일단 고분고분하게 나온 것 같다.

부시 대통령 개인으로서는 김정일에 대한 혐오감정이 있었다.

앞서 말했듯이 새 정권은 북한과 대화할 용의가 있었다. 그러나 부시 대통령은 자주 김정일을 '독재자', '폭군' 등으로 부르고 '국민을 굶기고 있다'라는 말을 내뱉으며 비판해왔다. 그리고 테러전이 강화되는 중, 2002년 1월 국회 국정연설에서 부시 대통령은 북한을 이란, 이라크와 함께 '악의 축Axis of evil'이라며 비난한다. 북한은 자국민을 굶주림으로 내몰면서도 한편에선 미사일과 대량살상무기로 군비를 증강시키는 체제라는 것이다. 북한은 외무성 대변인을 통해 "사실상 우리에 대한 선전 포고나 다름이 없다."라고 비난했지만 김정일에게는 오금이 저리는 기분이었을지도 모른다. 분노한 미국의 다음 표적이 될지도 모른다는 두려움을 가질 만도 했다. 실제로 선제 공격도 배제하지 않겠다는 미국의 방침이 전해지기도 했다.[67] 그러던 4월 초, 북한에서 미국과 협의할 생각이 있다는 연락이 왔고 미국은 6월 말 제임스 켈리 국무차관보가 7월 10일에 방북할 용의가 있다고 전했다.[68] 그러나 방북 타이밍은 이미 물 건너갔다. 공교롭게도 북한의 세부 일정의 회담이 늦어지는 가운데 두 사건이 일어난다. 하나는 6월 말 서해에 있었던 남북의 연평해전으로 한국 측 사상자가 나왔기 때문에 북한과 대화를 할 분위기는 아니었다. 또 하나는 북한의 비밀 우라늄 농축계획에 관해 미국 정보 공동체U.S. Intelligence Community[46]가 새로운 평가를 내린 것이었다.[69]

---

46 미국 국가정보장실Director of National Intelligence, DNI이 지휘하는 16개 정보기관으로 중앙정보국(CIA), 법무부 연방수사국(FBI), 마약단속국(DEA), 국방부 국가안보국(NSA) 등이 여기에 속한다.

고농축 우라늄 문제의 발각과 2차 핵위기

켈리는 대통령 특사로서 2002년 10월에 평양을 방문한다. 우라늄 고농축계획의 의혹이 높아지는 가운데, 방북 목적은 재검토를 마친 '대담한 접근bold approach'을 제시하는 것에서 '의혹의 확인'으로 변경되었다.

켈리 특사는 우선 김계관 외무성 부상 차관과 회담하면서 북한이 비밀리에 고농축 우라늄계획을 진행한 증거를 확보했다고 말하고 그 반응을 기다렸다. 김 차관은 그 자리에서 '날조'라고 반론했다. 그러나 다음 날, 강석주 제1차관은 관계부서 군과 협의했던 결과라며 이를 인정하는 듯한 발언을 한 것이다. 켈리 일행에게 확실히 그렇게 생각되게끔 하는 발언을 강 차관이 했다. "북조선이 미국과 교섭하는 이상, 우라늄 농축이나 핵무기 같은 지렛대가 필요하다."[70] 미국 대표단에는 켈리만 있는 게 아니다. 뒤이은 강석주의 발언 등을 분석한 결과 강 차관이 우라늄 농축 프로그램을 시인한 것으로 보였다. 따라서 미국이 잘못 들은 것은 아니라고 생각된다. 북한은 이 발언과 프로그램의 존재를 부정한다.

미국의 정보기관은 일찍이, 금창리 비밀시설 의혹에서 실수를 저지르기도 했다. 앞서 말했듯이 비밀핵시설이라고 생각했지만 현장시찰을 해보니 전혀 아니었던 것이다. 그러나 이번의 고농축 우라늄계획 의혹에는 근거가 있었다. 우선 '핵개발의 아버지'라고 알려진 파키스탄의 압둘 카디르 칸Abdul Qadeer Khan 박사가 원심분리기의 프로토타입과 설계도를 북한에 전달했다고 자백했다. 이에 따라 북한은 원심분리의 고농축이 가능해졌다. 다음으로 프랑스, 독일, 이집트 당국이 북한이 사용한 고강도 알루미늄관 22톤을 포착했다. 이 알루미늄 튜브는 우라늄 농축을 위한 원심분리기의 기술사양에 합치했다.[71] 따라서 부시 정권은 2002년 중반에는 북한이 원심분리시설에 필요한 물질과 장비를 획득했다는 증거를 입수했다고 전해진다. 이 시설이 완성된다면 연 2기 이상의 핵무기를 만들기에 충분한 우라늄을 생산할 수 있다는 것이었다. 북한이 이를 인정하는 발언을 하자, 켈리 특사는 곧바로 자리에서 일어나 평양을 떠났다.

이 보고를 듣고 기뻐한 것은 워싱턴의 '네오콘'이라 불리는 사람들이었다. 그들이 볼 때 북한은 마침내 꼬리를 보였고 미국은 이를 놓칠 수 없었다. 여기서 북미 제네바합의의 운명은 결정되었다. 북한의 고농축 우라늄 계획의 추진은 북미 제네바합의 위반이기 때문에 중유 제공을 계속할 이유는 없었다.

그때부터 사태는 낭떠러지로 굴러떨어지듯 악화되어 갔다. 북한은 중유 공급 정지 결정에 반발하여 12월에 북미 제네바합의에 따라 핵시설의 봉인을 감시해온 IAEA의 사찰관을 국외로 추방했다. 뒤이어 2003년 1월 NPT 탈퇴 선언과 함께, 흑연감속로 가동을 재개한다. 그 사이, IAEA는 이사회를 개최하여 북한의 핵무기 개발 문제를 2월에 안보리에 보고했다. 그리고 안보리는 IAEA 사무국장 보고를 받은 것을 발표했다. 그러나 북핵 문제는 논의하지 않은 채, 4월 비공식협의가 진행된 이후에도 아무런 행동도 취하지 않았다. 가동을 재개한 원자로에서 8,000개의 사용후 연료봉이 나와 2003년이 되자 그 재처리가 완료되었다. 북한으로서는 이제 여러 발의 핵무기를 제조할 수 있게 된 것이다. 왜 이러한 사태로 가게 된 것일까? 당시는 이라크 전쟁 개시 직전이었다. 부시 정권으로서는 북한의 도발에 효과적으로 대응할 여유가 없었을 것이다. 또한 일본은 안보리 이사국이 아니었다. 90년대 초반에 비해 현격하게 힘을 키운 중국이 결의 채택에 소극적으로 움직일거라는 믿음도 있었다.

양국에서 다국으로: 6자회담의 탄생

그렇다면 당시, 북한의 사정은 어땠을까. 2003년 3월 이라크 전쟁이 개시되기까지 수개월은 엄청난 긴장 상태였다고 생각된다. 2월부터 4월 사이, 김정일의 동정이 50일 간 전해지지 않는 시기가 있었는데 미군의 핀포인트 공격을 두려워했기 때문일지도 모른다. 그런 시기에 북한은 미국을 상대로 핵무기 개발의 재개를 진행했다. 아프가니스탄과 이라크의 사례에서 미국을 막을 방법은 역시 핵무기라는 확신을 했던 것 같다. 한편으로 미국을 상대로 어디까지 긴장을 높일지는 아무리 벼랑 끝 전술을 잘하는 북한이라도 두려웠을 것이다. 북한은 핵문제 논의를 위해 미국과 양국 간 교섭을 줄곧 요구해 왔다. 미국은 전 정권의 과오를 되풀이 하지 않기 위해서라도 양국 간 직접교섭이 아닌 앞서말한 다국간 대화를 고집했다. 그리하여 중국의 중개로 2003년 4월에 미·중·북한의 3자회담이 열렸다. 이 사이 북한은 미국에 대해 "사실은 핵

을 보유하고 있다. 실험도 수출도 가능하다."라고 말했다.[72] 이것
은 미국을 교섭의 테이블에 올려놓기 위한 유인책과 동시에 "우
리들은 핵무기를 보유하고 있으니 공격하지 말라"는 방어의 의사
표현일지도 모른다.

참고로 다국간 대화란 김영삼 정권 시기였던 97년에 한국과
미국의 주도로 남·북·미·중의 4자회담이 개시되었던 것을 말한
다. 그 뒤로 몇 번인가 진행되었지만 1998년에 김대중 정권이 발
족하고 남북이 직접 대화를 하기에 이르자 그 역할을 다했다. 그
뒤 8월이 되자, 제1차 6자회담이 베이징에서 개최되었다. 예전의 4
자회담이나 3자회담과 달리 이번엔 일본도 플레이어가 되었다. 이
회담에서는 한미일 3개국이 일치하여 북한의 모든 핵 계획의 완
전하고 검증가능한 철폐를 요구했다. 결국 제1기 부시 정권이 강
조한 CVID정책의 표명이었다.[73] 이에 대해 북한 측은 "미국이 적
대정책을 바꾸지 않는다면, 핵 보유 선언과 핵실험을 계속할 것이
다."라고 언명하여 5대 1의 대립 구도가 되어버렸다.[74]

2004년에 들어서자 2월과 6월의 두 번에 걸친 6자회담이 개최
되었다. 그러나 한미일과 북한의 입장 차이는 크게 벌어져 있었다.
모든 핵계획을 폐쇄하라는 요구에 대해 북한은 "원자력의 평화적
이용은 인정해야 한다."라는 입장이었다. 또한 북한은 '우라늄 농
축계획'의 존재를 인정하지 않았다. 6월의 제3차 회의에서는 미
국과 북한 양측에서 구체적 제안이 나왔다.[75] 그러나 6자 간 입
장 차이가 남았고 다음 회의를 9월 말까지 개최하자고 합의를 했
음에도 연내 회담은 실현되지 않았다. 2005년이 되자 북한은 차

츰 도발적인 언동을 하면서 2월에는 핵무기 제조와 6자회담의 무기한 중단을 표명하는 외무성 성명을 냈다. 3월에는 탄도 미사일 발사 모라토리엄에 더 이상 구속받지 않겠다고 공표하고, 뒤이어 5월이 되자 외무성 대변인이 8,000개의 사용후 연료봉 추출 작업을 종료했다고 선언한다.

2005년에 되자, 집권 2기를 맞는 부시 정권의 변화가 눈에 띄었다. 그간의 대북정책은 효과를 거두지 못했다는 평가를 받았고 콘돌리자 라이스Condoleezza Rice 국무장관, 크리스토퍼 힐Christopher Robert Hill 국무차관보의 취임으로 전술적인 변화도 나타났다. 요컨대 좀더 대화를 중시해 나가자는 것이며 북미 간 직접 대화도 배제하지 않았다. 또한 남북관계에도 긍정적인 변화가 보여졌다. 6월에 정동영 한국 통일부 장관이 평양을 방문하여 김정일 국방위원장과의 회담이 실현됐다. 그 자리에서 김정일은 "<한반도 비핵화선언>은 유효하며 김일성 주석의 유훈이다.", "미국이 우리를 상대로 인정하고 존중하는 것이 확인된다면 7월 중에도 6자회담에 나올 수 있다."라고 발언했다. 이러한 긍정적인 환경이 조성되면서 7월에는 베이징에서 북미 간 접촉을 시작으로 7월부터 9월에 걸쳐 제4차 6자회담이 개최되어 <9.19 공동성명>이 발표되었다. 이 공동성명은 북한이 '모든 핵무기와 현존하는 핵 계획을 포기할 것. 그리고 핵무기 비확산 조약 및 IAEA 안전조치에 복귀할 것을 약속'한다는 것이 매우 중요했다. 이 약속을 한반도 안전보장이 직접 걸려있는 5개국과 진행했다는 데 의미가 있다. '모든 핵무기와 현존하는 핵계획'에 고농축 우라늄계획이 포함되어 있음은 당연하다.

한편 원자력의 평화적 이용에 대해서는 북한이 "원자력의 평화적 이용의 권리를 가지고 있다"고 밝히고 "여타 당사국들은 이에 대한 존중을 표명하였고 적절한 시기에 북한에 대한 경수로 제공 문제에 대해 논의하는 데 동의"했다는 것이다. 여기서는 북한이 아직도 경수로를 고집하고 있음을 알 수 있다. 그러나 이 공동성명에는 고농축 우라늄계획이 명기되어 있지 않고 경수로 언급만이 있다는 점에서 힐 차관보는 비판을 받게 된다.[76] 그 뒤 11월에 5차 6자회담이 개최되었지만 그때 미국의 대북한 금융제재가 표면화된다. 미국정부는 북한이 불법활동(마약, 위조화폐 등)을 통해 벌어들인 수익을 세탁하는 데 관여한 마카오의 '뱅크 델타 아시아BDA'를 미국『애국자법』에 의해 자금세탁 우려가 있는 금융기관으로 등록했다. 이에 따라 북한 관련 계좌가 동결되었다.[77] 북한은 이런 미국의 조치를 금융 제재라며 강하게 반발하고 이후 1년 이상 6자회담은 좌초되어 한반도를 둘러싼 대립은 격화되었다.

미사일 발사 실패 또는 성공?

2006년 7월 5일 새벽, 북한의 동해안에서 일본으로 향하는 탄도미사일이 발사되었다. 국제 사회의 사전 경고에도 북한은 이를 강행했다. 이것은 일본의 안전보장, 대량살상무기의 확산 방지에 대한 중대한 도발이었고 북일평양선언의 미사일발사 모라토리엄도 위반하는 것이었다.

일본 정부는 그날 즉시 만경봉92호[47]의 입항 금지와 북한 당국의 직원 입국 금지, 항공 전세기 편의 착륙 불가 등 일련의 조치를 발표했다. 또한 일본의 요청에 따라 5일에 유엔 안보리회의가 개최되었다. 10일 후인 7월 15일에는 북한의 탄도 미사일 발사를 비난하고 모든 가맹국에 대해 북한의 미사일·대량살상무기WMD 개발계획 관련 장비, 기술, 자금 이전의 방지를 요구하는 <안보리 결의 제1695호>를 만장일치로 채택한다.[78]

북한이 일본을 향해 탄도 미사일을 발사한 것은 이번이 처음은 아니었다. 첫 케이스는 1993년 5월 노동 미사일이 발사되어, 노토반도能登半島[48] 앞바다로 떨어졌던 적이 있다. 두 번째는 1998년 8월 8일 대포동 1호 미사일이 일본열도를 넘어 태평양까지 날아갔다. 이번이 세 번째이다. 그러나 이번에 발사한 대포동 2호는 발사 후 얼마 안 가 폭발하여 실패로 끝나게 되었다. 그리고 2009년 4월 5일, 북한의 네 번째 탄도미사일 대포동 2호 개량형이 발사되어, 일본 열도를 넘어 태평양에 떨어졌다.

이에 일본정부는 북한 송금과 현금인출 감시를 강화하는 추가 제재조치를 취한다.[79] 또한 안보리는 같은 달 13일 의장성명을 채택한다. 이 의장성명은 이번 발사가 2006년 핵실험에 따라 채택된 <안보리결의안 제1718호>에 위반된다는 것으로 명확히

---

47 함경남도 원산에서 니가타현新潟県을 오가는 북일항로에 취역한 여객선. 북일항로는 1971년부터 84년까지 만경봉92호의 전신인 만경봉호가 재일교포를 북송했던 귀국선이 오가던 항로였다.

48 일본 혼슈에서 동해안을 향해 뻗은 반도.

비난하고 있다. 더욱이 결의안을 감독하기 위해 출범한 안보리 대북제재위원회에게 북한 금수품과 자산동결대상 단체를 지정하라고 지시하는 등 결의에 담길 법한 내용이 포함되었다. 실질적으로는 결의이며 상당히 강한 메시지가 담겨 있다. 북한이 미사일 발사를 위성 발사라고 주장하고 사전에 필요한 수속을 밟은 경우도 있기에 중국 등이 결의 채택에 한 배경도 있었다.

과거 4회의 미사일 발사의 배경과 대응을 생각해 보자. 우선 북한의 배경이다. 흥미롭게도 네 번의 발사 중 세 번은 김정일의 북한 내의 중요한 입지 변화와 관련되어 있다. 구체적으로보면 1993년 5월 노동 미사일 발사 직전인 4월에 김정일은 처음으로 국방위원장에 취임했다. 그리고 98년 8월 대포동 미사일 발사 직후 북한은 헌법을 개정하여 국가주석직을 폐지하고 국방위원장을 국가의 최고기관으로 위치짓고 그 꼭대기에 김정일이 재추대되었다. 2009년의 발사도 같은 맥락으로 그 직후에 최고인민회의가 개최되어 김정일이 국방위원장에 재임되었다. 특히 이번에는 전년도 여름에 병을 앓고 난 뒤라서 부활을 강조하는 중요한 무대였다. 결국 미사일 발사는 억지력 강화라는 점에 더해 김정일과 국가의 선양, 그리고 국내 단결을 위한 중요한 장치일 것이다.

과거 4차례의 미사일 중 적어도 두 번은 북한을 둘러싼 국제 정세, 그중에서도 북미관계가 험악해졌을 때 발사되었다. 상대에의 위협, 억지, 그리고 교섭을 유리하게 운영하려는 의도였을 것이다. 1993년 5월의 노동 미사일 발사는 북한의 NPT 탈퇴 성명 직후, 게다가 북미 교섭의 한가운데에 일어났다. 또한 2006년 7월 1

일의 미사일은 미국의 이른바 금융 제재가 효과를 발휘하고 있는 사이에 이뤄졌다. 이 미사일은 미국의 독립기념일(7월 4일), 그리고 우주왕복선 발사에 맞춰서 쏘아 올렸기 때문에 북한이 미국을 의식해서 발사한 것이라고도 보인다.

또한 93년과 이번의 2009년의 미사일은 미국에서 신정권 출범 직후 발사되었다. 미국의 새로운 정권에 대해 북한이 주도권을 쥐겠다는 의도일 수 있다.

미사일 발사에 대한 일본 국내와 국제 사회의 반응을 살펴보자. 98년 8월 대포동 미사일 발사는 일본 열도를 통과한 최초의 미사일이다. 일본에서 북한에 대한 비난의 목소리가 높아졌고 일본은 KEDO 협력을 당분간 보류하는 독자 조치를 취했다. 또한 안보리는 일본의 요청으로 의장의 언론성명이 발표되었다.[80] 특히 2009년에는 미사일이 발사된 경우, 일본열도 상공을 통과할 가능성이 상당히 높았기 때문에 관계 도도부현의 대응에 만전을 기했다. 그리고 만에 하나 일본 영토에 미사일(또는 그 일부 파편)이 낙하될 경우에 대비해 요격 체제까지 정비했다. 그 결과 일부 오보는 있었지만 4월 5일 오전 11시 반에 실제 대포동 미사일이 발사되었을 때는 몇 분 후 그 사실이 공표되었다. 이것은 1993년부터 3번 있었던 과거 대응과 대비해 보면 놀라운 변화였다. 북한의 미사일 발사는 아이러니하게도 그들의 행동으로 인해 일본의 안전보장 체제가 철저히 정비되는 계기가 되었다.

이때 한국의 일부 언론은 2009년의 미사일 발사에 대한 일본의 반응을 '너무 요란하다', '제2차 대전 이래의 군사적 대혼란',

'뒤로는 군비증강이라는 정치적 의도' 등으로 보도한 것 같다. 그러나 북한의 미사일이 영토로 넘어와 공격받는 입장이 된다면, 일본의 반응은 그렇게 쉽게 생각할 수 있는 것이 아니다. 북한 미사일의 근본적인 문제는 북한이 어떠한 국제적인 미사일 규제의 영향력 밖에 있다는 것이다. 즉 고삐가 풀려 있다. 클린턴 정부 말기 미국에서 미사일 협의가 진행되기도 하고 북일 평양선언에서는 미사일 발사 모라토리엄을 언급하기도 했었다.

그러나 6자회담에서는 미사일 문제는 다뤄지지 않았다. 북한은 자국의 안전보장을 위해서만이 아니라 중요한 외화 획득원으로서 탄도 미사일을 개발하였다. 이를 위해 미사일을 6자회담 또는 북미협의 테이블에 올려놓아 규제하려고 하면, 반드시 상대는 대가를 요구했을 것이다. 그러한 점에서 2006년 <안보리 결의안 제1718호>가 채택된 의의는 크다. 이것은 북한 핵실험에 따라 채택되었던 결의지만 탄도미사일 계획에 대해서도 '완전한, 검증 가능한, 동시에 불가역적인 방법으로 포기할 것을 결정한다.'라고 명기하고 있다.

더구나 이는 유엔헌장 7장을 인용한 법적 구속력과 강제력이 있는 결의다. 일본으로서는 앞으로도 이 결의를 인용해 북한에 대가를 제공하지 않고 탄도미사일 프로그램의 포기를 압박해 나가야 한다.

결국 실시된 핵실험

탄도 미사일 발사에 대한 국제적 비난이 채 가시지 않은 2006년 10월 3일 북한은 핵실험 실시를 선언한다. 그리고 안보리의 자제 요청에도 불구하고 같은 달 9일 핵실험을 실시했다.

아베 신조 총리가 취임 직후 중국을 방문하고 서울로 이동하는 동안 벌어진 일이었다. 일본은 11일에는 북한 선박의 입항과 북한에서 모든 품목의 수입을 금지하는 것을 포함하는 일련의 제재 조치를 결정한다. 또한 안보리에서는 14일 <안보리결의안 제1718호>를 만장일치로 채택한다. 이 결의안은 유엔헌장 제7장에 따라 북한에 대해 추가 핵실험과 탄도미사일 발사의 중지 등을 요구하고 있다. 또한 모든 가맹국이 취해야 할 조치로 군 관련, 핵·미사일·대량살상무기 계획 관련의 특정품목, 사치품의 북한 공급 등을 방지할 것 등을 결정하고 있다.[81] 일본은 이 결의의 채택에 따라 북한에 대한 사치품(승용차, 담배, 주류 등 14개 품목)의 수출금지, 중개무역 거래 방지조치를 실시했다.

북한의 이러한 일련의 도발 행위가 의미하는 바는 무엇일까? 북한 핵실험이 성공한 것인지는 알 수 없지만 북한이 핵무기 보유를 실험한 것은 확실하다. 또한 핵무기를 적어도 몇 개는 충분히 제조할 수 있는 플루토늄이 있는 것도 사실이다. 그리고 운반수단 개발도 착착 진행되고 있다. 1998년의 대포동 1호는 혼슈 동북부 산리쿠三陸 해안에 떨어졌다. 그 사정거리는 1,500km 이상으로 추정된다. 2006년 대포동 2호 발사는 실패했지만 2009년

대포동 2호 개량형은 2단 분리 이후 로켓이 적어도 2,100km 이상 비행하는 것이 확인되었기에 3000km 이상도 가능하다. 일부에서는 2단 이후에 분리할 수 없고 또 제각각 공중분해 되었다는 견해도 있지만 어쨌든 비거리가 늘어나고 있는 것은 확실하다. 이들 탄도미사일은 일본 열도 상공을 날아가기에 우리에게는 귀찮은 일이지만 어쨌든 그 목표는 하와이, 알래스카 방면이다. 일본에 직접적인 위협이 되는 노동 미사일의 사정거리는 1,000~1,300km 정도로 일본 영토 대부분은 커버할 수 있다. 이 미사일이 북한에서 300기 이상 배치되어 있다는 설도 있다. 이 운반 수단에 핵무기가 장착되면 일본의 안전보장, 나아가 미국의 안전보장에 심각한 문제가 된다. 북한이 핵폭탄 소형화, 탄두화에 이미 성공했다는 견해도 있다. 어찌되었든 시간문제에 불과할지도 모른다.

미국의 정책 변화와 6자회담의 성과

탄도 미사일 발사와 핵실험에도 불구하고 부시 정권이 군사적 조치를 포함한 강경 수단을 취한 것은 아니었다. 수렁에 빠진 이라크 전쟁 때문이기도 하겠지만 북한에 우호적인 노무현 정권이 그런 조치를 받아들일 수는 없었을 것이다.[82]

변화의 시작은 미국 국내의 정치 상황이었다. 2006년 11월의 중간선거에서 민주당이 승리하고 상·하원 양쪽 모두 다수를 확보했다. 국내에서는 이라크전의 반전여론이 높아지고 네오콘이라고 불리는 강경파가 정권 내에서 퇴출되어갔다. 이에 따라 대북 정책에도 변화가 나타났다. 핵개발, 확산 방지를 위해 눈에 보이는 성과가 필요해진 것이다. 2007년에 들어서자 힐 차관보는 1월에 베를린에서 열린 북미 간 협의를 시작으로 정력적으로 외교에 노력을 쏟았다. 그리고 2월에 열린 6자회담에서 '9.19 공동성명 이행을 위한 초기 조치'가 채택되었다. 2005년 9.19 공동성명으로부터 1년 5개월이 지났다. 유감스럽게도 그 사이에 잃어버린 것이 너무 컸다.

초기 조치는 채택 후 60일 이내에 북한이 실시하는 조치로서 ① 영변 핵시설의 폐쇄와 봉인, ② 모든 필요한 감시와 검증을 위한 국제원자력기구(IAEA) 요원의 복귀 등을 정했다. 또한 이것과 병행하여 한·미·중·러가 북한에 중유 5만 톤에 상당하는 긴급 에너지 지원을 개시하기로 정했다. 초기 조치는 공동성명의 실시를 위한 작은 제1보에 불과하지 않다. 다만 이 문서는 다음 단계에 있어서 조치에 관해서도 명기하고 작은 한걸음이 확실하게 실시된다면 다음으로 이어지는 것을 보여준다는 의미가 있다. 60일 이내에 실시되는 것이었던 초기 단계의 조치는 북한측에만 BDA 문제를 거론하는 바람에 크게 늦었지만 그래도 실행에 옮겼다. 이로써 6자회담도 탄력을 받게 됐다.

9월 말 열린 제6차 6자회담 제2세션에서는 2단계의 조치가 채택된다. 이 합의문에서는 북한이 2007년 말까지 ① 영변의 3개 핵시설의 불능화를 완료하고 ② 모든 핵 프로그램의 완전하고 정확한 신고를 실시하겠다고 약속한 것이 주목된다.

한편으로 북한에 100만 톤의 중유(이미 공급된 10만 톤을 포함)

에 상당하는 경제, 에너지 및 인도 지원을 제공하기로 했다. 다만 일본은 납치 문제도 있기에 이에 참가하지 않았다. 또한 미국은 북한이 취한 행동과 병행하여 테러지원국가 지정을 해제하는 작업을 개시하고『대적성국통상법Trading with the Enemy Act』적용을 종료하기로 약속했다. 그러나 핵시설 불능화와 신고는 예정했던 연내에 완료되지 못하고 해를 넘겼다. '모든 핵계획의 완전하고 정확한 신고'는 북한 측에 맡겨놓을 수 있는 일이 아니었다. 미국은 제네바, 싱가포르에서 북측과 협의했고 그 결과 북한은 흑연로 운전기록 등 1만8,000여쪽의 자료를 미국에 제출했다. 그리고 2008년 6월 북한은 기한보다 많이 늦었지만 의장국인 중국에 신고를 제출했다. 이에 따라 미국은 같은 날 북한의 테러지원국가 지정을 해제하겠다고 의회에 통보하고 대적성국통상법 적용 종료를 선언한다. 신고된 내용은 플루토늄 총생산량이 약 38kg, 그 중 미처리가 약 8kg, 추출 완료된 것이 약 30kg이라고 전해졌다. 약 30kg의 내역은 핵실험에 사용된 것이 약 2kg, 폐기가 약 2kg으로 남은 약 26kg이 핵무기화되었다고 알려졌다.[83]

한편 주목받았던 고농축 우라늄계획과 시리아와의 핵협력 문제는 신고서에는 포함되어 있지 않다는 보도가 나왔다. 이 시점에서 북한의 신고가 정말 '모든 핵계획의 완전하고 정확한 신고'가 맞는지 검증하는 것이 남은 5개월간 중요한 과제가 된다. 미국은 신고 내용이 불충분하다는 비판을 받았기에 구체적 검증방식을 서둘렀지만 북한의 협력을 얻지는 못했다. 한편 의회 통보 후 45일 안에 테러지원국 지정이 해제된다. 그러나 미국 정부는 45일이

지나도록 지정 해제를 미루고 있어 우리를 놀라게 했다.

이에 대해 북한 측은 8월에 불능화 작업 중단을 발표하고 9월에는 영변 핵시설의 원상복구 계획을 발표했다. 그리고 IAEA의 재처리시설의 봉인·감시기기를 제거하는 작업을 감행한다. 그야말로 공갈 협박이었다. 유감스럽게도 부시 정권에게는 남은 시간이 없었다. 이제까지 쌓아 올려온 불능화의 작업을 없던 일로 되돌릴 수는 없었을 것이다. 10월이 되자 힐 국무차관보가 방북하여 북한과 협의한다. 그 결과 미국은 일련의 검증조치들을 (구두로) 합의할 수 있었다며 북한의 테러지원국가 지정의 해제를 단행한다. 모든 것이 졸속이었다.

미국이 납치 문제 해결 없이 북한의 테러지원국가 지정을 해제한 것에 대해 일본에서는 비판적인 보도가 연이어졌다. 미국은 중요한 카드를 한 장 버렸지만 그 덕분에 3개의 핵시설의 불능화는 계속될 수 있게 되었다. 문제는 미국이 북한과 합의했다고 주장하는 검증 조치의 내용이었다. 이것이 모호한 것은 아닌지. 미국은 성급하게 지정 해제라는 카드를 내던진 거라는 비판이 있었다.

12월의 6자회담 수석대표자회의는 힐 차관보에게는 최악의 회의였을 것이다. 북미가 10월의 평양에서 있을 북미 합의를 둘러싸고 정면으로 대립했다. 미국은 '샘플 조사'를 포함한 구두 합의의 유효성을 주장했지만 북한은 7월의 6자회담 수석대표자회의에서 합의되었던 '시설방문', '서류의 검증', '기술자 면담' 세 개만으로도 충분히 과학적 절차라고 주장한다. 구두 합의를 부정했던 것이다.[84]

그 후 부시 정권이 물러나고 오바마 정권이 탄생했지만 그 후 6자회담이 재개되지는 않았고 핵 신고의 검증 문제는 허공에 붕 떠버렸다. 라이스 국무장관은 "북한은 정확한 신고를 제출해야 했는데 여러 가지 큰 의문이 있다."라고 밝힌 바 있다.[85] 결국 제2단계의 조치로 합의했던 '모든 핵계획의 완전하고 정확한 신고'는 없었던 일이 되었다.

북미 제네바합의와 6자회담의 비교

1994년 빌 클린턴 행정부 시절 북미 간에 서명된 북미 제네바합의와 부시 행정부가 진행한 6자회담 합의문서를 비교할 때 우리로서는 과연 어느 쪽이 유리한 거래였을까? 이는 쉽게 비교할 수 있는 것이 아니기에 몇 가지 관점에서 곱씹어 볼 필요가 있다. 우선 6자회담의 3개의 합의문서 즉 '공동성명', '초기조치', '2단계조치'는 북미 제네바합의를 의식하여 작성한 것이 틀림없다. 반면교사로서 말이다. 클린턴 정권의 북미 제네바합의는 서명될 때부터 미국 의회 등에서 평판이 좋지 않고 대체로 북한에 지나치게 양보했다는 비난을 받았다. 그렇기에 부시 정권은 가능한 한 클린턴 시대와는 다른 인상을 심어주려 했던 것 같다.

말하자면 북미 제네바합의에서는 북한의 흑연감속로를 "동결freeze하고 결국에는 해체dismantle한다"라는 표현이 사용되었다. 이에 비해 6자회담의 문서에서는 "활동을 정지하거나 봉인shut down and seal하고 최종적으로 포기abandonment"라는 굳이 다른 문구를 쓰고 있다. 또한 단순한 '동결'만이 아닌 한 걸음 더 나아간 '불능화disablement'한다는 개념을 만들어냈다. 이것은 '동결'과 '포기'의 사이의 개념으로 반년에서 1년 정도 사용할 수 없게 한다는 것이다. 또한 앞서 서술한 바와 같이 부시 정부 1기 때는 '완전하고 검증 가능하고 불가역적인 핵의 포기'(CVID)를 주장했다. 6자 합의문서에는 '불가역'이라는 단어가 들어가 있지 않고 '완전', '검증 가능한'이라는 키워드가 흩어져 있다.

이것만 보아도 부시 정권의 철학의 차이를 알 수 있다. 그런 의미에서 일본이 6자회담을 선호하는 것은 당연한 일이다. 북미 제네바합의는 어디까지나 북미 간의 협의였고 일본이나 한국은 북미 협의의 뒤에 놓여져 있었다. 이러면 좋을래야 좋을 수가 없다. 이에 비해 6자회담에서 일본은 정식으로 당사국의 일원이 된다. 부시 정부 후반이 되자 북미 협의가 선행되고 6자가 이를 문서로 추인하는 형태를 취한 적이 많았지만 그럼에도 교섭의 정식 멤버로 있는 한 언제라도 자신의 주장을 반영시키는 것이 가능하다. 이 형식이라는 측면에서 보면, 6자회담에 손이 올라간다.

다음으로 내용 면을 보자. 비핵화를 위해 북한에서 얼마만큼 양보를 받아냈는가 하는 관점이 있다. 북한은 공동성명을 통해 "모든 핵무기와 기존 핵계획 포기"를 약속했다. 공동성명은 원칙을 정한 정치적 문서이지 실시세목을 정한 문서는 아니나 (북한을 제외한) 5자 앞에 이 약속을 했다는 의미는 결코 적은 편이 아니다. 이에 대해 북미 제네바합의는 주체적인 '동결' 그리고 최종적 '해체'의 대상은 '흑연감속로와 관련시설'이 되었기에 일견 영변의 핵시설에 국한된 것처럼 읽혀진다.

그러나 굳이 북미 제네바합의를 변호하자면, 이 문서에서도 북한이 '남북 비핵화선언'(우라늄농축시설도 포함해 소유하지 않는다는 약속)을 실시하고 NPT의 조약국인 채로 계속 있을 것이 정해져 있다. 더욱이 '동결' 대상이 아닌 시설에 대해서도 IAEA의 통상사찰이 허용된다. 경수로의 중요한 부분이 완성된 날에는 북한이 특별사찰을 포함해 IAEA의 안전조치협정을 실시하는 것이 명기되었다. 따라서 전체적으로 읽으면 북미 제네바합의도 '모든 핵무기와 핵 프로그램'을 포기하게 하고 또 이를 IAEA를 통해 검증하는 틀을 갖고 있었다고 할 수 있다. 문제는 원칙을 따라 구체적인 수순과 세목을 어떻게 정할 것인가였다. 북미 제네바합의는 하나의 문서로 완결되어 있고 요체와 수순을 포함하여 꽤 구체적으로 규정되어 있다. 이에 비해 6자회담의 문서에서 구체적인 수순을 정한 것은 '초기조치'와 '2단계조치'의 두 개이며 또한 그 뒤에 '3단계'가 상정되어 있기에 중간과정이다. 이 두 문서를 읽어보면 북한이 해야 할 일은 영변 3개 핵시설의 불능화와 모든 핵 프로그램의 완전하고 정확한 신고다. 특히 후자의 신고가 만일 문자 그대로 이뤄졌다면, 2000년대 초 북한이 IAEA에 제출한 초기 보고 내용보다 더 광범위해질 것이니 그 의의가 컸을 것이다. 반면 북미 제네바합의에서는 동결 및 해체 대상 시설이 영변의 3개 시설보다 많을 수 있다.[86]

또한 북한은 NPT의 구성원으로서 완전하지는 않지만 통상적인 IAEA의 사찰을 받고 있다는 점이 강점이다. 이렇게 보면 양쪽에는 일장일단이 있어 우열을 평가하기 어렵다.

그렇다면 비용 측면에서는 어떨까? 한미일 등이 부담하는 경비 문제를 보자. 6자회담에서는 2단계 조치가 종료될 때까지 제공해야 하는 것은 100만 톤의 중유에 상당하는 경제, 에너지와 인도적 지원이다. 북미 제네바합의에서는 제1기의 경수로가 완성되기까지 북한에 대체에너지로서 매년 50만 톤의 중유를 제공하기로 약속했다. 이에 더해 경수로의 경비가 50억 달러 가까이 되었다. 이 시점에 있어서는 6자회담의 비용이 낮다는 것이 역력하다. 그러나 앞서 말했듯이 북한은 이미 플루토늄을 무기화했다고 할 수 있고 그것을 간단하게 포기할 것 같지 않다. 실제로 이미 있는 핵무기와 기존 핵 프로그램을 포기시키는 것은 상당한 부담을 각오해야 할지도 모른다. 여기에 공동성명에 "적당한 시기에 북한에의 경수로 제공문제에 대해 의논을 하는 것에 동의한다"라고 명기되어 있듯이 그들은 경수로를 포기하지 않고 있다. 제3단계에서 경수로 제공이 결정된다면 5자측의 부담은 대폭 늘어나게 될 것이다.

마지막으로 실행과 안전성을 비교해보자. 합의문은 어디까지나 글자일 뿐이고 실행이 수반되는가는 별개다. 북미 제네바합의의 내용은 지연되기는 했지만 그래도 꾸준히 실시되고 있었다. 또한 우라늄 농축계획 문제는 있었지만 이를 제외하고는 북한 쪽에서 이 합의 자체를 파괴할 만한 행동은 없었다고 본다. 경수로가 착착 건설되고 있었던 점과 매년 50만 톤의 안정적인 중유 제공은 북한에게 기본합의를 유지하게 만든 요인이었다고 생각된다.

이에 비해 6자회담이라는 틀은 이미 처음부터 삐걱거리고 있었다. 북한이 제출한 신고는 완전한 것이라 보기 어렵고, 더구나 그들은 구체적 검증 마저 거부했다. 게다가 2009년 4월의 미사일 발사로 안보리가 의장성명을 낸 것에 반발하여 "6자회담에는 절대 돌아가지 않겠다"라고 선언했다. 급기야 IAEA와 미국 요원들을 국외로 추방시킨 것이다. 미사일 발사는 곧 안보리 의장성명이라는 직접적 요인은 있지만 북한이 이 합의를 지키려는 동기부여가 약했을 것이다. 게다가 불능화는 동결보다는 진전된 조치가 확실하다. 그러나 반년 혹은 1년 정도면 재가동이 가능할 것으로 알려져 있어 해체나 포기에 비해 어중간한 조치가 아닐 수 없다.[87] 실행성과 안정성 측면에서는 북미 제네바합의 쪽이 훨씬 낫다고 할 수 있다.

부시 정부 8년의 평가

부시 정부 8년간 북한 핵개발, 미사일 개발은 진행되고 사태는 악화되었다. 부시 대통령이 취임했던 2001년 초 북한의 흑연감속로, 이른바 플루토늄 생산은 동결되어 있었다. 핵무기 그 자체는 생산되지 않았던 것으로 보인다. 우라늄 농축계획은 비밀리에 진행되었겠지만 핵무기로 전용 가능한 고농축 우라늄은 얻지 못했을 것이다. 탄도 미사일은 1998년의 대포동 미사일 발사 이후 북미 간에 미사일협의가 진행되어 모라토리엄이 준수되고 있었다. 무기급의 플루토늄 증산과 그 무기화를 저지한다는 것은 북미 제네바합의이고 그에 기반해 한반도 에너지 개발기구(KEDO)의 사업이 있었다. 그러나 부시 정권은 북한이 우라늄 고농축계획을 인정함에 따라 KEDO에 중유 제공을 중단한다. 이를 계기로 북한은 2003년 NPT를 탈퇴하고 흑연감속로의 운전을 재개했고 사용후 연료의 재처리, 즉 무기급 플루토늄의 추출을 감행한다.

문제는 이 시점에서 부시 정권이 이를 수수방관한 것이다. 아마도 이라크 전쟁 돌입으로 그럴 상황이 아니었을 것이다. 클린턴 행정부 시절 1차 핵위기 때는 북한이 폐연료봉을 원자로에서 빼냈을 뿐인데도 안보리에 제재 결의안을 제출하고 군사적 조치 검토까지 했다. 그러면서도 카터 전 대통령이 방북으로 채찍과 당근을 절묘하게 결합하는 행동을 취했다. 결국 클린턴 정권은 북한이 넘어서는 안될 레드라인을 명확하게 그어놓았다. 그것은 NPT 탈퇴이자 새로운 플루토늄의 생산과 추출이었다.

이에 비해 부시 정권은 2003년 시점에서는 결과적으로 북한의 도발적 행동을 좌시했고, 레드라인은 크게 후퇴시켜버렸다. 북한을 '악의 축'이라며 비난하는 목소리만 높았다. 또한 악행에 대해서는 대가를 치르게 하지 않은 채 대화에도 소극적이었다. 더 위압적인 수단은 배제해 놓고서 압력도, 대화도 불충분했던 것이다. 무엇보다 2005년 9월경부터 미국 정부는 방코델타아시아BDA에 대한 규제 조치를 발동했고 이것이 북한에 대한 효과적인 금융 제재가 되었던 것 같다. 그리고 이 일이 2006년 미사일 발사, 핵실험으로 이어진다. 이에 대해 안보리는 각 제재 조치들을 채택한다. 부시 정권의 압력이 강화되기 시작한 것이다.

그러나 그 직후 중간선거에서 여당인 공화당이 의석을 잃고 이라크 전쟁 장기화의 책임으로 이른바 네오콘이라고 불리는 강경파가 정권을 떠났다. 여기서 부시 정권은 대북정책에도 방침을 크게 전환하고 대화 중시 노선으로 선회하게 된다. 2007년 들어 미국 정부는 북한 비핵화를 위한 구체적 성과를 얻기 위해 협상을 서두른다. BDA 문제를 해결하고 6자회담의 틀 안에서 두 개의 합의문을 만들어 영변 핵시설 불능화로 노선을 잡았다. 그러면서 이는 클린턴 정권의 동결보다 진일보한 조치임을 강조했다. 그동안 북한은 무기급 플루토늄을 추출해 추가 핵실험을 실시했고 당시에도 최소한 몇 개의 핵무기를 소유하고 있지 않겠냐는 추측이 나오고 있었다. 탄도미사일의 비거리도 늘어났다. 클린턴 행정부 말기와 비교하면 사태는 분명히 악화된 것이다. 어느 쪽이든 부시 정권의 정책은 2007년을 전후로 극단적으로 변화해 버렸다. 아이러니하게도 그사이 일관성을 가지고 정책을 추구한 것은 북한과 일본이었다고 할 수 있다.

7장

고이즈미 방북과 납치 문제

제1차 고이즈미 방북: 선발대로 평양에 가다

여름이 끝나가는 계절의 어느 날 아침, 뉴욕 교외의 집에서 차를 몰고 맨해튼에 있는 유엔본부 주차장으로 들어가려던 때였다. 도쿄의 히라마츠 겐지 북동아시아 과장으로부터 휴대전화가 왔다. "뉴스 봤어?", "아뇨. 갑자기 무슨 일인가요?", "총리가 평양을 방문한다고 하네." 그는 그렇게 말하며 고이즈미 총리의 북한방문을 준비하기 위해 선발대로 시급히 평양으로 날아와 달라고 내게 부탁했다.

아닌 밤중에 홍두깨였다. 당시 유엔대표부로 근무하고 있던 나로서는 유엔총회가 시작되어 총리 내방을 준비해야 했기 때문에 즉답할 수는 없었다. 결국 상사의 양해도 얻게 되어 며칠 뒤에

平松賢司
히라마츠
겐지

는 앵커리지를 경유한 대한항공기를 타고 서울을 거쳐 베이징으로 향했다.

2002년 9월 7일 오전 11시 30분 발 고려항공편은 1시간 늦게 베이징 공항을 이륙하고 12시 반에 국경의 압록강을 넘어 평양시간 오전 2시 전에 순안공항에 도착했다. 4년 만의 북한이었다. 활주로 주변은 한여름 녹음이 우거져있었다.

공항의 대기실로 들어서자 북한 측에서는 마철수 외무성 14국장 말고도 몇몇 낯익은 직원이 마중나와 있었다. 이미 선발대로서 들어와 있는 야마노우치 간지山野内勘二 재 한국대사관 참사관 외 동료들도 있었다. 우리 쪽은 한국의 공관과 도쿄에서 외교관 관계성청의 직원이 합류해 사람들이 꽤 되었다. 준비를 본격화 시키려는 것이었다. 마 국장과 인사를 나누고 총리 방문을 성공시키기 위해 서로 돕자는 이야기를 했다. 북한의 강한 의지가 느껴졌다. 우리 선발대 준비실은 고려호텔의 객실에 이미 마련되어 있었다. 야마노우치 참사관 이하, 선발 1진의 노력의 산물이었다. 고이즈미 총리 일행을 평양에서 맞이하기까지 앞으로 10일이 남았다. 오자마자 북한 측은 총리 숙소로 꼭 백화원을 사용해 달라고 했다. 바로 본국에 전하겠다고 답했다. 백화원은 1990년 가네마루 신 부총리 일행이 묵었던 숙소로 원수급의 내빈을 맞이하는 최고급의 영빈관이었다. 우리들의 상대는 외무성 14국(일본담당)과 의전국이고 총리방문 준비를 위해 즉시 구체적 실무교섭을 시작했다.

9월 10일에는 선발대의 본부장으로서 재 영국대사관의 우미모토 가즈요시梅本和義 공사(전 북동아시아 과장)를 맞아 더욱 증원하여 선발대는 60명 정도가 되었다. 국교가 없는 나라에서 갑자기 총리를 맞는다는 것은 예삿일이 아니다. 북한에서는 일본의 정당 간부나 국회의원의 방문은 몇 번 있었지만 외무대신의 방문조차 없었는데 별안간 총리라니. 의전을 포함해 그 준비가 쉽지 않을 것이다. 나는 이번 총리방문의 배경에 대해 잘 알지 못했다. 단순하게 일정, 숙소, 통신체제, 의전 등 이른바 준비에 전념하라고 지시받았다. 그리고 실제 방북의 내용에 대해서는 아무것도 전달받지 않았다. 이 방문은 당일치기로 김정일과는 식사도 하지 않는다. 주먹밥이나 음료 등은 모두 도쿄에서 가지고 온다. 김정일은 연출이 특기고 본인이 공항으로 마중 나오거나 환영 식사를 하게 되면 북한의 페이스대로 말려들게 될지 모른다는 우려 때문인지도 모른다. 또한 납치 피해자에 대해서 사전에 일부의 안부는 밝혀질수 있겠지만 혹시 나쁜 소식은 아닐지 도쿄는 걱정하고 있었을지도 모른다. 어쨌든 당시 총리 방북을 앞두고 도쿄에는 엄청난 긴장감이 있었다.

우리들이 가장 신경 쓴 것이 통신 체제 확보였다. 우선 본부와는 안전이 확보된 전화·통신체제를 확보한다. 대사관이 없으니 당연한 일이다. 그리고 호텔, 숙소, 공항, 차내, 정부 전용기 등 몇 개 거점으로 나뉘어 움직이는 연락 체계를 확보하는 일이었다. 북한에서는 휴대전화는 허용되지 않았고 유선전화만으로는 불충분하다. 때문에 우리들은 이리듐 위성전화[49]를 가지고 와 사전에 충분히 시험을 거쳤다. 총리 일행 내방까지는 열흘 정도의 준비 기간이 있었다. 따라서 평양 시내나 교외를 둘러볼 기회가 있었다. 평양 시내 대로변에 접한 인도에 포장마차 같은 가게가 있고 아이스크림, 탄산음료, 빵 등을 버젓이 팔고 있는 모습은 지난 네 번의 방북에서는 볼 수 없었던 광경이었다. 외화상점에서는 한국 뺨치는 거센 호객행위에 휘둘려 상점 문을 빠져나오다시피 했다. 또한 시내의 여러 가게들도 둘러보았다. 품목 수는 적었지만 가격이 써 있었고 그중에는 달러 표시도 있었다. 파 한 단에 10원, 아이스크림 10원, 배 2~30원, 도너츠 15개에 1달러, 빵류 15~25원, 폴로셔츠 500원 하는 식이다. 월급이 대체로 4000원, 공식환율이 달러당 1,150원이라는 것이었다. 별도의 배급은 있겠지만 결코 저렴하지 않았다.[88]

우리의 산책은 자유로웠지만 가게에 얼굴을 내밀면 가끔 '저들은 당국에 통보는 하고 왔는가.' 하는 기이한 눈으로 본다. '제발 너무 돌아다니지 마세요'라고 담당자에게서 핀잔을 들은 적도 여러 번이나 있었다.

---

49 인공위성 통신망을 사용한 휴대전화.

북일정상회담: 김정일, 납치를 인정하다

9월 17일 아침이었다. 북한도 며칠 전 김정일 국방위원장의 교도통신共同通信 사장의 서면 인터뷰가 『노동신문』1면에 실리면서 고이즈미 총리를 맞을 분위기가 고조되었다. 7시가 넘어 선발대의 마지막 전체회의를 마치고 공항으로 향한다. 옅은 안개가 서서히 걷히면서 차창 밖을 바라보면 길가에 코스모스가 활짝 피어있다. 종종 도로를 청소하는 사람과 경찰의 모습이 보인다. 공항에 도착하자마자 날씨는 쾌청해졌다. 공기는 청량했고 바람은 조용했다. 엄중한 경비로 잠시 부속건물에 들어가야 해서 활주로로 나갈 수는 없다. 혹시나 김정일이 불쑥 나타나는 것은 아닌지 노심초사했다.

정부전용기 도착 직전이 되어서야 활주로에 나왔다. 북한 측 환영 요인은 김영남 최고인민회의의장, 김일철 인민무력부장, 김영일 외무성 아시아 담당차관으로 판명되었다. 최고급 국빈맞이였다. 9시가 넘어 정부전용기가 착륙하고 정해진 위치에서 멈췄다. 트랩이 내려오자 우미모토 본부장이 기내로 들어가고 고이즈미 총리 일행이 모습을 드러냈다. 역사적 순간이었다. 다나카 히토시 아시아 태평양국장, 히라마츠 겐지 북동아시아과장 등 반가운 외무성 사람들의 모습이었다. 그들은 버스로 안내를 받고 곧바로 숙소인 백화원으로 향했다. 숙소에 일행이 자리를 잡자–다나카 국장을 제외하고는–그 자리에서 곧바로 북한 사무담당과 협의에 나섰다.

곧 담당자가 뭔가 조선어로 된 리스트를 들고 대기실로 돌아온다. 납치 피해자의 안부가 담긴 리스트였다. 여러 명의 직원이 생존자 확인과 리스트 번역 등에 동원된다. 나는 한국어가 가능했으므로 북측과의 일정 운영 등 연락 역할에 전념하게 된다.

정상회담 한 시간 전 국방위원회 의전장이 나타났다. 두 정상의 첫 대면 방식, 정상회담 절차에 대한 설명을 듣는다. 김일성 때부터 줄곧 의전장을 맡아온 냉정하고 침착한 인물이다. 우리는 그동안 북한 외무성과 이런저런 협의를 해왔지만 정작 당일이 되면 국방위원회 관계자라 칭하는 인사가 나타나 다시 처음부터 논의를 시작하자고 했다. 처음 듣는 얘기도 있고 사전 절차와 다를 수도 있다. 이럴 거면 그동안의 준비는 대체 뭐였단 말인가 하는 석연치 않은 기분이 들었다.

그때 북한 측이 황급하게 최종 수순을 총리 일행에게 설명한다. 이윽고 김정일 국방위원장이 백화원에 나타나 고이즈미 총리와 대면했다. 두 사람의 표정은 경직되어 있다. 그리고 11시부터 정상회담이 시작된다. 첫 번째 회담은 예정보다 짧아 12시쯤에 끝났다. 휴식 사이에도 총리 외 관계자의 분위기는 무거웠다. 두 번째 회담은 오후 2시를 넘어 3시 반까지 계속되었다. 대기실로 들어온 고이즈미 총리는 혼자 말이 없다. 사실 이후 비공식 정상회담이 예정되어 있었지만 총리는 "이제 그만 만나도 된다."라고 지시하고 '북일평양선언'에 서명하러 이동했다. 물론 건배 같은 건 없었다. 우리들은 황급히 백화원을 뒤로하고 준비본부와 멀리 떨어진 총리 대기실이 있는 고려호텔로 향했다.

그리고 고이즈미 총리의 기자회견이 저녁에 진행되어 모든 것이 밝혀졌다. 안면이 있던 동행 기자가 '북일평양선언' 내용을 보고 나서 이렇게 중얼거렸다. "뭐야 이건 북한의 베타오리べた降り[50]잖아." 나도 그렇다고 생각했다. 납치 문제에 대해 김정일이 솔직히 시인하고 사과한 것은 그동안 북한의 완강한 태도를 생각하면 일대 전환이다. 5명의 생존자가 있다는 것이 확인되었지만 8명이나 사망했다는 것은 너무나 끔찍한 일이다. 일본에서 희소식을 고대하던 가족의 마음을 생각하면 참을 수 없었다. 일주일 넘게 걸린 준비와 당일의 아수라장을 거쳐 오후 8시가 넘어 정부 전용기에 오르자 피곤함과 함께 허탈함과 쓸쓸함이 밀려왔다. 외교에 감상은 금물이지만 나 또한 살아 있는 사람이다. 이 역사적인 방북을 어떻게 평가해야 할지 복잡한 심경이었다.

북한은 왜 여기까지 양보했던 것일까

객관적이고 냉정하게 제3자의 입장에서 보면 고이즈미 방북의 성과는 컸다고 평가할 수 있을 것이다. '북일평양선언'에는 상당 부분, 일본의 주장이 들어가 있다. 이른바 과거의 금전적 청산 문제에서 북한이 주장해 온 '배상'이나 '보상' '속죄' 등의 개념은 언급하지 않는다. 일본이 한국과의 사이에서 취했던 방식, 즉 재산·청구권을 상호 포기하고 국교 정상화 이후에 일본이 유·무상의 경제

---

50   마작용어로 게임을 완전히 포기하고 수비에만 전념하는 상태.

협력을 한다는 것을 북한이 받아들였다. 이것은 대단한 성과였다.

사실 북한은 그동안 핵이나 미사일의 문제는 미국과 교섭할 문제라며 일본이나 한국과 협의하는 것을 꺼려했다. 이 선언에서는 북한 측에 핵문제의 포괄적 해결을 위해 국제적 합의를 준수하기로 했다. 또한 미사일 발사 모라토리엄을 2003년 이후에도 연장하는 데 성공했다. 물론 서류상의 정치적 약속과 현실의 실행은 다른 것이고 북한은 여러 번 약속을 어겨왔다.

그럼에도 일본 총리와 김정일 국방위원장이 이러한 내용을 담아낸 문서에 직접 서명한 것은 무게가 다르다. 정상회담장에서 김정일이 납치사건을 인정하고 배경을 설명하면서 사과하고 재발 방지를 약속했다. 이 일은 그의 입장에서, 기요미즈테라의 무대에서 뛰어내리는[51] 듯한 과감한 양보였음에 틀림없다. 또한 김정일 국방위원장은 괴선박 문제도 인정하고 앞으로 이런 일은 없을 것이라고 말했다.

고이즈미 총리는 김정일에게 6자회담의 중요성을 설파한 것으로 알려졌다. 이것이 후에 6자회담의 실현으로 이어졌을 가능성도 있다. 이러한 성과는 1990년 가네마루 방북 이래 여러 번 이루어졌던 정치인의 방북 혹은 정부 간의 협상과 접촉으로는 얻을 수 없었던 것이다. 왜 김정일은 이렇게까지 양보해 왔을까. 하나는 북한이 부시 정권의 으름장에 미국의 우방인 일본을 먼저 끌어들

---

51 교토의 사찰 기요미즈테라淸水寺에는 13m 높이의 무대가 있는데, 여기서 뛰어내려서 살아남으면 소원이 이루어지고 죽으면 고통없이 성불한다는 전설이 있다. 오늘날에는 죽을 각오를 하고 전력을 다한다는 속담으로 쓰인다.

여 미국과의 관계 개선에서 실마리를 찾겠다는 의도로 보인다. 혹은 미국의 대테러 전쟁의 표적이 되는 것을 피하자는 의미도 있었다고 생각된다. 미국은 전년도 10월에는 9.11테러의 대응으로 아프가니스탄에 무력 행사를 개시한다. 그리고 이해 1월에는 북한을 '악의 축'의 하나로 지목하며 적의를 드러내기도 했다. 물론 미국의 다음 표적은 이라크였지만 북한이 심각한 위협을 느꼈다고 해도 이상할 게 없다.

북한으로부터 북일정상회담에 대한 타진이 온 건 적어도 2002년 1월 시점이었다.[89] 2000년에 들어서자 그때까지 무대에 나오지 않았던 김정일이 중국을 방문하고 푸틴 대통령과 김대중 대통령을 평양에서 맞이하여 활발한 정상외교를 시작했다. 일본과의 정상외교도 그 공세의 일환으로 볼 수 있다.

여기에 경제적인 이유도 있을 것이다. 같은 해 7월부터 북한에서 일련의 경제관리개선조치가 취해졌는데[52] 이것과 고이즈미 방북을 연결짓기도 한다.[90] 그러나 한편으로 이 조치는 암시장의 확대와 배급제도의 파탄에 대처하기 위해 취해진 조치에 불과하다는 견해도 있다.[91] 애초에 자본과 인프라가 부족한 북한 경제의 문제는 지금 시작된 것이 아니라 지난 수십 년 동안 누적된 것이다. 그런 의미에서 북한으로서는 언제라도 일본의 자금을 요구하고 있다고 할 수 있다.

돌이켜보면 국민적 지지 기반이 탄탄한 고이즈미 총리가 김정

---

52 7.1조치로 불리는 '7.1 경제관리개선조치'는 시장의 사적 거래를 인정하고 물가와 임금을 현실화하여 인상하는 등 부분적으로 시장경제기능을 도입한 경제정책이다.

일 국방위원장과 직접 정상회담을 하고 고이즈미 총리에게 위임 받은 외무성 간부가 비밀리에 북측과 진행하는 회담과 협상의 구조가 효과적이지 않았을까. 김대중 대통령이나 푸틴 대통령이 일본 총리에게 권했듯이, 북한과는 직접 총수끼리 담판하는 것이 가장 효과적일 것이다.

이와 관련해 일본이 비밀리에 진행한 협상이 북한에게 효과적이었던 것은 아닐까 싶다. 내가 알기로는 경제 협력에 대해 일본에서 금액을 제시한 적은 없었다. 그러나 납치 문제를 해결하고 고이즈미 방북이 성사되면 빠른 시일 내에 정상화가 이뤄지고 상당한 자금이 북으로 흘러 들어가게 된다. 그런 심증을 북한 협상자들은 갖고 있지 않았을까? 이에 해당하는 구체적인 협상 내용은 쉽게 드러나지 않겠지만 이런 게 없다면 과연 김정일이 그렇게까지 양보했을까 의문이다. 어쩌면 일본의 교섭술이 뛰어난 것일지도 모른다.

사실 북한과 과감한 관계 개선을 하려고 하면 변수가 너무 많이 등장한다. 1990년대의 북일교섭은—남북대화를 우선하는 한국과 핵문제가 중요하다고 보는 미국과의 관계에서—원활하게 진행되지 못했다. 2002년 당시 한국의 대통령은 김대중이었다. 그는 북일관계의 정상화를 크게 환영했다. 한편으로 부시 정권은 북한에 회의적이었고 고이즈미 방북을 못마땅하게 여긴 사람들도 있었다. 그럼에도 고이즈미 총리와 부시 대통령의 우정이 빛을 발해 미국이 장애가 되지는 않았다. 이 역시 앞서 말한 것처럼 총리 방북 직후 북한의 농축 우라늄 계획이 명확해지고 납치 문제

여론 악화와 맞물리게 되면서 북일 정상화를 위한 환경은 극도로 나빠지고 있었다.

여론 악화와 부작용

고이즈미 방북의 결과는 충분히 평가할 만한 것이었지만 일본 여론의 반응은 그렇지 않았다. 『아사히신문』이 방북 직후 했던 여론조사에서는 북일정상회담을 평가하는 사람이 81%나 되고 정상화 교섭 10월 재개에 대해서도 '찬성' 비율은 58%, 내각 지지율은 61%로 상승했다.[92]

그러나 납치 문제에 대한 국민의 평가는 냉엄했다. 같은 여론조사에서 '납치에 대한 북한의 대응을 납득할 수 없다'는 사람의 비율은 76%에 달한다. 『요미우리신문』 조사에 의하면 납치 사건의 전모를 해명하는 것이 국교 정상화 전제조건이라는 의견이 9할을 넘는다. 또한 북한과 '정상화는 해야 하지만 서두를 필요는 없다'라고 답한 사람이 68%로 가장 많았다.

TV의 영향력은 상당히 컸다고 생각된다. 납치 피해자 가족들은 총리 방북을 전후해 각종 정보와 보도에 농락당했다. 방북 직전에는 아리모토 게이코有本恵子 씨와 다른 남성 2명의 귀국이 이뤄진다는 보도가 일부 나오기도 했다. 하지만 실제 결과는 8명 사망이라는 참담함이었다. 오열하며 비탄에 잠긴 가족의 영상이 반복적으로 흘러나오면서 신문의 논조와 여론에도 영향을 미쳤다.

다음 날 『아사히신문』은 사설에서 정상화 교섭 재개를 지지하

伊藤直樹
이도 나오키

지만, 납치에 대한 진상 규명을 촉구했다. 『요미우리신문』은 납치는 미해결이기 때문에 타협하면 안된다고 주장했다. 『닛케이신문』은 납치에 관한 북한의 설명에 의문을 제기하며 국교 정상화를 서두르지 말아야 한다고 밝혔다.[93] 방북의 성과를 정당하게 평가하는 논조는 전무했다. 그 뒤 미디어가 납치 문제를 중심으로 대량의 보도를 흘리고 북한에 대한 강경한 여론을 형성해갔다. 그리고 정치와 외교가 여론에 손발이 묶여버리는 상황이 발생한다.[94]

2002년 10월, 생존이 확인된 5명이 귀국했다. 원래 일시귀국이었는데 북한에 돌려보내면 안된다는 여론에 밀려 정부는 그들을 일본에 머무르게 한다. 그 후 살아남은 5명과 그 가족, 모두 8명의 귀국이 당면한 중요과제가 된다. 북한은 약속대로 일단 5명을 북한에 되돌려줘야 한다는 입장을 고집하면서 양측의 주장은 평행선을 달렸다. 북일 국교 정상화 교섭은 '북일평양선언'에 따라 10월에 쿠알라룸푸르에서 개최되었다. 12회차 본회담이었다. 그러나 일본이 중시하는 납치 문제와 핵 문제는 논의의 진전이 없었다. 북한이 다음 개최를 서두르는데 반해 일본은 그에 응해줄 상황이 아니었다.

고이즈미 방북으로 문이 열린 국교 정상화의 길은 일단 닫히게 된다. 이후에는 납치 문제의 해결을 축으로 2003년 8월부터 개최되었던 6자회담 틀 안에서 북일 교섭이 진행된다.

제2차 고이즈미 방북: 다시 선발대로 평양으로

2004년 5월 중순, 이토 나오키 북동아시아과장으로부터 연락이 왔다. 고이즈미 총리가 다시 방북하게 되어, 나도 선발대로 평양에 가주었으면 한다는 것이었다. 지난번에는 현지 준비본부의 부본부장이었지만 이번에는 본부장으로서였다.

그때는 제주도에서 열린 아시아 개발은행총회때문에 서울의 일본대사관에서 출장으로 와 있었지만 서둘러 정리했다.[53] 주말에 귀국하자마자 야부나카 미토지萩中三十二 아시아태평양국장 등 간부와 준비회의 자리에 나갔다. 이번 일은 정말 바빴는데 결정부터 실제 총리 방문까지 고작 일주일 밖에 안된다. 다섯 명의 생존자가 귀국한 지 벌써 1년 7개월이 지났다. 이들의 가족 8명은 평양에 아직 남아 있어 초조함이 더해진다. '사망' 또는 '입국 흔적 없음'으로 알려진 10명의 납북자 안부 확인과 진상 규명도 시급했다. 그러나 협상은 평행선을 달렸다. 외무성도 2004년 들어 북한과 협상을 본격화하지만 기대만큼 반응이 없었다.

한편 자민당의 야먀사키 다쿠山崎拓 의원과 히라사와 가츠에이平沢勝栄 의원이 2003년 말엽부터 북한 책임자와 만나 8명의 가

---

53 저자 야마모토 에이지는 이 당시 주한일본대사관 경제공사로 일하고 있었다.

족을 데려오기 위한 절충을 하고 있었다. 이와는 별도로 이지마 이사오飯島勲 총리비서관이 조총련 루트로 고이즈미 총리 재방북을 타진했던 것으로 알려졌다. 이처럼 제각각의 협상 루트가 존재했다는 것은 1차 방북 준비 때 다나카 히토시田中均 아시아태평양국장과 북한 카운터 파트너 사이에 존재했던 신뢰 관계가 깨졌음을 말해준다. 사실 창구 분산은 대북 교섭 방법으로 바람직한 구도는 아니었다.

여당·정부의 대부분은 총리 자신이 가족을 맞이하기 위해 재방북하는 것에 신중 또는 반대였다. 그러나 고이즈미 총리는 이지마 비서관의 교섭을 통해 다시 평양을 방문하는 것으로 정하고 외무성에 그 준비를 지시했다. 평양에 남아 있는 8명의 가족 중에 5명, 즉 하스이케 카오루蓮池薫씨 부부와 지무라 야스시地村保志 부부와 자녀들의 귀국은 확보할 수 있었다. 소가 히토미 씨의 가족, 즉 찰스 젠킨스Charles Jenkins 씨와 딸들은 실제로 총리가 가서 부딪혀보기 전까지는 결과를 알 수 없는 상황이었다. 납치 피해자 10명의 안부 확보 · 진상규명에 대해서는 어디까지 성과를 얻을 수 있을지 불투명했다. 성과에 대한 국내 여론의 허들은 날로 높아지고 있었고 우리들은 어려운 상황에 놓여있었다.

5월 17일에 다른 선발대원과 함께 베이징에 들어가, 일본대사관에서 첫 미팅을 했다. 긴장한 표정이 역력한 선발대원 앞에서 "삼일 정도의 짧은 준비 기간이므로 보고·연락·상담을 철저히 하

---

54 주한미군으로 복무하던 중 1965년 탈영하여 휴전선을 넘어 월북한 인물. 북한 당국의 주선으로 1980년 소가 히토미와 결혼했다.

고 전례를 활용해 효율적인 준비를 할 것"을 호소한다. 또한 당일 컨디션에 만전을 기하고 어떠한 상황에도 기민하게 대응할 것을 강조했다. 다음 날인 18일, 평양 순안공항에 도착하자 구면인 송일호 씨가 마중을 나왔다. 그는 외무성의 담당부국장으로서 북일 관계 총괄 실무 책임자가 되어 있었다. 총리를 맞을 준비는 순조롭게 진행됐다. 일본 측의 선발대원은 약 60명이었다. 대부분은 2002년의 고이즈미 방북을 경험했었고 북한 담당자도 거의 같은 경험을 갖고 있었다. 다만 북한 측의 준비는 국장이나 부국장이 아니라 실무에 능통한 담당관이 맡았다. 준비과정은 담담하게 진행됐다. 현안은 납치피해자의 가족, 최대 8명을 데리고 돌아가는 작전이었다. 그들에게 언제 어디에서 만날지, 본인 확인은 어떻게 할지. 북한 측은 조금도 속내를 밝히지 않는다. 가족 담당 책임자는 북동아시아과의 다루미 히데오津留秀夫 실장인데 몇 가지 시나리오를 만들고 담당관 배치를 그린다. 요소요소마다 담당관을 붙여야하기 때문에 규모는 점점 증원된다. 그는 "최종적으로는 이미 나와버린 승부다. 임기응변으로 반사신경을 갈고 닦아 대응할 수 밖에 없다."라며 준비했다. 야부나카 미토지萩中三十二 국장과는 보안 전화로 매일 같이 연락을 취했고 이곳 준비 상황을 설명했다.

5월 22일 아침이 왔다. 준비본부가 있는 고려호텔을 나와 공항에 도착하자, 회담장소인 대동강영빈관에 먼저 나와있던 선발대원으로부터 "젠킨스씨 가족으로 보이는 사람이 있다"라는 연락이 왔다. 긴박감이 높아졌다. 9시가 지나서 고이즈미 총리 일행을 태운 정부 전용기가 평양의 공항에 착륙했다. 북한의 마중은 김영일 아시아담당 차관이었다. 이번이 두 번째 방북이어서 그런지 실무적으로 일이 착착 진행되고 있다. 트랩이 내려지면 두꺼운 융단을 밟고 기내로 들어가 총리와 인사하고 "젠킨스씨 가족이 숙소에서 대기하고 있습니다."라고 보고했다. 회담은 11시부터 시작됐다. 김정일 위원장이 안에 들어와 일단 정상회담이 시작되자 행사장인 대동강영빈관에는 쥐새끼 한 마리도 못 들어갈 정도로 삼엄한 경비 체제가 깔린다. 그러던 중 동행 취재반의 한 사람이 모두발언 취재가 끝나고 늦게 나오는 바람에 영빈관에 갇혀버리기도 했다. 곧 호텔로 돌아가야 하는데 그들이 보내줄 수 없다고 하여 약간의 소동이 벌어지기도 했다. 결국 국방위원회의 의전장과 경호실장이 접촉하여 빼내주었다.

1시간 반 정도로 정상회담이 마치자, 총리는 별실에 대기하던 젠킨스씨 가족 3명과 만나 한 시간에 걸쳐 함께 귀국하자며 집요하게 설득했다. 미국에서 탈영병신분으로 재판받을 것을 두려워하는 젠킨스 씨에게 소가 히토미 씨의 영상 메시지를 보여주었다. 가족은 무엇보다도 북한 당국을 두려워하고 있었던 것이다. 별실에서 나온 고이즈미 총리는 낙담하고 있었고 결과는 물을 것도 없었다. 결국 젠킨스 씨 가족은 후일 인도네시아에서 재회하고 일본으로의 귀국이 실현하게 된다. 그 뒤 총리 일행은 기자회견을 위해 고려호텔로 이동했다. 이 패턴은 지난 번과 같았다.

모든 행사를 마치고 공항으로 이동하는 와중에 다루미 실장에게 연락하여 5명 아이들의 상태를 물었다. 내가 "어이, 어떻게 되고 있어? 다섯 명의 신병은 확보된 건가?"라고 묻자, "그럴 때가 아닙니다. 5명이 어디 있는지 확인할 수 없었습니다. 여기 북한 담당자는 아무 도움도 안되고 있어요. 상황이 점점 악화되고 있습니다."라는 답이 돌아왔다. 다루미 실장의 팀은 공항에 있다. 어쨌든 우리도 공항으로 가서 5인의 신변을 확보해야만 한다. 드디어 공항에 도착하고 팀과 합세했다. 아이들은 공항 건물 어디에 있는 것 같지만 경비진이 둘러싸고 있어 확인이 불가능했다. 되는대로 북측 관계자에게 강경하게 요구했지만 "권한이 없다"는 답변만 되돌아와서 진척이 없었다. 우리들은 "누구냐. 북한 측 책임자는!" 외치며 애만 태웠다. 공항에는 김영일 차관이 있었다. 야부나카 국장이 김 차관에게 매달려 "5명의 가족을 전용기에 태우지 않으면 총리는 출발하지 않겠다"라고 말하자 사태가 풀리기 시작했다.

공항 정문에서 5명의 아이들이 짐을 들고 계단을 내려오자 곧바로 선발대가 앞장서 안내했다. 언론에서 크게 보도된 장면이었다. 멀리서 보았지만 참으려 해도 눈에 확 뜨거운 것이 차올랐다. 그들은 전용기의 뒷자리에 대기하고 있는 예비기를 향해 야무지게 걸어갔다. 저물어가는 붉은 태양이 긴 그림자를 만들어냈다. 무선으로 5명이 제대로 예비기에 탑승한 것을 확인하고 그 상황을 총리 일행에게 전하자 전용기는 드디어 움직이기 시작했다. 여러 가지로 가혹한 비판도 받겠지만 정말 다행이다. 나는 마음속으로 그렇게 생각했다.

납치피해자 가족의 귀국

일본 국내 상황은 그렇게 호락호락하지 않았다. 고이즈미 총리는 귀국한 날 밤, 납치 피해자와 가족을 도쿄의 호텔에서 면회한 뒤에 기자들에게 방북 보고를 했다. 그 자리에서 참가자로부터 강한 비판발언이 쏟아졌다. "예상했던 범위의 최악의 결과", "5인의 귀국과 식량 지원을 맞바꾼 것은 아닌가." 이에 대해 총리는 줄곧 의견을 들은 뒤에 "책임은 모두 나에게 있다. 비판은 모두 겸허히 수용하겠다."라고 말했다. 소재불명자 10명의 진상 규명에 대해서는 "내가 방북하지 않는 한, 문을 열지는 않을 것 같다."라고 반론하고 "상대가 꿈쩍도 않는 상황으로 볼 때, 방북하지 않으면 가족의 귀국도 없었다."라며 호소했다.[95] 이 심각한 대화들은 모두 텔레비전으로 중계되었다. 그러나 이것을 본 시청자 다수는 "일부러 방북까지 한 총리에게 너무들 한 것 아닌가"라며 기자들의 대응을 비판했다.

한편 같은 날 밤 귀국한 5인의 아이들이 부모와 재회하고 버스에 탄 모습이 텔레비전에 송출되자, 방북의 성과를 각인시키게 되었다. 이 두 번째 고이즈미 방북을 어떻게 평가하는 것이 좋을까? 사실 1차 방북처럼 극적인 성과는 아니다. 그러나 납치 피해자 가족 5명을 데리고 나오고 이후 남은 3명의 귀국으로 방향을 잡은 것은 지난 번의 방북 성과를 완결짓는 것이었다. 남아 있는 안부 불명의 피해자에 대해 김정일이 "백지 상태에서 재조사"한다는 약속을 받게 된 것도 일보전진이다. 지난 방북에서는 일본 측에서 일절 원조를 하지 않았지만[96] 이번에는 인도 목적으로 25만 톤의 식량, 1,000만달러 상당의 의료품 지원을 표명했다. 이것은 5인의 귀국의 대가로 지원한 것이라는 비판을 초래하게 된다.

고이즈미 총리는 김정일 국방위원장에게 핵무기 개발을 포기로 북한이 얻을 이익은 한없이 크다면서 끈질기게 설득하려 했지만 만족할 만한 대답을 얻지는 못했다. 핵문제는 전년도 8월에 시작된 6자회담에 그 해결을 넘기기로 했다. 이번 방북은 7월의 참의원 선거를 앞두고서 여당의 지지율을 올리려고 한 게 아니냐는 지적도 나왔다.[97] 첫 번째 방북에 비해 큰 성과를 기대하기 어려웠고 여론의 반응도 냉담하다는 점을 감안하면 이 방북은 고이즈미 총리로서는 큰 도박이었다 할 수 있다. 실제로는 여론조사 결과 재방북을 '평가한다'라고 답한 사람은 68%에 달하고 또한 내각지지율도 40%대에서 54%로 상승한다[98]. 다만 이 방북이 참의원 선거에 플러스로 작용했냐고 하면, 그것은 확실하지 않다.[55]

최우선과제로 떠오른 납치 문제: 대화냐 압력이냐

이후의 움직임을 정리하자면 첫 번째로 납치가 최우선과제가 되어 갔다. 핵문제나 미사일처럼 국가 안전문제보다도 '일본의 주권 및 국민의 생명과 안전에 걸린 중대한 문제'로서 납치 문제가 다루어졌다. 이런 경향은 2002년 9월 고이즈미 방북 직후부터 시작되었

---

55 2004년 7월 11일 제20회 참의원 선거 결과 고이즈미 총리의 자민당이 고전하고 제1야당인 민주당이 크게 약진한다.

다고는 하지만 고이즈미 총리는 2004년 2차 방북을 앞두고 "북한과 정상적 관계를 만들어가는 것이 내 역할이다."[99]라고 말할 정도로 국교 정상화에 의욕을 갖고 있었다. 그러나 그 뒤 납치 문제의 비중이 상당히 증가하자 점차 여기서 빠져나갈 수 없게 된다.

결국 일본 측은 북한 측과 교섭할 즈음 ① 모든 납치피해자의 안전 확보와 즉시 귀국 ② 진상 규명 ③ 납치 용의자의 인도 등을 강하게 요구했다. 북한은 납치 문제는 이미 해결된 문제라며 대북 제재 해제를 요구한다. 이러한 평행선이 계속될 뿐이었다. 일본 여론은 납치 문제에도 불구하고 북한 핵 문제에 대처하기 위해 일본이 어느 정도 부담을 지는 것에 대한 국민들의 이해가 있었다. 요컨대 KEDO 지원이다. 그러나 '납치 문제'의 진전이 없는 상황에서 비핵화를 위해 일본이 북한에 재정적 지원을 하는 상황을 일반 국민이 납득하기 어려웠다.

과감히 납치를 시인한 김정일에게는 참으로 아이러니한 전개이다. 그는 재방북했던 고이즈미 총리에게 "복잡한 문제들이 발생해 우리는 실망했다."라고 말하며 일본에게 배신당한 마음을 드러내기도 했다. 그러나 이것이 일본의 정치 현실이었고 그 후에는 건설적이지 않은 북한의 태도에 문제가 있었던 것이다.

두 번째로 여론이 점점 강경하게 기울어갔다. 특히 김정일 국방위원장이 "백지로 되돌려 철저히 조사하겠다"라는 약속에 따라 세 차례 북일 실무협의가 진행되어 일본 측의 현지 방문이 진행되었다. 그런데도 북한의 결론은 '8명 사망, 2명은 입국확인 안됨'으로 변한 것이 없었다. 무엇보다 북한에서 요코다 메구미의 '유골'

이라고 제공받았던 뼈에서 다른 사람의 DNA가 검출되자 일본 여론은 더욱 악화된다. 결국 압력 중시의 정책이 취해졌다. 『개정 외환법(2004년 2월)』, 『특정선박 입항금지 특별조치법(같은 해 6월)』, 『선박 유류오염 손해배상보장법 개정(2005년 3월 시행)』, 『북한인권법(2006년 6월)』 등 연이어 법률이 제개정되며 압력 또한 강해졌다. 그러던 중 2006년 미사일 발사(7월)와 핵실험 실시(10월)로 강경노선은 극에 달한다. 미사일 발사 이후 일본은 만경봉92호의 입항 금지, 고려항공 직항 전세편의 탑승 불허 그리고 유엔 안보리결의 제1718호에 따라 북한으로의 사치품 수출 금지도 실시하게 된다. 바로 이 무렵 2006년 9월에 아베 내각이 발족하고 대책본부를 설치하면서 납치 문제를 최우선 과제로 명확히 한다. 이에 더해 납치 실행범으로 의심되는 북한 공작원의 신광수[56]를 특정하고 체포 영장을 발부받아 국제 수배를 하는 등 압력 중시의 정책을 이어갔다. 그렇게 2006년 2월 북일포괄병행협의[57] 이후 다음 해인 2007년이 되기까지 북일 간 대화는 사실상 단절되었다. 결과적으로 납치 문제의 진전도 없었다.

　세 번째로 미디어와 여론은 2003년을 정점으로 서서히 납치 문제와 북한에 대한 관심이 옅어져 갔다. 2007년이 되면 북한 관련 보도는 2002년 고이즈미 방북 이전 수준으로 감소하게 된

56　북한 공작원으로 요코다 메구미 등을 납치했다고 알려져 있다. 1985년 대남공작 도중 서울에서 체포되어 사형선고를 받고 복역하다 1999년 석방되었다. 이후 6.15 남북공동선언에 따라 다른 비전향 장기수들과 함께 북송되었다.

57　국교정상화 문제와 북한의 핵 · 미사일, 납치자 문제를 분리해서 병행 교섭한 협의

다.[100] 핵실험과 요코다 메구미 남편 김영남의 기자회견 등 눈에 보이는 드라마틱한 움직임이 있으면 모를까, 그런 일도 없다면 보도의 양은 줄어들고 여론의 관심도 낮아진다. 특히 납치 문제에 대해서는 이렇다 할 움직임이 거의 없었다. 이러한 상황에서 강경한 자세로 한동안 지지율을 높였던 1차 아베 정권은 고이즈미 총리처럼 납치 문제 진전이나 방북 등으로 지지율을 끌어올릴 기회가 없었다.[101]

6자회담으로 수렴된 북일교섭

또 하나의 큰 흐름은 북일대화가 6자의 틀 안으로 들어갔다는 것이다. 6자회담은 2003년 8월에 1차 회의가, 이듬해 2월에 2차 회의가 개최되었지만 당시 일본은 납치 문제해결의 중요성도 제기하고 있었다. 또한 몇 번의 회의와 별도로 북일 접촉의 기회도 가졌다. 원래 6자회담 도중에 또는 그 기회에 별도로 북일 간에 협의를 하는 것은 자연스러운 흐름이었다.

2005년 9월에 제4차 6자회담에서 공동성명을 채택했을 때, 그 중 핵문제에 더하여 북미관계와 함께 북일관계도 한 문장을 담았다. 이른바 북일 양국은 "평양선언에 따라 불행한 과거를 청산하고 현안사항을 해결을 기초로 국교 정상화를 위한 조치를 취할 것을 약속한다."라는 문구였다. 이것은 기본적으로 일본 측이 강하게 요구한 문구로 알려져 있다. 일본은 핵 문제만이 진전되고 북일 간 현안 해결, 특히 납치 문제만 남겨지는 것을 두려워했다.

6자회담, 핵 문제를 진전시키기 위해서라도 납치 문제의 해결이 필요했다.

덧붙여 일본은 같은 해 11월에 열린 5차 회의에서 다음과 같은 제안을 했다. ① 핵 포기·검증 ② 경제·에너지 지원 ③ 양국 간 관계로 구성된 3개의 분야를 만들어 신속하게 병행하여 포괄적으로 실시한다.[102]

여기서 중요한 포인트는 일본에게 양국 간 관계는 납치 문제의 해결이고 이것을 다른 분야와 '병행'하여 '포괄적'으로 실시하는 것이다. 이를테면 핵 문제가 진전되어 북한에 경제·에너지가 지원이 되는 경우에 납치 문제도 진전되어야 한다. 그러나 이 걱정은 나중에 현실이 되었다.

2007년 2월에 채택되었던 초기조치에서는 공동성명과 같은 문안에다 마지막에 '양자 간 협의를 개시한다'라고 추가되었다. 또한 북일 국교 정상화를 포함하는 5개의 작업부 회의 설치에 대해서도 합의한다. 흥미로운 것은 '5개의 작업부 회의에서 책정되었던 계획들은 전체적으로 조정된 방법으로 실시된다'라고 명기되었다. 여기에도 일본 측 사고방식이 비쳐진다.

같은 해 10월에 발표되었던 2단계 조치에서는 직전에 열린 제2회 북일작업부회의가 좋은 분위기에서 치러진 것을 바탕으로 북일이 '양자 간 정력적 협의를 통해 구체적 행동을 실시할 것을 약속'한다고 명기되었다. 이상과 같이 납치 문제 해결을 포함, 북일 관계를 6자회담에 넣는 것은 핵 문제 해결이 바로 납치 문제 해결로 이어진다는 점에서 의의가 있다고 생각된다. 한미중러가 일본의 입장을 이해하고 납치 문제 같은 북일 간 현안으로 북한에 압력을 걸었다면 효과적이었겠지만 사실 그렇게 단순하지 않다.

　미국은 테러국가 지정 해제를 위해서라도 납치 문제의 진전이 필요하기에 북한에 압력을 행사했던 시기가 있었다. 그러나 결국 부시 정부 말이 되자 구체적인 성과에 초조해져 지정 해제를 선행해버렸다. 한국은 노무현 정부 시기 6자회담에서 납치 문제를 제기하는 것에 공공연히 반대를 표명했다. 남북관계를 우선하여 북한을 자극시키지 않기 위해서다. 그렇기에 '6자회담은 납치 문제를 논의하는 자리가 아니다'라는 입장으로 사실상 북한에 힘을 실어줬다. 돌이켜보면 핵시설의 불능화의 대가로 북한에 경제·에너지 지원이 이루어지게 되었다. 일본이 납치 문제 미해결의 이유로 뜨뜻미지근한 반응을 보이자 일부 국가가 비난하기도 했다. 무엇보다 납치 문제 등 현안사항 해결을 포함하여 북일관계가 6자회담 합의문에 들어가지 않았다면 대가 지원에 참여하지 않는 일본에 대한 비난은 더욱 거세졌을 것이다.

　여기서 납치 문제와 미국의 관계에 대하여 간단히 살펴보자.

　2002년 고이즈미 방북 이후, 납치 피해자의 가족모임과 이를 지원하는 구출모임이나 납치의련(북한에 납치된 일본인을 조기 구출하기 위해 행동하는 의원연맹)은 문제 해결을 위한 압력의 일환으로 부시 정권과의 연대를 모색한다. 2006년 4월, 요코다 메구미의 어머니와 부시 대통령의 면담으로 결실을 맺었다. 동시에 '테러와의 전쟁'을 표방하는 부시 정권과 '납치가 곧 테러'라는 논의 결과 국무부의 국제테러연차보고서에 납치문제가 언급되기에 이른다.[103] 1기 부시 정권은 네오콘의 영향이 강해 고이즈미 방북 후 미국은 '북한 납치 문제 가족회'에 귀를 기울였다. 일본정부의 동향에 브레이크를 걸 구실을 찾기 위해서일 수도 있다. 그러나 미 정부는 납치 문제 해결을 북한의 테러지원국가 지정해제 조건으로 정한 적은 없었다. 부시 대통령도 "메구미씨의 어머니가 다시 한번 딸을 품에 안을 수 있도록 해야 한다."고 발언했지만 정책으로 이어지지는 않았다.

그 뒤 2006년 11월의 미국 중간선거를 거쳐 부시 정권은 북한과의 대화노선으로 전환한다. 이듬해 2007년 2.13 합의문에서 북한의 '테러지원국가 지정을 해제하기 위한 과정을 개시한다'는 것을 약속한다. 2008년 10월 북한으로부터 핵계획의 신고가 나오고 일련의 검증조치에서 북미 간에 합의가 이루어짐에 따라 미국은 테러지원국 지정을 해제했다.

문은 다시 열리는가

2004년 5월의 고이즈미 총리 재방북 이후, 6자회담 등 북일 간 다양한 교섭이 진행되었다. 그때마다 분위기가 좋을 때도 있었다. 하지만 결국은 납치 문제의 진전이라는 점에서는 어떤 성과도 없었다.

그러다 2008년의 6월 초 6자회담에서도 변화가 시작됐다. 북한이 늦게나마 핵계획의 신고를 제출하고 이에 따라 미국이 북한의 테러지원국가 지정 해제 검토를 의회에 통보했던 때였다. 이어서 열린 북일 실무자 협의에서 북한 측은 납치 문제는 해결되었다던 기존 입장을 뒤집어 재검토를 표명했다. 그리고 8월에는 전면 조사와 구체적 형식에 합의한다. 북한의 조사 대상자는 모두 납치 피해자로서 가능한 한 가을에 조사를 종료하기로 했다. 그리고 일본은 북한 측의 조사 개시와 동시에 인적 왕래와 항공편 규제 해제를 실시할 것이라고 밝혔다. 이제 6월 협의에서 북한이 밝혔던 요도호 관계자 문제를 위한 협력을 북한 측이 철회하면서 일본도 인도지원물자 수송 목적의 북한 선박의 입항 허가를 철회한다.

북한의 납치 문제 조사를 일본 국내에서는 의문투성이로 보고 있고 제재 완화는 조사결과를 보고 판단해야 한다는 신중론이 많았다.[104] 그런데 북한은 생존자를 발견하고 귀국시키기 위한 전면 조사를 받아들였다. 그러나 9월이 되자 북한 측에서 갑자기 조사 개시를 보류하기로 했다는 연락이 들어왔다. 일본에서 민주당으로 정권 교체가 이루어짐에 따라 신정권이 실무협의의 합의사항에 어떤 대응을 할지 지켜보겠다는 것이다. 열리려던 문이 다시 닫혀버렸다.

애초에 2008년 6월 시점에서 고이즈미 총리의 2차 방북 이후 4년에 걸쳐, 납치 문제는 해결되었다고 주장해왔던 북한이 그 입장을 바꾸었던 이유는 왜였을까? 또한 북한은 진심으로 몇몇 생존자를 귀국시킬 생각이었을까? 그리고 왜 9월이 되어서 갑작스레 조사를 보류한 것일까? 수수께끼는 많다.

일단 첫 번째는 미국이 북한을 강하게 압박한 것이 그 배경이었던 것 같다. 더욱이 대화를 중시하는 후쿠다 야스오福田康夫 정

권이 대화 상대라는 것도 북한이 고려했을 가능성이 있다. '핵계
획 신고 → 테러지원국가 지정해제 → 납치 문제 진전 → 일본의
제재 완화'로 이어지는 선순환을 북한이 생각했을 수 있다. 그러
나 왜 그 기회의 창문이 닫혔을까? 후쿠다 정권에서 아소 다로麻
生太郎 정권으로의 교체가 이유였다고는 도저히 생각할 수 없다.
북한에게 일본은 정권이 바뀌어도, 합의를 실시하는 방침에는 변
화가 없다고 전하기도 했다. 이것은 김정일이 8월에 뇌졸중으로
쓰러진 것에 관계가 있던 것은 아닐까? 이렇게 국내에 어떤 위기
가 있을 때 북한은 약한 모습을 보이기를 꺼린다. 오히려 일부러
강경 대응에 나서기도 한다. 그런 이유로 그들에게 있어서 리스크
가 있는 재조사를 피하겠다는 것이 아니었을까 한다. 어쨌든 북
한이 납치 문제도 카드를 쥐고 있을 가능성은 충분히 있다. 2009
년 4월 현재 일본 정부가 인정하고 있는 일본인 납치 사안은 12건
17명이고 그중 12명이 지금도 귀국하지 못하고 있다. 북한은 12
명 중 8명은 사망하고 4명은 입국을 확인할 수 없다고 주장하고
있다. 이들 피해자가 생존할 가능성이 있을지 확실한 것은 없다.
정부가 인정하고 있는 피해자 이외에도, 이른바 '특정실종자'를
포함해 북한에 납치되었던 가능성을 배제할 수 없는 사람들이 있
다. 북한 측은 이런 사람들의 귀국도 포함한 카드를 쥐고 있을 가
능성이 있다.

　북한은 이 카드를 언제 어떠한 상황에 내놓게 될 것인가. 또는
일본은 어떻게 이 카드를 내놓게 할 것인가. 한국과 미국, 그리고
중국과도 긴밀하게 협의하면서 대응을 생각해 둘 필요가 있다. 그

러나 만일 납치 문제가 해결되거나 큰 진전이 보여진다면, 드디어 핵 문제, 미사일 문제를 정면에서 밀어붙일 수 있다. 일본은 핵무기를 가진 북한과는 국교 정상화를 할 수 없다. 그렇다면 어떻게 북한에 핵무기와 그 개발을 포기시킬 것인가. 그리고 미사일 문제를 어떻게 접근해야 할 것인가. 북한과 국교를 정상화하기 위해 일본이 해야 할 과제는 아직도 많다.

8장

과거에서 무엇을 배울 것인가

스톡홀름 합의의 이면

두 번에 걸친 고이즈미 총리의 방북 결과, 납치 피해자 5명과 가족 8명의 귀국이 실현되면서 남은 피해자들의 안부와 귀국이 최대의 현안이 되었다. 2차 방북(2004년) 이후, 직접교섭하는 자리 또는 6자회담 안에서도 논의는 계속되었지만 북한의 반응은 '납치 문제는 해결되었다'로 일관됐다. 한편 요코다 메구미 씨의 유골에서 다른 사람의 DNA가 검출된 일이나, 북한의 연이은 미사일 발사와 핵실험 도발을 거치며 여론은 급속도로 냉각되었다. 그 결과 일본의 독자적 제재가 잇달아 발동된다.

일본에서 후쿠다 내각 발족 후, 기회의 창이 조금 열린 듯 보였다. 앞서 언급했듯이 2008년 8월 8일, 북한은 드디어 납치 문제의

宋日昊
송일호

전면 조사에 합의한다. 조사 대상자는 모든 납치 피해자로서 가을에 조사를 종료하기로 했다. 그러나 후쿠다 총리가 퇴진을 표명한 다음 달 9월이 되자, 북한이 조사 실시를 보류한다는 연락이 왔다. 그 후 얼마 안 가 모든 교류가 중단되었다. 그리고 2012년이 되어서야 교섭이 재개된다. 김정은 체제가 발족한 직후의 일이었다. 그리고 이지마 이사오 내각관방참여內閣府参与의 방북과 요코다 메구미의 부모와 북한에서 낳은 메구미의 딸 김은경의 면회가 이루어졌다. 2014년이 되자 스톡홀름에서 이하라 준이치伊原純一 아시아태평양국장과 송일호 대사가 협의 끝에 합의에 다다랐다.

북한은 1945년 전후에 북한에서 사망한 일본인의 유골 및 묘지, 잔류 일본인, 이른바 일본인 배우자, 납치 피해자 및 행방불명자에 관한 조사를 전면적으로 실시할 것을 약속했다. 그리고 이를 위한 특별조사위원회를 설치했다. 일본은 행동대 행동의 원칙에 입각해 북한의 조사 진전에 따라 인적 왕래, 송금, 북한 선박의 일본 입항 금지 조치와 같은 일본의 제재 조치를 해제할 것을 약속했다. 그 후속조치로 이하라 국장이 평양을 방문하고 특별조사위원회와 협의하는 자리를 가졌다. 일본은 납치문제의 중요성을 강조하며 조사를 촉구했다. 그러나 북한이 조사를 1년 후에 마친다고 했지만 몇 년이 지나도 정식 조사보고는 이뤄지지 않았다. 결국 또다시 흐지부지 되어버렸다. 후쿠다 내각 시절에도 그랬지만 이 스톡홀름 합의에 대해서 왜 북한이 재조사에 동의했는지, 또한 그 뒤에 왜 뒤집어버렸는지를 타이밍과 함께 분석해보는 것도 흥미로울 것이다. 다만 여기서 다루지는 않겠다. 이 두 번의 기회를 돌이켜 볼 때 북한이 뭔가 카드를 쥐고 있었을 가능성이 높아보인다. 객관적으로 보아 조금이라도 일부의 납치 피해자, 이른바 특정실종자, 행방불명자가 생존해 있을 가능성이 충분하다고 할 수 있다.

붕괴된 구조, 시작된 악순환

6장에서는 부시 정부(2001~2009년)의 8년간을 다루었다. 북한정책을 주도해 온 미국 정부는 그 후 오바마 정부(2009~2017년), 트럼프 정부(2017~2021년)를 거쳐 바이든 정부(2021년~)에 이르렀다. 클린턴 정부에서는 1994년 북미 제네바합의를 통해 북한에 경수로를 제공하면 북한이 핵시설을 동결하고 해체하겠다고 약속했다. 부시 정부는 6자회담이라는 새로운 틀을 만들었다. 2005년에 채택되었던 6자공동성명에서 북한은 '모든 핵무기와 기존 핵계획의 포기'를 공약하고 있고 그 대가로 경제·에너지·인도적 지원을 제공받기로 했다. 그러나 북한은 2009년 미사일 발사에 대해 유엔 안전보장이사회가 의장성명을 발표한 것에 반발하면서 '6자회담에는 결코 돌아가지 않을 것'이라고 선언했다. 결국 이 틀도 오바마 정부 출범 후 얼마 지나지 않아 붕괴해 버렸다. '핵무기 없는 세계'를 제창한 오바마였지만 아이러니하게도 이 시기 북한은 4번의 핵실험을 실시했고 탄도미사일 발사를 거듭했다. 미국이 '전략적 인내strategic patience'라는 캐치프레이즈를 내걸었지만 막상 무언가 유효한 이니셔티브를 취하지 않았던 것은 유감이다.

한편 북한은 6자회담 이탈 이후에 핵무기·미사일 개발에 전력했는데 그 전년도에 김정일이 병으로 쓰러져, 3대 세습이 본격화했던 것과 관련이 있어 보인다. 그들에게 핵무기·탄도미사일의 개발은 미국과 주변국에 대한 억지력만이 아니라, 김씨 왕조체제를 존속시키기 위한 위해 필수불가결한 것일 수 있다. 리비아의 무아마르 카다피Muammar Gaddafi의 예를 보면 알 수 있듯이 선 핵개발 포기, 후 경제 지원으로는 정권이 유지될 수 없을 것이다. 또한 재래식 병력을 강화하는 것보다 핵무기를 개발하는 쪽이 비용이 적게 들기 때문에 경제난에 빠진 북한에게 핵은 매력적인 선택지일 것이다. 국제 사회는 북한의 도발(핵실험·탄도미사일 발사)과 이에 따른 제재라는 악순환에 빠졌다. 트럼프 대통령이 등장했던 2017년에는 북한이 대륙간탄도미사일ICBM과 6번째 핵실험을 실시하기에 이르러, 양국 정상 간 비난을 포함해 긴장이 최대한 높아져 갔다.[58] 이런 와중에 이니셔티브를 쥐었던 것은 진보 정권인 문재인 대통령이었다. 북한 측도 2018년 '신년사'에서 남북관계 개선을 호소하며 이에 응했다. 군사적 위협과 긴장이 정점에 다다를 때,

---

58 2017년 한반도 긴장이 고조될 당시 김정은 위원장은 '국무위원장 성명'(2017년 9월 22일)을 내고, 트럼프 대통령을 "늙다리 미치광이", "불망나니", "깡패", "겁먹은 개"라고 맹비난했다. 트럼프도 트위터에서 김정은을 미치광이mad man, 리틀 로켓맨 등의 말을 쓰며 비난했다.

회담을 통해 돌파구를 찾으려는 북한의 자세는 적어도 지난 수십 년 동안 일관된 것이다. 한국 정부는 같은 해 2월에 열린 평창동계올림픽에 김영남 최고인민회의 상임위원장과 김정은의 여동생 김여정의 참가를 성사시킨다. 그리고 4월 남북정상회담에서는 판문점선언을 채택하고 완전한 비핵화를 통해 핵 없는 한반도를 실현한다는 공통의 목적을 확인했다. 그 후 2차 회담을 하고 모두 3차까지 정상회담을 실현한다.

문 정권이 가교가 되었는지, 북미 간 접촉도 시작되었다. 그리고 6월 싱가포르에서 역사적인 북미정상회담이 실현된다. 여기서 김정은은 완전한 비핵화를 위해 노력하자는 공동성명에 서명했다.

그러나 다음 해인 2019년 베트남에서 열린 제2차 북미정상회담에서는 합의에 이르지 못하고 사실상 회담은 결렬된다. 미국이 영변 핵시설만이 아니라, 다른 핵시설까지 패기를 요구하자 북한이 이를 거부한 것이 결렬 이유로 알려졌다. 또한 제재 해제를 둘러싸고도 북미 간에 의견이 맞지 않았다. 그 뒤 북한의 분노가 한국을 향했는지, 남북관계는 예전의 냉각된 상황으로 되돌아 갔다. 이후 북미관계는 미국이 어떻게 나올지 주시하며, 지금의 북한은 도발을 자제하는 듯 보인다.

다음 한 수는

최근 북한은 각종 제재, 자연재해, 신종 코로나의 삼중고에 직면해 있는 것으로 알려져 있다. 사실 2021년 1월, 5년 만에 개최되었던 제8차 당대회에서는 경제정책 실패를 솔직히 인정하고 '자력갱생'과 '자급자족'의 중요성을 강조했다. 한편 한국에서는 2023년 3월에 대통령선거가 치러질 예정으로 만약 보수 후보가 당선될 경우 남북관계는 진전을 보지 못할 것이다. 바이든 정권은 트럼프 정권과 달리, 실용적인 외교를 할 것이 예상되기에 신중한 대응이 될 가능성이 높다. 그렇게 생각해보면 지금 같은 삼중고가 계속되는 한 북한이 일본에 활로를 찾으려 할 가능성도 있다.

물론 고이즈미 방북 때처럼, 정상외교의 강점은 충분하다. 그전에 준비와 포석으로서 외교 당국 간 접촉 채널을 유지해 두는 것이 매우 중요하다.

그러기 위해선 첫 번째로 평양에 연락사무소를 설치하는 것이 유효한 수단일 것이다. 일본과 단순하게 비교할 수 없겠지만 평양에는 영국이나 스웨덴 등 외교관계가 있는 서방국가들이 공관을 두고 있고 2020년에 폭파했으나 개성에는 남북 연락사무소가 있었다. 또한 과거로 돌아가 보면 1997년 KEDO 현지사무소가 금호군에 개설되어 한미일 직원들이 주재하기도 했다. 더욱이 일본에는 조총련이 있지만 북한에 일본을 대표하는 조직이나 사무소가 없다는 것은 비대칭적이라고도 할 수 있다.

두 번째로 북한을 포함한 투트랙의 관계를 구축하는 것이다. 1990년대 초반, 일본에 있는 신문사, 미국의 대학, 북한의 군축평화연구소가 도쿄에서 세미나를 개최한 적이 있다. 그 기회로 북한 연구소의 대표단을 외무성으로 초청해, 우리 쪽 간부와 의견교환의 기회를 만들어 낸 적이 있었는데, 대표격 인물은 거의 발언을 하지 않았다. 그때는 실력 없는 사람이라고 생각했는데, 그가 나중에 제1차관이 되어 대미 협상의 최고 책임자가 되는 김계관이었다. 싱크탱크라고 해도 북한은 정당·정부와 일체가 되어 있기 때문에 두 번째 트랙으로 인간관계를 만들어 둔다면 훗날 교섭에도 역할을 할 수 있을 것이다. 어쨌든 일본은 국교 정상화, 그리고 대규모 경제 협력이라는 최강의 수단과 카드를 갖고 있다. 북한이 삼중고에 직면해 있는 지금이야말로 원점으로 돌아가 그 수단과 카드들을 최대한 살리면서 핵·미사일 개발 문제, 그리고 납치 문제 해결에 매진하는 것이 중요하다.

대북한 외교의 교훈

이상 제7장까지 1990년대부터 20년 가까이 걸친 일본과 북한의 관계를 돌아봤다. 이 시점에서 그동안 얻은 교훈이 무엇인지 정리해보자. 우선 중요한 것은 이 사이 북한 측 주요 인물은 변함없다는 것이다. 대미관계에 있어서는 1993년의 제1차 핵위기·북미 고위급협의부터 6자회담에 이르기까지, 강석주 제1차관과 김계관 차관이 교섭을 도맡고 있다. 대일관계에 대해서는 일본 정당과의 창구가 되어온 김용순이 사망했지만 송일호를 중심으로 한 실무진은 큰 변화가 없다. 그리고 무엇보다도 최고지도자였던 김정일은 아버지 김일성의 말년부터 정책의 책임을 맡아왔다. 건강문제가 있었어도 끝까지 그 지위는 흔들림이 없었다. 이에 비해 미국·한국·일본에서는 정책책임자 및 교섭담당자가 빈번하게 바뀌었다. 이에 우리가 과거의 북한 외교와 우리의 정책 대응을 배워 현재와 앞으로의 정책입안의 양식으로 만들어가는 것에 의의가 있다.

첫 번째로 말을 듣지 않으면 5메가 와트의 흑연감속로를 가동시켜, 사용후 연료봉을 재처리한다는 북한의 엄포는 상투적 수법이다. 이미 1994년 북미 고위급 협의에서도 강 차관은 상대인 갈루치 국무차관보를 공갈했다. 그후에도 이 공갈은 때만 되면 되풀이된다. 최근에는 새로운 탄도미사일 발사나 핵실험도 언급하면서 점점 위협한다. 이에 대해 미국 일본 등 국제 사회는 이렇다할 대처를 하지 못하고 있다. 클린턴 정권은 북미 제네바합의에 따라 경수로라는 유인조치를 약속하면서 이런 위협에 대처했다. 또한 부시 정권은 북한의 위협과 도발을 처음에는 무시하다가 금융 제재와 안보리 결의라는 압력으로 대처하는 듯했다. 그러나 오히려 북한의 핵·미사일 개발을 재촉하는 결과가 되고 말았다. 어느 쪽이든 비판을 받고 있다. 북한에게 이런 엄포는 통하지 않는다는 것을 국제사회는 일관되고 분명하게 보여줘야 한다. 물론 대화나 유인책을 필요하지만 어느 정도 선을 넘으면 엄정하게 대응하는 것을 보여줘야 한다. 특히 중국과 한국 등 인근 국가 역시 강경한 조치를 취하지 않으면 효과가 반감된다.

두 번째로 이 문제에서 대화와 유인, 또는 압력은 어느 정도나 유효할까. 최근 일본 여론은 압력을 넣는 쪽으로 기울고 있다. 그러나 큰 성과를 올린 고이즈미 방북에서 일본은 압력을 행사하지 않았다. 북한이 납치의 카드를 내버린 이유의 하나는 '일본과 국교 정상화한다면 막대한 자금을 손에 넣는다'라는 인센티브였다고 생각된다. 그러나 압력이 전혀 없으면 상대방에게 뺏길 가능성도 있다. 90년대의 일본의 쌀 지원이 그렇다고 할 수 있을 것이다. 한국도 햇볕정책으로 얻은 것은 이산가족 상봉 정도로 그다지 많지는 않다. 한편 1994년의 북미 제네바합의나 6자회담 등 일련의 합의문서 채택 배경에는 일정한 압력이 있었던 것도 사실이다. 따라서 북한에 효과적으로 대처하기 위해서는 적당한 압력과 함께 유인 조치(제재 해제를 포함해)를 제시하는 것이 효과적이다. 그리고 유인 조치는 상대방이 구체적인 양보를 취했을 때 발동하는 등 세심한 사전 조치가 필요할 것이다. 어찌되었든 의사소통을 위해 대화의 루트를 유지하는 것이 매우 중요하다고 생각한다.

　세 번째로 북한은 몇 안 되는 카드를 최대한 돌아가며 사용하고 그렇게 간단하게 손에서 놓지 않는다. 흑연감속로 가동이나 재처리를 카드로 쥐었던 그들은 경수로나 중유, 에너지 지원 등을 얻어냈다. 이 카드는 버리지 않았다. 언제라도 재가동되고 재처리할 수 있는 카드이다. 그들은 납치 피해자도 단번에 귀국시키지 않았다. 일본인 배우자의 귀국 카드는 몇 번이나 사용했다. 따라서 그들이 카드를 돌리지 못하게 하는 지혜가 중요하다. 핵시설의 불능화는 그 제1보였지만 불충분했다. 핵관련 시설은 단기간에 폐기시키는 대처가 요구되었다. 또한 상대방의 카드가 재이용할 것 같으면 일본의 카드도 재이용가능한 것을 제시해야 한다. 말하자면, 식량 지원의 경우 받아버리면 끝이기 때문이다. 제재 해제 등을 제시한다면 상대방의 행동에 따라 다시 그 제재를 발동하면 된다. 참고로 카드를 잘게 잘라 상대방의 양보를 얻어내려는 북한의 전술을 살라미 전술salami tactics이라고 할 수 있다. 살라미 소시지처럼 얇게 잘라낸다는 것이다. 거기에 하나하나 대응하고 양보를 하다보면 어느새 모든 게 허사가 되고 원점으로 돌아가 버린다. 이런 게 반복된다. 가만히 생각해 보면 서로 작은 양보를 하는 것보다는 큰 그림을 그리고 큰 거래를 단기간에 달성하는 게 좋다. 말하자면 북한은 건설중인 것을 포함하여 흑연감속로와 재처리시설을 1년 이내에 폐기하는 것과 함께 NPT에 가입하여 IAEA의 완전한 사찰을 받는다. 이를 발판으로 북미 국교를 정상화한다. 이 정도의 큰 그림을 생각하는 게 효과적일 것 같다.

네 번째로 북일관계를 돌아보자. 북한이 관계 개선에 진심이었을 때가 기회였다. 그런 기회는 지금까지 두 번 있었다. 가네마루 방북이 실현되었던 1990년경과 고이즈미 방북을 향해가던 2001~02년경이다. 전자는 사회주의 국가들의 붕괴로 북한은 위기에 직면하자 활로를 일본에서 찾았다. 후자는 김정일의 정상외교가 시작되었던 때로 부시 정권에 대한 두려움도 요인이 되었을 것이다. 북한은 '제18후지산마루호 선원 석방' '북일국교정상화교섭 개시' '납치 문제 인정'이라는 중요한 카드를 내놓았다.

반대로 북한이 관계 개선의 열의가 없으면 일본의 대응은 공회전이 된다. 일본정부는 1995년에 쌀 지원을 한 이후, 고이즈미 방북 전인 2000년까지 모두 118.2만 톤의 쌀 등을 북한에 제공했다. 이에 더해 국제기관을 통해 50만 달러의 자금과 의료품을 제공했다. 이들 지원은 인도적인 성격이 크기 때문에 각각 그 나름의 의의가 있다고 할 수 있다. 그러나 가시적인 성과를 얻은 것은 세 번에 걸친 일본인 배우자의 고향방문뿐이었다. 2000년에는 7년 만에 북일 국교 정상화 교섭이 이루어졌지만 납치 문제의 진전은 없었다. 물론 2000년에 진행되었던 쌀 지원이 고이즈미 방북의 마중물 역할을 했다는 건 부정할 수 없다. 다만 북한이 다시 움직일 때까지 무작정 기다리는 것은 아닌 듯하다. 무엇보다 일본과 관계를 개선한다면 북한도 얻을 것이 크다는 확신을 주어야 한다. 여기서 어려운 문제는 납치 문제이다. 2002년의 고이즈미 방북 당시 김정일은 납치 문제를 인정한다면 빠른 시기에 정상화를 달성하여 일본의 막대한 자금을 손에 쥘 수 있다고 생각했던 시기가 있었다. 그러나 그 뒤의 일련의 사태가 일어나 엎어졌다. 따라서 북한이 '두 번이나 그들 손에 놀아날 수 없다.'라고 생각하더라도 이상할 일은 아니다. 하나는 북일 양국 간에 납치 문제의 최종 해결과 구체적인 국교 정상화를 패키지로 교섭하는 방안일 것 같다. 그러나 정상화의 전제로서 납치만이 아니라 핵이나 미사일도 해결해야만 한다. 결국 6자회담 같은 틀을 이용하여 이것 문제들을 포괄적으로 해결하는 것이 효과적이고 현실적일 것 같다.

　다섯 번째로 일본의 경우 북한과의 관계에서 정부만이 아닌, 정당의 채널도 존재한다. 특히 1990년대가 그랬는데 일본이 의원내각제로 있는 한 어느 정도는 정당 간의 교류도 의의가 있기에 정부와 긴밀한 연대를 취해서 상호 보완적으로 가야 한다. 그러나 과거를 돌아보면, 북일관계의 가장 획기적인 움직임은 2002년 고이즈미 방북이었다. 이것은 고이즈미 총리의 지시로 외무성이 북한과 주도면밀하게 준비를 진행했기에 실현되었던 것이다. 북한은 걸핏하면 복수의 상대와 교섭하고 그 중 유화적인 입장의 파트너를 활용하여 정부나 강경파를 흔드는 경향이 있다. 따라서 기본적으로는 교섭의 창구는 정부로 일원화하는 것이 바람직하다. 상대가 받기만 하지 않도록, 이쪽도 얻을 수 있도록 사전에 면밀한 협의가 필요하다. 추가로 말하자면 북한의 경우 리더와 직접 담판하는 것이 효과적이다.

여섯 번째로 북한은 관계국들의 움직임을 세세하게 보고 있다. 어떤 나라에게는 적대적인 태도를 취하지만 동시에 다른 나라에 대해서는 유화적인 태도를 취할 때가 있다. 그들로서도 주변 5개국 모두와 동시에 적대하는 것은 피하려 한다. 오랜 기간 강대국에 둘러싸여 생존해 온 북한의 지혜가 아닐까 한다. 부시 정부 시대, 핵과 미사일 개발을 둘러싸고 국제사회는 압력과 제재를 가했지만 중국이 제대로 압력을 행사했던 적은 없다. 한국의 김대중 정부, 노무현 정부는 대북 유화책을 유지했다. 핵실험이 있었어도 한국 정부는 대북정책의 기조를 바꾸지 않았다. 그 결과 최근 북한의 대외무역의 약 8할을 중국과 한국이 차지하고 있다. 결국 제재를 하더라도 북한에게는 중국과 한국이라는 도주로가 있다.

한국에서 이명박 정권이 탄생하고 남북관계가 악화되자 북한은 미국으로 급선회한다. 정권 말기의 성과에 목마른 미국의 사정을 잘 알고 있었으므로 미국으로부터 '테러지원국가 지정 해제'를 손에 넣게 된다. 주변 대국을 떡 주무르는 듯한 북한의 외교술에 혀를 내둘렀다. 따라서 5개국, 그 중 한미일은 이러한 북한의 패턴을 명심하고 연대를 긴밀하게 해야 할 것이다.

일곱 번째, 북한의 미사일 개발은 이제까지는 거의 방치 상태였다. 전술한 바와 같이 북한은 국제적인 미사일 관련 규제에 참가하지 않고 있다. 그러나 다행히 북한의 핵실험으로 채택된 안보리 결의 제1718호는 탄도 미사일에 대해 아래와 같이 언급하고 있다. "조선민주주의인민공화국이 완전하고 검증 가능하며 불가역적인 방식으로 여타 현존 WMD 및 탄도미사일 프로그램을 포기해야 함을 또한 결정한다." 게다가 이 결정은 유엔헌장 제7장을 인용하여 이루어진, 법적 구속력이 있는 결정이다. 우리들은 이를 내걸고 북한의 추가 미사일 발사를 저지하고 만약 그럼에도 발사한 경우에는 추가 제재를 하는 것이 중요하다.

마지막으로 고이즈미 방북 이후 국내 여론은 납치 문제의 해결을 최우선으로 하고 정부도 그렇게 임해왔다. 납치 문제는 국민의 생명이 걸린 중대한 사안으로 정부가 최선을 다해야 함은 말할 것도 없다. 그리고 북한이 납치 문제에 대해 더 내놓을 카드가 있는 건지, 북한이 이 카드를 빨리 내놓았으므로 일본 정부가 어떤 종류의 압력이나 유인 카드를 준비해야 할지, 잘 생각해야 한다. 그때는 예전의 경험과 교훈이 참고가 될 것이다. 그리고 다른 5개국의 협력과 이해를 얻어야 한다. 북한과 대화의 창구를 유지해 두는 것도 중요하다. 더구나 납치 문제처럼 중요한 것은 핵과 미사일 문제이다. 모두 미국에만 맡겨놓을 수는 없으며 무엇보다 일본의 안전이 걸려있는 중대 문제이다. 북한을 비핵화하고 미사일 위협을 막기 위해 일본으로서 무엇을 할 수 있을지 진지하게 고민할 필요가 있다. 일본의 국교 정상화와 경제 협력 카드는 강력하다. 이것을 대담하게 사용할 때가 올지 모른다.

참고 문헌

참고문헌

1장 바람구멍을 내다

外務省, 『外交青書』

石井一, 『近づいてきた遠い国−金丸訪朝団の証言』. 日本生産性本部, 1991년

金丸信・田辺誠, 「今一層の拍車を」, 『世界』, 岩波書店, 1991년 4월호(臨時増刊号)

塩田潮, 「「金丸訪朝」で何が話されたか」, 『文藝春秋』, 文藝春秋, 1994년 8월호

田辺誠, 「これが金丸訪朝団の裏舞台だ」, 『月刊Asahi』朝日新聞社, 1990년 12월 11일

山岡邦彦, 「金丸訪朝と今後の日朝関係」, 『東亜』, 霞山会, 1990년 12월호

「金丸訪朝への道はパリで始まった」, 『AERA』朝日新聞出版, 1990년 12월 11일

『朝日新聞』

『読売新聞』

ラジオプレス, 『北朝鮮政策動向』

『로동신문』

2장 북일 국교 정상화 교섭의 시작

小此木政夫, 「日朝国交交渉と日本の役割」, 小此木政夫 編, 『ポスト冷戦の朝鮮半島』, 日本国際問題研究所, 1994년

谷野作太郎, (당시)외무성 아시아국장 인터뷰, 2008년 7월

中平立, 「日朝交渉の現場から」, 『外交フォーラム』都市出版, 1992년 2월호

中平立, (当時)북일국교정상화 담당대사 인터뷰, 2008년 6월

高崎宗司, 『検証日朝交渉』, 平凡社新書, 2004년

竹中繁雄 (당시)외무성 아시아국심의관 인터뷰, 2008년 8월

이삼로 「국교정상화를 위한 조일정부간의 회담에 대하여」, 『근로자』93년 3월호

3장 일촉즉발의 1차 핵위기

Joel S. Wit, Daniel B Ponernan. Robert L. Gallucc1 "Going Cnt1cal The First North Korean Nuclear Cns1s" Brookings Institute Press, Washington. D.C. 2004년

ドン・オーバードーファー『二つのコリア』共同通信社, 1998년

ケネス・キノネス『北朝鮮−米国務省担当官の交渉秘録』伊豆見元監修, 山岡邦彦・山口瑞彦訳, 中央公論新社, 2000년

石原信雄 (당시)관방부장관 인터뷰, 2008년 7월

伊豆見元, 「米国の朝鮮半島政策−北朝鮮のNPT脱退宣言後の政策を中心に」, 小此木政夫 編『ポスト冷戦の朝鮮半島』, 国際問題研究所, 1994년

柳井俊二 (당시)외무성 종합정책국장 인터뷰, 2008년 7월

五百旗頭真他 編, 『90年代の証言−外交激変元外務省事務次官柳井俊二』朝日新聞社, 2007년

ラジオプレス, 『北朝鮮政策動向』

『朝日新問』

『読売新聞』

"The New York Times"

"Washington Post"

"Foreign Affairs"

『外交フォーラム』、都市出版

Byung-Joon Ahn, "The Man Who Would Be Kim", "Foreign Afairs" 1994년 11-12월

4장 경수로 제공으로

梅津至,「朝鮮半島エネルギー開発機構(KEDO)の活動と今後の課題」,『国際問題』, 日本国際問題研究所, 1996년 4월호

梅津至,「活動開始から2年半─重要段階に入ったKEDO」,『外交フォーラム』都市出版, 1998년 2월호

小野正昭,「軽水炉プロジェクトの意義と今後の課題」,『東亜』, 霞山会, 1998년 8월호

小野正昭,「安全保障機関としてのKEDOの重要性」,『世界』, 岩波書店, 1999년 5월호

小野正昭,「KEDOのめざすものとは何か」,『外交フォーラム』, 都市出版, 1999년 9월호

KEDO 웹사이트 http://www.kedo.org/

경수로사업지원기획단 편 『KEDO 경수로사업 지원 백서』 (한국어)

5장 1차 핵위기 이후의 한일관계

姜尚中 他 編,『日朝交渉課題と展望』, 岩波書店, 2003년

隅谷三喜男・和田春樹 編,『日朝国交交渉と緊張緩和』, 岩波ブックレット, 1999년

高崎宗司,『検証日朝交渉』, 平凡社新書, 2004년

『朝日新聞』

『読売新聞』

『自由新報』平成10년 4월 14일

6장 2차 핵위기와 6자회담

外務省,『外交青書』

霞山会,『東亜』

Rachel L. Loeffler, "How the Financ1al System Can Isolate Rogues", "FOREIGN AFFAIRS" 2009년 3-4월호

Prichard, "Failed Diplomacy : How North Korea Got the Bomb"

Mitchel B. Reiss. Robert L. Galllucci, "The Truth About North Korea's Weapons Program", "Foreign Affairs March/April 2005"

7장 고이즈미 방북과 납치 문제

飯島勲,『実録小泉外交』, 日本経済新聞出版, 2007년

田中均,『外交の力』, 日本経済新聞出版, 2009년

平松賢司,「総理訪朝と日朝平壌宣言署名への道」,『外交フォーラム』, 2002년 12월호

船橋洋一,『ザ・ペニンシュラ・クエスチョン』, 朝日新聞社, 2006년

外務省,『外交青書』
需山会,「東亜」

8장 과거에서 무엇을 배울 것인가

伊豆見元,「北朝鮮で何が起きているのか」, ちくま新書, 2013년
伊豆見元,「労働党第八回党大会後の北朝鮮」, 論文ペーパー, 2021년
伊豆見元,「文在寅大統領の「終戦宣言」提案と北朝鮮の対応」, 論文, 2021년
五味洋治,『金正恩が表舞台から消える日』, 平凡社新書, 2021년
太永浩,『三階書記室の暗号北朝鮮外交秘録』, 文藝春秋, 2019년
西野純也,「第9章日朝協議の再開, 合意, そして停滞 拉致問題再調査をめぐる日本の対北朝鮮政策」, 論文, 2015년
牧野愛博,『北朝鮮核危機! 全内幕』, 朝日親書, 2018년
John Bolton, "The Room Where It Happened: A White House Memoir" 2020년

참고자료 1

조일관계에 관한 조선로동당, 일본의 자유민주당, 일본사회당의 공동선언[59]

평양 만수대 의사당에서 조인 1990. 9. 28.

자유민주당 대표단과 일본사회당 대표단이 1990년 9월 24일부터 28일까지 조선민주주의인민공화국을 방문하였다. 조선로동당 중앙위원회 총비서 김일성 주석은 자유민주당 대표단 및 일본사회당 대표단과 회견하였다. 회견석상에서 가네마루 신 단장과 다나베 마꼬도 단장은 조선로동당 중앙위원회 총비서 김일성 주석에게 자유민주당 가이후 도시끼 총재의 친서와 일본사회당 도이 다까꼬 중앙집행위원장의 친서를 전달하였다.

방문기간 중에 당중앙위원회 비서 김용순을 단장으로 하는 조선로동당 대표단과 중의원의원 가네마루 신을 단장으로 하는 자유민주당 대표단, 중앙집행부 위원장 다나베 마꼬도를 단장으로 하는 일본사회당 대표단 사이의 수차에 걸친 3당 공동회담이 진행되었다.

3당 대표단은 자주, 평화, 친선의 이념에 기초하여 조일 두 나라 사이의 관계를 정상화하고 발전시키는 것이 두 나라 국민들의 이익에 부합되며 새로운 아시아와 세계의 평화와 번영에 기여할 것을 인정하고 다음과 같이 선언한다

1. 3당은 과거에 일본이 36년간 조선 인민에게 커다란 불행과 재난을 끼친 사실과 전후 45년간 조선 인민에게 입힌 손실에 대하여 조선민주주의인민공화국을 대신해 공식적으로 사죄하고 충분히 배상해야 할 것임을 인정한다.

---

59   참고자료는 원서의 일본어를 국역하지 않고 북한자료를 게재한다.

자유민주당 가이후 도시끼 총재는 김일성 주석에게 전한 친서에서 지난 기간 조선에 대하여 일본이 끼친 불행한 과거가 존재하였다는 것을 언급하고 "이러한 불행한 과거에 대해서는 다께시다 전 수상이 지난해 3월 국회에서 깊은 반성과 유감의 뜻을 표명한 바 있으나, 그것과 전적으로 같은 생각입니다"라는 것을 분명히 밝히고 조일 두 나라 사이의 관계를 개선해나갈 희망을 표명하였다. 자유민주당 대표단 단장인 중의원의원 가네마루 신도 조선인민에 대한 일본의 과거 식민지통치에 대하여 깊이 반성하는 사죄의 뜻을 표명하였다.

3당은 일본정부가 국교관계를 수립하게 되는 것과 관련하여 과거 조선민주주의인민공화국 안민에게 끼친 손해에 대하여 충분히 배상하여야 한다고 인정한다.

2. 3당은 조일 두 나라 사이에 존재하고 있는 비정상적인 상태를 해소하고 가능한 빠른 시일 안에 국교를 수립하여야 한다고 인정한다.

3. 3당은 조일 두 나라 사이의 관계를 개선하기 위하여 정치, 경제, 문화 등 여러 분야에서 교류를 발전시키며 당분간은 위성통신 이용과 두 나라 사이의 직행항로를 개설하는 것이 필요하다는 데 대하여 인정한다.

4. 3당은 재일조선인들이 차별을 받지 않고 인권과 민족적 제권리와 법적 지위가 존중되어야 하며 일본정부는 이것을 법적으로 담보하여야 한다고 인정한다. 3당은 또한 일본 당국이 조선민주주의인민공화국과 관련하여 일본 여권에 기재한 사항을 제거하는 것이 필요하다고 간주한다.

5. 3당은 조선은 하나이며 북과 남이 대화를 통하여 평화적으로 통일을 이룩하는 것이 조선인민의 민족적 이익에 부합된다고 인정한다.

6. 3당은 평화롭고 자유로운 아시아를 건설하기 위하여 공동으로 노력하며 지구상의 모든 지역에서 핵위협을 없애는 것이 필요하다고 인정한다.

7. 3당은 조일 두 나라 사이의 국교 수립의 실현과 현안의 제문제를 해결하기 위한 정부 간의 교섭을 1990년 11월 중에 시작하도록 강력히 권고하기로 합의하였다.

8. 3당은 두 나라 국민들의 염원과 아시아와 세계 평화의 이익에 맞게 조선로동당과 자유민주당, 조선로동당과 일본사회당 사이의 당적 관계를 강화하고 상호 협조를 더욱 발전시키기로 합의하였다.

1990년 9월 28일 평양에서
조선로동당을 대표하여 김용순
자유민주당을 대표하여 가네마루 신
일본사회당을 대표하여 다나베 마꼬도

참고자료2

조일평양선언

조선민주주의인민공화국 김정일국방위원장과 일본국 고이즈미 쥰이찌로 총리대신은 2002년 9월 17일 평양에서 상봉하고 회담을 진행하였다.

두 수뇌들은 조일 사이의 불미스러운 과거를 청산하고 현안사항을 해결하며 결실 있는 정치, 경제, 문화적 관계를 수립하는것이 쌍방의 기본이익에 부합되며 지역의 평화와 안정에 큰 기여로 된다는 공통된 인식을 확인하였다.

1. 쌍방은 이 선언에서 제시된 정신과 기본원칙에 따라 국교 정상화를 빠른 시일 안에 실현시키기 위하여 모든 노력을 기울이기로 하였으며 이를 위하여 2002년 10월중에 조일 국교 정상화 회담을 재개하기로 하였다.

쌍방은 호상 신뢰관계에 기초하여 국교정상화를 실현하는 과정에도 조일사이에 존재하는 제반 문제들에 성의 있게 임하려는 강한 결의를 표명하였다.

2. 일본 측은 과거 식민지 지배로 인하여 조선인민에게 다대한 손해와 고통을 준 역사적 사실을 겸허하게 받아들이며 통절한 반성과 마음속으로부터의 사죄의 뜻을 표명하였다.

쌍방은 일본 측이 조선민주주의인민공화국 측에 대하여 국교 정상화 후 쌍방이 적절하다고 간주하는 기간에 걸쳐 무상자금 협력, 저이자 장기차관 제공 및 국제기구를 통한 인도주의적 지원 등의 경제 협력을 실시하며 또한 민간 경제활동을 지원하는 견지에서 일본국제협력은행 등의 융자, 신용대부 등이 실시되는 것이 이 선언의 정신에 부합된다는 기본인식 하에 국교 정상화 회담에서 경제 협력의 구체적인 규모와 내용을 성실히 협의하기로 하였다.

쌍방은 국교 정상화를 실현하는데 있어서 1945년 8월 15일 이전에 발생한 이유에 기초한 두 나라 및 두 나라 인민의 모든 재산 및 청구권을 상호 포기하는 기본원칙에 따라 국교 정상화 회담에서 이에 대하여 구체적으로 협의하기로 하였다.

쌍방은 재일조선인들의 지위 문제와 문화재 문제에 대하여 국교 정상화 회담에서 성실히 협의하기로 하였다.

3. 쌍방은 국제법을 준수하며 서로의 안전을 위협하는 행동을 하지 않는다는 것을 확인하였다. 또한 일본 국민의 생명 및 안전과 관련된 현안 문제에 대하여 조선민주주의인민공화국측은 조일 두 나라의 비정상적인 관계 속에서 발생한 이러한 유감스러운 문제가 앞으로 다시 발생하지 않도록 적절한 조치를 취할 것을 확인하였다.

4. 쌍방은 동북아시아 지역의 평화와 안정을 유지·강화하기 위하여 상호 협력해 나갈 것을 확인하였다.

쌍방은 이 지역의 유관국들 사이에 상호 신뢰에 기초하는 협력관계 구축의 중요성을 확인하며 이 지역의 유관국들 사이의 관계가 정상화되는 데 따라 지역의 신뢰 조성을 도모하기 위한 틀거리를 정비해 나가는 것이 중요하다는 데 대하여 인식을 같이 하였다.

쌍방은 조선반도 핵문제의 포괄적인 해결을 위하여 해당한 모든 국제적 합의들을 준수할 것을 확인하였다. 또한 쌍방은 핵 및 미사일 문제를 포함한 안전보장상의 제반 문제와 관련하여 유관국들 사이의 대화를 촉진하여 문제 해결을 도모해야 할 필요성을 확인하였다.

조선민주주의인민공화국 측은 이 선언의 정신에 따라 미사일 발사의 보류를 2003년 이후 더 연장할 의향을 표명하였다.

쌍방은 안전보장과 관련한 문제에 대하여 협의해 나가기로 하였다.

조선민주주의인민공화국 국방위원회 위원장 김정일
일본국 총리대신 고이즈미 중이찌로

2002년 9월 17일 평양

참고자료 3

스톡홀름 합의

쌍방은 조일평양선언에 따라 불행한 과거를 청산하고 현안 문제들을 해결하며 국교 정상화를 실현하기 위하여 진지한 협의를 진행하였다.

일본 측은 공화국 측에 1945년을 전후하여 공화국령내에서 사망한 일본인의 유골 및 묘지, 잔류 일본인, 일본인 배우자, 납치 피해자 및 행불자를 포함한 모든 일본인에 대한 조사를 요청하였다.

공화국 측은 일본 측이 지난 시기 납치 문제와 관련하여 기울여 온 공화국의 노력을 인정한 데 대해 평가하면서 종래의 입장은 있지만 모든 일본인에 대한 조사를 포괄적이며 전면적으로 진행하여 최종적으로 일본인에 관한 모든 문제를 해결할 의사를 표명하였다.

일본 측은 이에 따라 최종적으로 현재 일본이 독자적으로 취하고 있는 대조선(제재)조치를 해제할 (유엔 안보리결의와 관련하여 취하고 있는 조치는 포함되지 않는다) 의사를 표명하였다.

쌍방이 취할 행동조치들은 다음과 같다.

쌍방은 조속한 시일 내에 다음과 같은 구체적인 조치들을 실행에 옮기기로 하고 이를 위해 긴밀히 협의해 나가기로 하였다.

– 일본 측

첫째, 공화국 측과 함께 조일평양선언에 따라 불행한 과거 청산 및 현안 문제 해결을 통해 국교 정상화를 실현할 의사를 다시금 밝히고 일조 간의 신뢰를 조성하고 관계개선을 지향하여 성실히 임하기로 하였다.

둘째, 공화국 측이 포괄적 조사를 위해 〈특별조사위원회〉를 구성해 조사를 개시하는 시점에서 인적 왕래 규제 조치, 송금 보고 및 휴대 수출 신청금액과 관련하여 공화국에 대해 취하고 있는 특별한 규제 조치, 인도주의 목적의 공화국 국적 선박의 일본 입항 금지 조치를 해제하기로 하였다.

셋째, 일본인 유골 문제에 대해서는 공화국 측이 유가족들의 성묘방문 실현에 협력해 온 데 대해 높이 평가하면서 공화국령 내에 방치되어 있는 일본인의 유골 및 묘지 처리, 성묘방문과 관련하여 공화국 측과 계속 협의하고 필요한 조치를 취하기로 하였다.

넷째, 공화국 측이 제기한 과거의 행불자들에 대해 계속 조사를 실시하며 공화국 측과 협의하면서 적절한 조치를 취하기로 하였다.

다섯째, 재일조선인의 지위와 관련한 문제에 대해서는 조일평양선언에 따라 성실히 협의해 나가기로 하였다.

여섯째, 포괄적이며 전면적인 조사 과정에서 제기되는 문제들을 확인하기 위하여 공화국 측의 제기에 대해 일본 측 관계자와의 면담, 관련자료의 공유 등 적절한 조치를 취하기로 하였다.

일곱째, 인도주의적 견지에서 적절한 시기에 북한에 대한 인도주의 지원을 실시하는 것을 검토하기로 하였다.

- 공화국 측

첫째, 1945년을 전후하여 공화국령 내에서 사망한 일본인의 유골 및 묘지와 잔류 일본인, 일본인 배우자, 납치 피해자 및 행불자를 포함한 모든 일본인에 대한 조사를 포괄적이고 전면적으로 실시하기로 하였다.

둘째, 조사는 일부적인 조사만을 우선시하지 않고 모든 분야에 대해 동시병행적으로 진행하기로 하였다.

셋째, 모든 대상들에 대한 조사를 구체적이고 진지하게 진행하기 위하여 특별한 권한(모든 기관을 대상으로 조사할수 있는 권한)을 부여받은 〈특별조사위원회〉를 설치하기로 하였다.

넷째, 일본인 유골 및 묘지, 잔류 일본인 및 일본인 배우자를 비롯하여 일본인과 관련한 조사 및 확인 상황을 수시로 일본 측에 통보하며 그 과정에서 발견되는 유골의 처리와 생존자의 귀국을 포함한 거취 문제는 일본 측과 적절히 협의하기로 하였다.

다섯째, 납치 문제에 대해서는 납치 피해자 및 행불자에 대한 조사정형을 수시로 일본 측에 통보하며 조사 과정에 일본인 생존자가 발견되는 경우 그 상황을 일본 측에 알려준 후 귀국시키는 방향에서 거취 문제와 관련하여 협의하고 조치를 취하기로 하였다.

여섯째, 조사가 진척되는 대로 일본 측의 제기에 대해 그것을 확인할 수 있도록 일본 측 관계자의 공화국체류, 관계자와의 면담, 관계장소의 방문을 실현시켜주며 관련 자료들을 일본 측과 공유하면서 적절한 조치를 취하기로 하였다.

일곱째, 조사는 신속히 진행하며 기타 조사 과정에 제기되는 문제들은 다양한 형식과 방법으로 계속 협의하고 적절한 조치를 취하기로 하였다

2014년 5월 29일 스톡홀름

역자 후기

이 책을 요약할 수 있는 다른 이름이 있다면 아마도 '무대 뒤에서 본 북일 관계'가 될 것이다. 저자 야마모토 에이지는 1980년 외무성에 입성하여 한국으로 어학연수를 마친 뒤 줄곧 한국과 북한 관련 업무를 해 온, 이른바 코리아스쿨이다. 야마모토 에이지는 이 책을 통해 외교무대에서 한국인이 쉽게 보기 힘든 무대 뒤 실무자들의 현장으로 우리를 안내한다.

무대가 있는 곳에는 언제나 무대 뒤의 사람들이 있다. 객석에서 무대를 바라보는 우리의 시선과 오랜 준비 끝에 펼쳐진 공연에서 분주하게 무대 뒤를 뛰어다니는 스태프의 시선은 다를 수밖에 없다.

한국 사회가 북한과 일본에 대해 가지는 감정은 대단히 뜨겁다. 관심 영역도 특정 부위에 집중되어 있다. 미움도 일종의 애정이다. 우리는 북한과 일본을 격렬히 애정하지만 객관적으로는 잘 모른다. 이 책이 다루는 북일 관계 역시 한국 사회에서 매우 중요한 주제임에도 한국인의 관심 영역에는 다소 벗어나 있는 것이 사실이다. 하지만 어떤 의미에서는 한국보다 일본 사회가 북한에 더 예민하다고 할 수 있다. 한국은 북한이 미사일을 쏴도 주식시장에 미동도 없는 평온한 하루가 지나가지만 일본의 반응은 다르다. 그 미사일의 상당수가 일본 영토를 지나가기 때문이다. 탄두나 파편이 자국 영토에 떨어질 수 있는 일본의 반응은 훨씬 무거울 수밖에 없다. 북한이 쏜 것은 아니지만 어쨌든 핵폭탄 피해 경험도 있다. 도심에서는 치마 저고리를 입고 김일성 배지를 단 조총련 사람들과 함께 살아간다. 그들을 비난하며 북한으로 돌아가라고 외치는 우익의 차량도 심심치 않게 볼 수 있다. 일본이 느끼는 예민함은 한국의 그것과 결이 다르다. 이미 책을 다 읽고 역자 후기까지 도달한 독자들은 북한과 일본이 어떤 절실함 때문에 북일 외교가 진행되었는지 잘 이해하게 되었으리라 본다.

어떤 의미에서 보면 한국에 소개되는 일본이란 매우 자극적인 조미료로 시즈닝된 음식 같아 보인다. 지한파라는 이름이 붙는 사람들이 일본의 속내와 저의는 이런 것이라며 극단적인 이야기를 펼치거나 한국 시민사회가 소비하고 싶어하는 이야기가 많이 유통되고 있다는 점은 부정할 수 없다. 한국인이라면 누구나 북한이나 일본을 잘 안다고 생각한다. 하지만 관심과 애정이 많다고 객관적으로 아는 것은 다르다. 이를테면 누구나 부모를 공경하고 자식을 사랑한다. 하지만 그렇다고 내 부모에게 객관적이거나 내

자식에게 공정한 사람이 되는 것은 아니다.

그런 점에서 일본의 전직 관료가 일본 독자를 대상으로 하는 이 담담한 이야기가 오히려 한국인이 북일 관계를 객관적으로 파악하는 데 빠른 도움이 될 것으로 생각한다. 일본은 관료 주도의 사회라고 비판받으면서도 정작 일본 관료의 입장과 시선을 살펴볼 수 있는 기회는 많지 않다. 야마모토 에이지는 북일 외교의 실무를 담당해 온 전직 관료로서 정치 주도로 진행된 북일 외교에 대해 대단히 조심스러운 비판을 곳곳에 남겨두고 있다. 일본 언론인과 정치인의 관점은 상대적으로 쉽게 접할 수 있지만 관료의 솔직한 생각을 볼 수 있다는 점이 매우 흥미로웠다. 경수로나 북한 쌀 지원 문제에서도 한국인은 90년대 내내 납득하기 어려웠던 일본의 처지와 입장을 알 수 있다.

이 책을 소개하면서 양국의 사정을 모르는 사람들도 최대한 쉽게 읽을 수 있게 노력했다. 그럼에도 오역이나 잘못된 부분이 있을 수 있으며 이는 전적으로 저자와 출판사가 아닌 나의 책임이다. 또한 이 책에 등장하는 수많은 사람들은 아베 신조나 고이즈미 준이치로처럼 한국에서도 잘 알려진 유명 정치인도 있지만 그보다 훨씬 더 많은 외무성 관료가 등장한다. 잘못 읽으면 쏟아지는 낯선 사람 이름 때문에 높은 문턱이 느껴질 수도 있다. 가급적 그런 혼란을 줄이고 이해를 돕고자 등장인물들의 삽화를 조금씩 그려 넣었다. 사진을 썼다면 좋았겠지만 저작권 등 협의가 쉽지 않다고 알고 있어 직접 그리기로 했다. 정치인들보다도 무대 뒤에서 보이지 않는 땀을 흘린 양국 실무자들의 모습을 보여드리고 싶었다. 그릴 시간이 많지 않아 여유 있게 작업하지 못한 것이 다소 아쉽다.

급박했던 1차 핵 위기, 돌파구를 찾아야 했던 KEDO의 재원 문제, 극적으로 전개된 고이즈미 방북과 납치 일본인의 귀국 뒷이야기 등등 무대 뒤였기에 볼 수 있는 흥미로운 장면이 많았다.

일본에서 이 책이 나오고 한국어판이 준비되는 동안 한국은 윤석열 대통령이 당선되고, 일본은 기시다 내각이 물러나고 이시바 시게루 내각이 들어섰다. 미국은 2기 트럼프 정부가 출범한다. 많은 일들이 있었고, 앞으로도 있을 것이다.

그러나 급변하는 국제 정세 속에서도 무대 뒤에서 치열하게 싸우는 외교 현장의 실무자들은 한국이든, 일본이든 북한이든 어디서든 사라지지 않을 것이다. 야마모토 에이지가 장막 틈으로 보여준 무대 뒤 세계를 통해 보이지 않던 그들의 땀과 눈물을 조금이나마 알 수 있기를 바란다. 좋은 책을 소개해 주고 원고를 기다려 준 마르코폴로 김효진 편집장에게도 감사의 말을 남긴다.

2024년 12월 부천에서 권병덕

미주

미주

[1] 1983년, 북한에서 일본으로 향했던 화물선 '제18후지산마루'에 북한 병사(민홍구閔洪九)가 잠입하였던 것이 발각되어 입국관리법 위반으로 체포되었다. 그 후 일본에서 화물을 내린 뒤 다시 북한에 돌아간 제18후지산마루의 승무원은 북한당국으로부터 밀항을 방조한 스파이 용의로 체포되어, 그 안의 선장인 베니코 이사무紅粉勇와 기관장 구리우라 요시오栗浦好雄는 석방되지 못하고 15년의 노동교화형을 받았다. 일본 정부도 강경한 자세로 두 사람의 석방을 위해 힘썼지만 북한 측은 민홍구를 넘겨주지 않는 한 석방에 응하지 않는다는 입장을 고수했다. 이에 대해 일본 정부는 국제인도법에 따라 박해를 받을 두려움에 있던 북한 병사를 송환하는 것을 불가능하다는 입장을 견지하여 당시 북일 간 최대 현안사항이 되었다.

[2] 당시 일본 여권에는 도착지에 '북한을 제외한 모든 나라·지역'이라고 기재되어 있었다. 이것을 북한 측이 적대정책의 상징이라고 하여 '북한을 제외한'의 삭제를 요구해 왔다. 일본 정부는 외교관계도 영사관계도 없는 북한의 일본국민 도항은 국민邦人 보호 관점에서 문제가 있다는 입장이었지만, 가네마루 방북 결과로 1992년 4월부터 해당 부분은 삭제되었다.

[3] 이시이 하지메石井一, 『近づいてきた遠い国─金丸訪朝団の証言』, 日本生産性本部, 1991 참고. 이 책에서 이시이는 '클레어 드 아카사카'의 3자협의 당시, "오자와 간사장이 들어오고부터는 운행이 위태로워졌습니다. 외무 당국 세력이 급속히 강해지고…… 가네마루 선생이 꺾이는 모양새가 되어…… 가네마루 방북 시기에 대하여는 오자와 간사장에게 일임하는 것으로 하여……. 이것은 사실상의 방북 연기 결정"이라고 적고 있다.

[4] 북한경제에 대해서는 山本栄二, 「北朝鮮経済の現状と今後の展望改革·開放の行方」, 『New ESRI Working Paper』, No.07. 2008, 内閣府経済社会総合研究所 https://www.esri.cao.go.jp 참고

[5] 1959년 재일조선인 귀환 협정에 따라 재일조선인 남편과 자녀와 함께 북한으로 건너간 일본인 여성의 고향방문 문제, 북한에는 현재 소식이 확인되는 것만으로도 500명 안팎의 일본인 배우자가 있는 것으로 알려졌다.

[6] 1991년 1월 9일 『讀賣新聞』. 해당되는 아베크 실종사건으로는 후쿠이현 오바마小浜시(1978년 7월 7일) 지무라 야스시地村保吉 씨와 하마모토 후키에浜本富貴恵가 같은 달 31일, 가와자키시柏崎에서 대학생과 미용사(당시 신문은 익명으로 보도했지만 하스이케 가오루蓮池薫 씨와 오쿠도 유키코奥土佑木子 씨였다.)가, 뒤이어 다음 달 8월 13일, 가고시마현 후키아게쵸吹上町 해안에서 이치카와 슈이치市川修一 씨와 마스모토 루미코増元るみ子 씨가 행방불명이 되었다고 보도했다.

[7] 1991년 1월 17일, 1월 26일 『讀賣新聞』. 이 기사에 따르면 소식을 알려주는 편지는 "건강하게 잘 살고 있어요. 안심하세요." 등 신중한 어휘로 근황을 이야기 하고 있다.

[8] 1991년 3월 14일 『讀賣新聞』.

[9]　高崎宗司,「検証 日韓交渉」, 平凡社新書, 2004년, 53쪽.

[10]　1992년 4월에 방북한 자민당 방북위원장인 이케다 유키히코와 대면하여 김용순이 말했다고 전해진 내용. 1992년 4월 18일『讀賣新聞』

[11]　1992년 4월 16일『讀賣新聞』. 대미관계 개선에 대한 북한의 의욕은 오랫동안 일관되어 있다는 견해도 있다.

[12]　1992년 8월 방북한 사회당 참의원 후카다 하지메深田肇와 만난 김일성 주석은 "일본과 관계는 당분간 이 정도로 해두자."라고 말했다 한다. 1992년 10월 2일『朝日新聞』. 게다가 북한 측이 북일 교섭을 중단한 하나의 이유로 '92년 8월의 한중수교의 영향'을 거론하는 견해도 있다(이를테면 나카히라 노보루. 2008년 6월의 인터뷰에서).

[13]　북한 측 이삼로 대표는 이후에 쓴 논문에서 이하와 같이 교섭 결렬의 결단이 김정일의 것임을 시사하고 있다. "특히 친애하는 지도자 동지(김정일)는 비범한 지혜와 과학적인 통찰력을 갖고 일본 반동세력이 미제와 남조선 괴뢰당의 반공화국 책동과 힘을 합하여 회담에서 부당한 '전제조건'을 내걸고 악랄하게 나오게 되었다는 것을 예리하게 간파하고 오만방자한 일본 반동세력의 책동에 단호하게 나서서 우리 공화국의 존엄과 원칙을 지켜내는 탁월한 방침을 보여주시었다." 이삼로「국교 정상화를 위한 북일정부간의 회담에 대하여」,「근로자」, 1993년 3월호.

[14]　Wit, Poneman, Gallucci, "Going Critical", p.13

[15]　ドン・オーバードーファー『二つのコリア』, 菱木一美 訳, 共同通信社, 1998, 318쪽 참고.(국역 : 돈 오버도퍼,『두 개의 한국』길산, 2014년)

[16]　유엔안보리문서 S/25562

[17]　ケネス・キノネス(C.Kenneth Quinones),『北朝鮮—米国務省担当官の交渉秘録』伊豆見元 監修, 山岡邦彦 山口瑞彦 訳. 中央公論新社, 2000년. 160쪽.

[18]　"Going Critical" p.54

[19]　앞의 책. p.58.

[20]　앞의 책. p.53.

[21]　1993년 6월 9일『讀賣新聞』.

[22]　"Going Critical" p.189.

[23] 다만 브릭스 사무국장은 동시에 다른 방법, 다시 말해 핵폐기물처리시설로 보이는 두 개의 시설을 사찰하는 것으로 과거의 군사 전용을 검증하는 대체 조치가 가능하다고 지적했다.

[24] 1994년 6월 3일, "The New York Times"

[25] "Going Critical pp. 211-212. 1994년 6월 16일『讀賣新聞』, 『二つのコリア』372쪽 참고.

[26] 돈 오버도퍼는 그의 저서 『두 개의 한국』에서 "중국은 6월 10일, …… 북한에 있어서 가장 불쾌한 메시지를 전했다. …… 거부권 행사가 어렵게 되었다는 것이다."라고 기록하고 있다.

[27] 미군의 증강이 가까워지자 주한미군은 1,900개 항목에 달하는 지원 요청 리스트를 작성했다. 『二つのコリア』374쪽

[28] "Going Critical" p.210

[29] 앞의 책. pp.180~181

[30] 앞의 책. p.206

[31] 앞의 책. p.299

[32] 1994년 6월 20일, "The New York Times"

[33] "Going Critical", p.293

[34] 갈루치도 북한 측에 비원자력 에너지 대체 검토를 강하게 요청한 적이 있었다.

[35] "Going Critical" p.311

[36] ケネス·キノネス, 앞의 책 347쪽

[37] 그러나 10월 21일 일본 정부는 관방장관 발표로 KEDO 협력 개발을 결정했다. 일본은 KEDO가 북핵을 저지하는 가장 현실적이고 효과 있는 시스템이고 북한의 미사일 발사에 일본의 대응은 일정한 효과를 올렸고 북한에 대한 대응에 있어서는 계속해서 한미일의 제휴가 매우 중요한 점 등에 비추어, KEDO에의 협력을 재개하고 경비 부담 문제에 관한 이사회 결정에 서명했다.

[38] 梅津至, 「朝鮮半島エネルギー開発機構(KEDO)の活動と今. 後の課題」, 日本国際問題研究所 『国際問題』, 1996년 4월호, 23쪽 참고.

[39] 1996년 2월 일본은 중유 자금수당 등을 위해 KEDO가 직면한 유동성 위기의 긴급 대응 수단으로 KEDO에 특별 기금을 설치하고 이 기금에 1,900만 달러를 출연했다. KEDO는 이 기금을 담보로 금융기관으로부터 자금을 대출받을 수 있었기에 한미 양국 및 사무국에서 높게 평가받았다.

[40] 이 견적액은 1997년 말의 아시아 통화위기로 인한 원화가치 하락 등에 영향받아 결국은 46억 달러까지 줄어들었다.

[41] 2008년 7월 10일, 서울에서 미 콜럼비아 대학과 서울대학교 공동주최로 열린「KEDO의 교훈과 6자회담의 미래」에 관한 세미나에서 보즈워스 전 KEDO 사무국장의 발언.

[42] 동결 대상인 흑연감속로가 있는 영변 북서쪽 금창리에 거대한 지하시설이 존재하는 것이 미국의 위성사진 등으로 확인되어, 북한이 비밀리에 핵개발을 진행하고 있는 것은 아닌가 하는 의혹이 1998년 가을에 급부상했다. 그 뒤 몇 회에 걸쳐 북미협의가 진행된 결과, 99년 5월 미국 측으로부터 이 의혹시설의 방문이 실현되고 같은 해 6월에 미 정부는 그 결과를 공표했다. 이것을 두고 이 시설의 의혹은 해소되었다.

[43] KEDO "Annual Report 2003" http://www.kedo.org/annual_reports.asp

[44] KEDO, "Annual Report 2005" 한국의 공헌 실적은 약 14억 5,465달러,(전체의 57.9%)로 1위, 2위 일본에 이어 미국이 약 4억 106만 달러(16.1%) EU가 약 1억 2,238만 달러(4.9%) 순으로 되었다.

[45] EU는 2001년 5월에 북한과 외교관계를 수립하게 된다

[46] 앞의 세미나에서 보즈워스 전 KEDO 사무국장은 "1994년 10월, 북미 제네바합의가 체결된 직후 중간선거가 있었다. 의원들은 미 행정부가 북한의 위협에 굴복하여 받아들이는 것으로 보고 당혹스러워했다. 그때부터 KEDO는 미국 내에서 정치적 고아가 되었다."라고 말했다. 또한 이 세미나에서 카트만 씨(당시 동아시아태평양 담당국무차관보대리)는 "1996년 내가 차관보대리일 때 국무장관으로부터는 어떠한 지시도 없었고 워싱턴은 자동운항 모드였다. 중요한 일은 자금 확보였고 그 이외는 무슨 지시도 없었다."라고 말했다.

[47] 1998년 3월, 자민당 방북단에게 있었던 북한 수해대책위원회 담당자의 설명 내용이다. 과장된 가능성도 있지만 당시 피해 규모의 일단을 보여준다고 생각된다. 참고로 나중에 밝혀진 FAO/WFP의 통계에 따르면, 1995년 가을부터 96년 봄에 걸쳐 북한의 곡물생산(추계)은 407.7만 톤이고 그 당시 생산수준으로 보아 나쁜 수준은 아니었던 것으로 판단된다. 이 점을 포함해 북한경제에 대해서는 다음의 논문을 참고. 山本栄二,「北朝鮮経済の現状と今後の展望-改革・開放の行方」,『New ESRI Working Paper Series』No.7. 2008년 8월 https://warp.da.ndl.go.jp/info:ndljp/pid/11539153/www.esri.go.jp/jp/archive/new_wp/menu_2001-2009.html

[48]   1995년 4월 1일 자 『讀賣新聞』.

[49]   일본 정부는 또한 1995년 9월, 북한의 수해에 대한 국제기구의 긴급 요청에 대해 합계 50만 달러의 자금을 국제기관에 제출했다. 이를 포함하여 1995년부터 2000년에 걸쳐서 일본이 북한에 제공한 인도 지원은 세계 최대 규모였다는 지적이 있다.

[50]   1995년 6월 29일 자 『讀賣新聞』.

[51]   外務省『外交白書』1996년판

[52]   高崎宗司, 『検証 日朝交渉』, 平凡社新書, 2004년, 102쪽

[53]   북한 측은 97년 5월 21일의 과장협의에서 일본인 배우자 일시 귀국의 보상으로 100만 톤의 쌀 지원을 요구했다고 전해져있다. 1997년 8월 24일 『讀賣新聞』.

[54]   결국 모리 방북에서 합의문서는 작성되지 못했다. 1997년 11월 1일 북한 측은 합의문서는 아니지만 「일본 연립3여당 대표단의 조선민주주의인민공화국 방문과 관련한 보도문」을 일방적으로 발표했다. 도진순. 2005. 「동북아 탈냉전의 고리, 북일 수교교섭의 약사와 한계」. 한일역사공동연구위원회 편, 『한일역사공동연구부고서』 제6권. pp. 179-221.

[55]   북한경제에 대해서는 필자의 논문 「北朝鮮経済の現状と今後の展望-改革・開放の行方」을 참고

[56]   熊岡路矢, 「北朝鮮の食糧問題と人道援助のあり方」, 姜尚中 他 編, 『日朝交渉 課題と展望』岩波書店, 2003년

[57]   明石康, 「北朝鮮訪問記」, 『日朝国交交渉と緊張緩和』, 岩波ブックレット, 岩波書店, 1999

[58]   『検証日朝交渉』116쪽 참고.

[59]   그 뒤 유럽에서 소식이 끊겼던 아리모토 게이코有本恵子처럼 유럽에서 실종되었던 이시오카 도루石岡亨, 마츠모토 카오루松本薫, 유럽으로 출국 후 실종되었던 다나카 미노루田中実, 돗토리현의 마츠모토 교코松本京子, 사도섬佐渡의 소가 히토미曽我ひとみ, 미요시ミヨシさ 씨 모녀를 더해 모두 12건의 17명이 피해자로 확인되었다.

[60]   공표된 보고서에 대해서는 미 국무부 웹사이트의 "Review of United States Policy Toward North Korea : Fin dings and Recommendations" 1999년 10월 12일자를 참고

[61]   올브라이트 장관의 방북에 대해서는 다음을 참고. "Madam Secretary: A Memoir". Miramax. 2003. 459-469쪽(국역 매들린 올브라이트 『마담 세크러터리 1, 2.』 2003. 황금가지.)

[62]   1999년 12월 5일 『讀賣新聞』.

[63]   정상화 교섭에 대해서 북한 측은 무엇보다도 우선 일본 측이 '과거 청산'에 대하여 협의, 확정하고 그런 뒤에 관계 개선을 위한 대화를 진행해야 한다고 주장하고 '과거 청산'에 대해서는 (A) 사죄, (B) 보상, (C) 문화재, (D) 재일조선인의 지위를 중심으로 대화할 필요가 있다는 입장이었다. 이에 대해 일본 측은 국교 정상화의 실현에 해당하는 국민의 이해와 지지를 얻을 필요가 있어, 그러기 위해서는 납치 문제, 미사일 등의 현안 해결을 위해 '의제의 순서를' 전진 배치하는 것이 필수라는 입장이었다. (『外交白書』 2001년판에서 발췌)

[64]   '대미관계를 타개하기 위해서라도 우선 해자를 매우자.'라는 중국 장쩌민 주석의 조언을 받아들이는 형태로 북한은 2002년 봄까지 한국, 동남아시아, 유럽 외교를 적극적으로 전개한 것이라는 지적이 있다. 朱建栄, 「中国—血で結ばれた関係のゆくえ」, 前出, 『日朝交渉-課題と展望』, 171쪽.

[65]   2002년 10월 30일 『讀賣新聞』

[66]   Pritchard "Fialed Diplomacy", Brookings, 2007. pp. 5-6

[67]   船橋洋一, 『ザ·ペニンシュラ·クエスチョン』, 朝日新聞社, 2006년. 174-176쪽 그렇다고는 하지만 부시 대통령은 2002년 2월의 김대중 대통령과의 공동기자회견에서 "우리들은 북한을 공격할 생각은 없다."라고 밝혔다.

[68]   4월 초 북한의 연락에 대한 미국 측 대답이 늦어진 데에는 부시 대통령이 정책 재검토를 요구한 배경이 있다. 대통령은 협상이 길어지면 안 된다며 대응 속도를 높이기 위해 북한이 관심사항에 대해 대담한 조치를 취한다면 더 많은 것을 줄 용의가 있다고 했다. 이 새로운 접근은 이후 '대담한 접근'이라고 불리게 된다. "Failed Diplomacy" 25쪽 참고.

[69]   앞의 책, 27쪽

[70]   앞의 책, 39쪽

[71]   Michell B. Reiss and Robert L. Gallucci 'The Truth About North Korea's Weapons Program', "FOREIGN AFFAIRS". March/April 2005.

[72]   鈴木勝也, 「北朝鮮を巡る情勢と日朝関係」, 『東亜』 2004년 3월호

[73]   "complete, verifiable and irreversible dismantlement"의 줄임말

[74]   鈴木勝也, 앞의 책.

[75] 북한 측은 기존에 주장해 온 '동결 대 보상' 제안의 세부사항에 대해 현재 가동중인 핵무기관련 시설 등이 동결 대상이 되는 것, 동결에 대한 보상으로서 200만Kw 상당의 에너지 지원에 미국이 참가할 것. 테러지원국가에서 북한을 제외시키는 것 등의 주장이 나왔다. 이에 대해 미국도, 북한이 모든 핵계획을 폐쇄하는 것을 전제로 초기 단계에서 해야 할 사항으로서 모든 핵계획을 신고하여 정지하고 그것들을 감시하에 두는 것을 요구안으로 올려 이런 조치가 실현됨에 따라 미국을 포함한 관계국이 잠정적인 다국간의 안전보장을 제공하는 것, 장기적인 에너지 지원에 따른 검토를 개시할 것 등을 제안했다.(『外交白書』 2005년판 참고)

[76] 미 정부의 입장은 북한이 모든 핵무기와 핵 프로그램을 폐기하고 NPT와 IAEA의 안전조치를 완전히 준수하기에 이른 뒤에야 적당한 시기에 경수로 제공 문제를 논의하는 것을 지지한다는 것이며 이 취지의 성명이 공동성명 채택 직후 힐 차관보로부터 낭독됐다. Pritchard, 앞의 책 pp.123-125

[77] 미 재무성의 지구규모과제 담당 부부장을 역임한 레이첼 레플러Rachel L. Loeffler는 "미국 금융기관에만 적용되는 규제 조치의 가능성만 발표했을 뿐이지만 전세계 은행 등이 BDA나 북한과의 거래를 자제하려 했다."고 밝혀 이 같은 규제 조치가 북한, 이란과 같은 '불량국가'에게 효과적이라는 것을 시사하고 있다. (Rachel L. Loeffler "How the Financial System Can Isolate Rouges." "Foreign Affairs" March April 2009). 이런 움직임을 힐 차관보는 몰랐다고 전해지지만 재무성의 행동 배경에 '네오콘' 등 강경파가 있었는지 여부는 불투명하다.

[78] 일본은 같은 해 9월 안보리 결의 제 1695호를 성실하게 실시하기 위해 기존의 엄격한 수출관리조치에 더해 북한의 미사일·대량살상무기 개발계획에 관련한 단체·개인을 지정하고 자금이전 방지조치를 실시한다.

[79] 북한 송금시, 보고가 필요한 금액을 3,000만엔 이상에서 1,000만엔 이상으로, 북한 방문자의 엔화 신고 기준을 100만엔 이상에서 30만엔 이상으로 강화했다.

[80] 안보리의 행동의 형식은 '대언론성명Press Statement', '의장성명presidential statement', '결의Resolution'가 있고 후자로 갈수록 중요성이 증가한다. 이번 대언론성명은 안보리 멤버가 8월의 북한의 행위는 지역의 어업 및 해운 활동에 위해를 주고 지역 국가들의 신뢰 형성에 역행한다고 우려를 표명한 것과 함께 이 발사가 사전 통보 없이 진행된 것에 유감을 표명하는 것이었다.

[81] 이 결의는 또한 이러한 조치의 준수를 확보하기 위해 필요에 따라 자국의 국내법상 권한 및 국내법령에 따라 국제법에 적합한 범위 내에서 화물 검사를 포함한 협력 행동을 취할 것을 요청하고 있다. 이른바 임검 등의 이 조치는 미국이 강하게 요구한 것이었지만 소극적인 나라가 있기에 타협하여 "필요에 따라… 자국의 국내법상 권한…에 따라" 등의 문구가 더해졌기 때문에 결국 핵심이 빠지게 되었다고 할 수 있다.

[82] 노무현 정권은 안보리 결의 제1695호 및 제1718호에 따라 구체적인 조치를 취한 흔적이 없다. 또 노무현 대통령은 핵실험 직후 대북 포용정책의 수정을 표명했지만 충격이 가라앉자 포용정책을 전면 포기하지 않고 궤도를 일부 수정한다. 결국 금강산 관광사업이나 개성공단 사업은 재개됐고 노무현 정

권에서는 PSI(미국 주도의 대량살상무기 확산방지구상)에 참여하지도 않았다.

[83]   2009년 1월 8일 『日本経済新聞』

[84]   鴨下ひろみ, 「朝鮮半島の動向」, 『東亜』, 2009년 1월호

[85]   2008년 10월 12일 『讀賣新聞』.

[86]   북한은 영변의 5MW 흑연감속로에 50MW(영변)와 200MW(태천) 흑연감속로를 건설 중인 것으로 알려져 북미 제네바합의의 문구를 읽어보면 이들 건설 중인 시설도 동결 해체 대상인 것으로 해석할 수 있다. Larry A. Niksch "North Korea's Nuclear Weapon Program", CRS Report RL33590 참고.

[87]   불능화는 원자로 안에 있는 폐연료봉의 추출, 파이프 절단, 연료봉 절단장치의 제거, 연료봉 운반용 크레인의 철거, 제어구동장치의 제거 등 11단계의 공정이 있다고 한다.(2009년 4월 17일 『毎日新聞』)

[88]   북한은 고이즈미 방북 약 2개월 전인 2002년 7월부터 일련의 경제관리 개선 조치를 취했다. 7.1 조치 가격 체계를 암시장 시세에 맞추기 위해 대폭 인상했고 임금은 약 20배 인상됐다. 나아가 시장이 합법화되고 기업의 독립채산제와 자주성·주체성이 높아지기도 했다. 이들 조치에는 인센티브 도입이 포함돼 있어 북한이 개혁개방으로 가는 징후라는 지적도 있었지만 배급 체제를 유지할 수 없게 되자 어쩔 수 없이 취한 조치라는 말도 나왔다. 또한 암시장 장마당을 표면화하고 공식화하여 관리하기 쉽도록 하기 위한 조치라고도 하였다. 결과적으로는 재화 공급이 늘지 않았기 때문에 단순 인플레이션 조장에 그쳤다는 평가가 나온다. 오히려 경제 활동에 대한 규제를 강화하는 방향으로 움직이고 있는 것으로 보인다. 자세한 것은 앞의 논문 「北朝鮮経済の現状と今後の展望-改革·開放の行方」 참고.

[89]   2001년 1월 모리 요시로 총리의 뜻으로 나카가와 히데나오中川秀直 의원이 싱가포르에서 강석주 북한 제1차관과 비밀리에 회담했을 때 그로부터 정상회담을 타진받았다고 한다. 2002년 9월 12일, 『朝日新聞』에 게재된 모리 전 총리의 인터뷰 기사 참조.

[90]   예를 들어 와다 하루키和田春樹 교수는 『東亜』 2008년 11월호에 게재된 강연 기록 「6六十年の不信, 北朝鮮と向きあうには」에서 "경제 개혁에 있어서 필요한 자금과 기술을 북일 국교 정상화에 의해 일본으로부터 얻고자 한 것입니다."라고 하고 있다.

[91]   山本栄二, 2008. 참고

[92]   2002년 9월 19일 『朝日新聞』

[93]   2002년 9월 18일 『朝日新聞』, 『讀賣新聞』, 『日経新聞』 각지 사설

[94]　가모시타 히로미鴨下ひろみ「일본 방송 미디어의 북한관련보도」연세대학교 행정대학원 석사논문, 2009년 참고. 가모시타는 이 논문에서 북한 관련 TV 보도 데이터를 통해 미디어와 여론과 정치의 관계를 예리하게 분석하고 있다. 특히 그는 "(미디어에 의해 형성된) 여론의 강성화로 인해 미디어 측에 자율 규제를 유발시켜 납치 강경론에 대한 비판이나 북한에 대한 옹호는 언급조차 할 수 없는 상황이 생겼다. 그 결과 납치 강경 여론은 수정될 기회도 얻지 못하고 장기간 지속됐다."(61쪽)라며 흥미로운 지적을 하고 있다.

[95]　2004년 5월 23일『朝日新聞』

[96]　다나카 히토시田中均 당시 아시아태평양국장은 (당시) 첫 번째 방북까지 협상 원칙으로 "상대방의 불법적인 행위에는 배상을 줄 수 없다. ……. 예를 들면 납치에 대해서는 기브 앤 테이크는 없다"라고 했다. 田中均,『外交の力』, 日本経済新聞出版社, 2009年, 101쪽

[97]　앞의 가모시타의 논문에서 고이즈미 총리 재방북은 납치 문제가 중요한 정치 문제로서 정착되는 것을 전제로 정치가 미디어와 여론을 이용한 사례에 해당한다고 지적하고 있다.

[98]　2004년 5월 24일자『朝日新聞』. 같은 시기에 나온『讀賣新聞』의 여론조사결과도 거의 같은 결과였다.

[99]　2004년 5월 23일자『朝日新聞』

[100]　가모시타, 51쪽

[101]　가모시타는 아베 정권 지지율과 북한 관련보도 감소에는 일정한 상관관계가 있다고 지적하고 있다(가모시타, 53쪽).

[102]　『外交白書』平成 18년판

[103]　2004년 발표된 2003년판『연차보고』에서 고이즈미 총리 방북 결과 북한 측이 납치를 시인한 것 등 납치에 대한 언급이 담겼다. 그 이전의『연차보고』에서는 북한이 요도호 사건의 범인을 은닉하고 있는 것이 지적되었다.

[104]　2007년 7월 15일자『讀賣新聞』.에 게재되었던 여론조사 결과에 따르면, '재조사 결과를 보고 나서 (일부 제재의) 완화를 결정해야 한다'라는 답이 45%로 가장 많았다. '완화하면 안 된다'의 40%가 뒤를 이었다.

북일외교회고록

1판 1쇄	2024년 12월 30일
ISBN	979-11-92667-77-5 (03340)

저자	야마모토 에이지
번역	권병덕
삽화	권병덕
편집	김효진
교정	이수정
제작	재영 P&B
디자인	우주상자
펴낸곳	마르코폴로
등록	제2021-000005호
주소	세종시 다솜1로9
이메일	laissez@gmail.com
페이스북	www.facebook.com/marco.polo.livre